KB268319

학습코칭, 이제 공부 PT로 시작하자

학습코칭, 이제 공부 PT로 시작하자

자기주도학습이 비로소 시작되는 티핑포인트

초 판 1쇄 2026년 02월 27일

지은이 문현심, 이회연
펴낸이 류종렬

펴낸곳 미다스북스
본부장 임종익
편집장 이다경, 김가영
디자인 윤영빈, 윤가희, 임인영
책임진행 이예나, 안채원, 김은진, 국소리, 송가희, 이지영

등록 2001년 3월 21일 제2001-000040호
주소 서울시 마포구 양화로 133 서교타워 711호, 808호
전화 02) 322-7802~3
팩스 02) 6007-1845
블로그 http://blog.naver.com/midasbooks
전자주소 midasbooks@hanmail.net
페이스북 https://www.facebook.com/midasbooks425
인스타그램 https://www.instagram.com/midasbooks

© 문현심, 이회연, 미다스북스 2026, *Printed in Korea*.

ISBN 979-11-7355-736-1 (03370)

값 19,000원

미다스북스는 다음세대에게 필요한 지혜와 교양을 생각합니다.

학습코칭,
이제 공부 PT로 시작하자

문현심
이회연

미다스북스

| 목차 |

Step 2 부스터 존 : 공부집착력

교사의 눈으로 만난 『학습코칭, 이제 공부 PT로 시작하자』

교실에서 아이들을 만나며 가장 자주 듣는 말은 "공부가 싫어요.", "해도 안 돼요."라는 고백이다. 나는 그 말 앞에서 늘 두 가지 질문 사이를 오갔다. 정말 아이의 의지가 부족한 걸까, 아니면 우리가 잘못된 판 위에 아이를 세워두고 있는 걸까. 이 책 『학습코칭, 이제 공부 PT로 시작하자』는 그 질문에 명확한 방향을 제시해 주었다. 문제는 아이가 아니라, 우리가 공부를 다루는 방식이었다는 사실을.

이 책이 인상 깊은 이유는 공부를 '설명'하지 않고 '경험'하게 만든다는 점이다. 성적을 올리는 요령보다 먼저, 아이의 마음 상태를 묻고, 감정을 점검하며, 공부를 시작할 수 있는 체온부터 올리자고 말한다. 교사인 나조차도 그동안 얼마나 성급하게 아이들을 본 운동에 밀어 넣었는지 돌아보게 되었다. 준비되지 않은 마음으로 앉아 있는 아이에게 집중과 성실을 요구했던 장면들이 떠올라 부끄러워지기도 했다.

특히 '학습 인바디', '공부 체온', '마음의 코어'라는 개념은 교실에서 바로 적용해 보고 싶은 언어들이었다. 아이를 고쳐야 할 대상으로 보지 않고, 이미 작동 중인 존재로 바라보는 시선은 교사의 태도부터 바꿔 놓는다. "왜 못 하니?"라는 질문 대신 "지금 어떤 상태니?"라고 묻는 순간, 아이의 눈빛이 달라진다는 사실을 이 책은 여러 사례를 통해 설득력 있게 보여준다.

이 책은 공부법을 더하는 책이 아니다. 아이를 이해하는 어른으로서의 자세를 다시 세우는 책이다. 성적표 앞에서 흔들리는 교사와 부모에게, 그리고 공부 앞에서 움츠러든 아이들에게 이 책을 권하고 싶다. 공부라는 판을 바꾸는 일은 거창한 제도가 아니라, 한 사람의 질문에서 시작된다는 것을 이 책은 조용하지만 단단하게 증명하고 있다.

– 김혜경(고양중학교 교사)

"우리는 과연 아이들에게 공부를 어떤 경험으로 나누어 주고 있는가?"

책을 쓰게 된 저자들뿐 아니라 자녀를 양육하는 부모로서 동시에 고민하는 주제입니다.

처음 원고를 받고 목차를 보았을 때는 우리 아이들이 읽으면 좋겠다는 생각을 했습니다. 하지만 이내 생각이 바뀌었습니다. 『학습코칭, 이제 공부 PT로 시작하자』는 공부를 돕는 자기계발서가 아니라 오랜 시간 학생들을 지도해 오신 선생님들의 반성문이자 부모와 자녀의 관계를 다시 세우는 '관계 코칭' 안내서로 읽혔습니다. 두 명의 중학생 자녀를 둔 저의 실수를 반추하고 길을 찾은 듯한 느낌입니다.

문제와 대상을 어떻게 바라보느냐에 따라 해결책이 달라진다고 하지요. 저자들은 학생들을 학습 의지와 실력을 키워야 하는 부족한 존재가 아닌 '적절한 햇살과 바람이 있으면 스스로 피어날 무한한 씨앗으로, 스스로 해결책을 가진 가능성으로, 스스로 문제를 해결할 능력이 있는 인격체'로 바라보고 함께 씨름한 흔적이 보였습니다. 그것이면 됩니다. 사랑하면 길이 보인다고 하듯 저자의 시선이 제 마음을 움직입니다. 그러니 그 어떤 책보다 안전하고, 확실하고, 특별한 기초를 제공하는 책이라 생각됩니다.

줄탁동시(啐啄同時). 병아리가 알에서 나올 때 안팎에서 병아리와 어미 닭이 동시에 껍질을 쪼아야 한다는 뜻이지요. 제자가 깨우침을 얻으려 할 때 스승이 그 적절한 도움을 주어 깨달음을 얻게 한다는 의미입니다. 이 책이 그런 역할을 하기를 바랍니다. 이 책을 통해 학생과 선생님과 부모가 입시의 결과와 성취, 인정의 도구였던 공부의 껍질을 깨고 성숙과 성장의 도구인 공부의 본질을 알아가기를 바라는 마음으로 추천합니다.

– 오현재(산남교회 담임목사)

학습과 관련한 다양한 이슈를 가진 학생들을 만나보면 그들은 모두 공부를 잘하고 싶은 마음이 있었거나 현재도 그 마음을 가지고 있다. 다만 자신에게 맞지 않는 방법으로 공부했거나, 자기가 잘하고 싶은 공부가 무엇인지 잘 모르거나, 어떤 부분에서 도움이 필요한지 혹은 누구에게 도움을 요청해야 할지 모르는 상태인 경우가 더 많았다. 이런 상태의 학습자들은 "저는 공부가 안 맞나봐요.", "공부를 못하는 것 같아요.", "공부가 싫어요." 등의 이야기로 자신의 감정을 표현하곤 했다. 하지만 이 아이들 모두 자신의 학습 스타일을 발견하여 자신에게 적합한 학습방법과 학습환경을 알아가고, 자신이 잘하고 싶은 학습의 영역이 어떤 부분인지 인식하게 되면서 공부를 잘하게 된 것을 자주 목격했다. 이들의 언어가 "공부가 이렇게 재미있는지 몰랐어요."라는 말로 바뀌게 되는 순간이기도 했다.

이 책은 다양한 학생들이 가지고 있었던 학습의 이슈를 단계별로 풀어냈다. 운동을 꾸준히 하는 것에 매번 실패하던 내가 개인 트레이닝 코치를 만나면서 내 몸을 알게 되고, 나의 어떤 근육이 현재 기능을 하고 있거나 혹은 하지 않고 있는지를 발견하고, 내 몸에 맞게 운동할 수 있도록 도움을 받았던 시간이 떠올랐다. 저자들은 아주 작은 행동을 하게 하는 힘, 나의 마음속 깊이 자리 잡고 있었던 실패의 경험을 시도의 경험으로 전환하는 방법, 강점을 발견하고 활용하는 방법, 몰입과 끈기를 발휘하는 전략, 그리고 이 모든 것들을 습관으로 만들어 내는 여정까지를 가볍지만 세심하게 풀어냈다. 특히 워밍업 존, 부스터 존, 본 운동 존, 습관 존의 4단계를 여러 가지 사례와 전략으로 구성하여 독자로 하여금 더욱 친절하고 사려 깊은 코치를 만난 것 같은 느낌이 들게 했다.

나는 확신한다. 머지않아 이 책을 만난 독자들의 시원한 외침을 듣게 될 것을.

"공부가 이렇게 재밌는 거였네요!!"

"저도 공부를 잘할 수 있는 사람이었어요!"

– 남상은(숭실대학교 자유전공학부 교수, 커리어 · 학습코칭 전문가)

공부를 가르치기 전에, 아이의 마음을 여는 법을 알려주는 학습코칭 책!

이 책은 독자를 단순히 '공부를 잘 가르치는 사람'이 아니라 코치형 교사, 코치형 부모, 그리고 코치형 어른으로 성장하게 만든다. 저자는 이 책을 통해 지금까지 우리가 거의 접해보지 못했던 '코치로서의 학습 접근'을 매우 구체적이고 실천할 수 있는 방식으로 제시한다. 나는 이 책을 이제 막 학습의 출발선에 선 아이를 둔 부모, 학생을 가르치는 모든 강사와 교사라면 반드시 한 번은 읽어보아야 할 필독서라고 생각한다.

이 책을 통해 독자는 '무엇을 더 가르칠 것인가'가 아니라 '어떻게 아이의 마음을 열 것인가'라는 더 본질적인 질문과 마주하게 된다. 이 책이 특별한 이유는 공부를 머리가 아닌 마음에서 시작되는 활동으로 정의하기 때문이다. 저자는 학습이 일어나기 위해서는 먼저 공부의 중심, 즉 '학습 코어'가 깨어 있어야 한다고 말한다. 공부가 잘되지 않는 아이에게 계획부터 세우자고 말하기보다, "지금 어떤 마음으로 이 공부를 시작하고 있니?"라고 묻는 것이 훨씬 본질적인 코칭적 접근임을 이 책은 반복해서 보여준다.

특히 인상적인 점은 이 책이 교사나 전문가만을 위한 책이 아니라, 부모 또한 충분히 코치가 될 수 있음을 안내한다는 점이다. 공부로 지치고, 공부 앞에서 자주 멈춰 서는 아이들, 그리고 그 곁에서 무엇을 해주어야 할지 몰라 고민하는 모든 어른들에게 이 책은 분명한 방향과 언어를 제공해 줄 것이다.

– 정규정(기탄사고력교실 인천본부장, 마주함코칭앤에듀 대표)

많은 학생이 학습과 진로를 분리된 영역으로 인식한다. 공부는 지금 당장 해야 하는 의무이고, 진로는 언젠가 고민해야 할 미래의 문제라고 생각한다. 그러나 저자는 이 둘이 분리될 수 없음을 명확하게 보여준다. 학습은 진로를 향한 가장 구체적인 행동이며, 진로는 학습에 의미를 부여하는 방향성이고 학생은 스스로 성장하도록 돕는 주체로 바라보는 관점이 일관되게 유지된다.

이 책은 학습코칭과 진로코칭을 현장의 언어로 풀어낸 실천서다. 특히 인상적인 부분은 코칭의 관점이다. 이 책은 학생을 '관리해야 할 대상'이나 '설득해야 할 존재'로 보지 않는다. 대신 스스로 선택하고 성장할 수 있는 존재로 존중한다. 답을 주기보다 질문을 던지고, 방법을 강요하기보다 스스로 깨닫게 하는 과정이 섬세하게 담겨 있다. 이는 학습코칭이 단순한 기술이 아니라 마음과 관계와 태도의 문제임을 분명히 보여준다. 그래서 이 책을 읽다 보면 '공부를 생각하면 어떤 생각과 감정이 드는지, 왜 힘이 드는지', '어떤 마음을 단단하게 가지면 되는지'에 대해 스스로 그 이유를 찾고 동시에 그 해법 역시 스스로 찾을 수 있게 된다.

이 책의 가장 큰 장점은 현장 경험을 바탕으로 현장에서 길어 올린 언어로 쓰였다는 점이다. 실제 학생들의 고민과 실패, 반복되는 질문에서 출발해 이론과 전략을 끌어온다. 학습 동기가 떨어진 학생, 방향 없이 열심히만 하는 학생, 진로 고민 앞에서 불안해하는 학생 모두가 이 책 속에서 자신의 모습을 발견할 수 있다. 많은 학생이 공부가 힘든 이유는 능력이 부족해서가 아니라, 공부가 나와 어떤 관계인지 모르기 때문이다. 이 책은 그 연결 고리를 차근차근 보여준다. 진로는 멀리 있는 미래가 아니라, 오늘의 선택과 태도 속에서 만들어진다는 사실을 자연스럽게 깨닫게 한다. 공부 방법을 알려주는 책은 많지만, 이 책은 나에게 맞는 방법을 스스로 찾게 돕는 책이다.

남들과 비교하지 않고, 나만의 속도로 성장해도 괜찮다는 메시지는 불안한 청소년기에 큰 힘이 된다. 아이의 진로 방향 앞에서 고민하는 부모에게, 그리고 학생의 공부 마음가짐과 태도 및 진로 인식에 깊이 있는 변화를 만들고 싶은 모든 교사에게, 이 책은 신뢰할 만한 교육적 동반자가 되어 줄 것이다. 특히 공부가 막막할 때, 진로가 흐릿할 때, 다시 방향을 잡고 싶은 모든 중·고등학생에게 이 책을 추천한다. 이 책을 통해 독자들은 '잘하는 공부'보다 더 중요한 '나에게 의미 있는 공부를 어떻게 해야 하는지'를 깨닫게 되면서 가능성을 지닌 단단한 자아와 만나게 될 것이다.

— 조두연(경기도 진로 수석교사, 경기도진로진학상담연구회 회장)

'공부'는 어느 한때, 어느 특정 사람에게만 필요하지 않습니다. 삶을 살아가다 보면 종류는 다르지만 계속 '공부'가 필요합니다. 이 책은 책상 공부를 잘하는 방법을 직접적으로 알려주면서 한 단계 더 나아가 단순한 방법이 아니라 공부하는 '나만의 루틴', 어느 때나 어느 상황에서든 똑똑하게 적용할 수 있는 '나만의 루틴'을 만드는 방법을 알려주고 있습니다. 한번 체득한 루틴은 몸에 기억되고 저장되어 필요할 때면 언제든 꺼내 사용할 수 있는 삶의 무기가 될 것입니다.

이제 막 공부를 시작하려는 학습자에게, 꾸준히 공부는 해왔지만 좀 더 똑똑한 공부법을 찾는 학습자에게, 나만의 공부법은 있지만 막연함에 대한 정리가 필요한 학습자 모두에게 이 책은 하나의 길잡이가 될 것입니다. 그리고 그 모두를 지켜보고 응원하는 사람에게도 훌륭한 지침서가 될 것입니다.

바로 지금 『학습코칭, 이제 공부 PT로 시작하자』를 통해 도전해 보십시오.

— 이주연(숭실대학교 진로취업 팀장, 진로설계사)

성적표의 숫자를 넘어, 아이의 인생을 바꾸는 '학습 PT'의 기적!

우리는 오랫동안 '공부'라는 단어를 시험, 점수, 순위라는 좁은 틀에 가두어 왔습니다. 그 과정에서 많은 학생에게 공부는 성장을 위한 여정이 아닌, '성적'이라는 이름의 고문이 되어버렸습니다. 이 책은 바로 그 지점에서 공부라는 고문을 멈추고, 학습이라는 성장을 시작할 시간임을 선포합니다.

이 책이 제시하는 '학습 PT(Personal Training)'라는 관점은 매우 신선하고도 본질적입니다. 헬스장의 트레이너가 선수의 근육을 대신 키워줄 수 없듯, 저자들은 학습코치 역시 정답을 대신 알려주는 사람이 아님을 강조합니다. 대신, 학생이 이미 내면에 가지고 있는 무한한 가능성의 씨앗이 스스로 피어날 수 있도록 햇살과 바람이 되어 주는 존재라고 정의합니다. 이 책은 단순히 화려한 공부 기술을 전수하는 지침서가 아닙니다. 4단계 과정을 통해 '성적보다 중요한 학습 근육'을 단단하게 길러줍니다.

이 책은 아이에게 고기를 잡아주거나(티칭), 낚시법을 단순히 설명하는 (강의) 책이 아닙니다. 아이가 자신만의 낚싯대를 설계하고, 바다 날씨(감정)를 읽으며, 거친 파도(슬럼프) 속에서도 다시 낚싯줄을 던질 수 있는 '마음의 코어 근육'을 길러주는 든든한 훈련 일지와 같습니다.

— 장아련(목동J잉글리쉬 원장)

공부라는 고문을 멈추고, 학습이라는 성장을 시작할 시간

코칭 현장에서 학생들과 약속된 학습코칭 시간을 묵묵히 채워 나갔다. 계절이 바뀌듯 질문과 경청의 시간이 켜켜이 쌓여가던 어느 날, 문득 한 가지 호기심이 고개를 들었다. "이 학생들은 코칭 질문을 받을 때, 저 너머에서 과연 어떤 생각을 하고 있을까?" 코칭 질문들이 학생들의 내면 어디쯤 닿아 어떤 파동을 일으키는지 궁금해졌다. 조심스레 건넨 물음에 돌아온 대답은 예상보다 훨씬 깊고 뜨거웠다. "코치님, 이런 질문은 세상에서 처음 들어봐요. 질문을 받으면 생각을 멈출 수가 없거든요. 그러다 보니 내 안에 이미 답이 있었다는 사실을 깨닫게 됐어요." 학생들의 고백은 우리가 그동안 학생들에게 해 온 것이 과연 진정한 교육이었는지, 아니면 성적이라는 이름의 고문이었는지를 묻게 만드는 결정적인 계기가 되었다.

어느 날 밤, 문득 잠을 이루지 못하다가 근본적인 질문이 떠올랐다. "우리는 왜 공부코칭이 아니라 학습코칭이라고 부를까?" 그 질문의 끝에서 우리가 무심코 사용하는 단어 속에 숨겨진 거대한 벽을 발견했다. 우리에게 공부라는 단어는 이미 시험, 점수, 순위라는 좁은 틀에 갇혀버린 지 오래다. 그러나 학습(Learning)은 다르다. 학습은 배우는 법을 익히는 과정이며,

배움에 임하는 자신의 태도를 발견하고 삶의 주인으로서 정체성을 형성해 가는 훨씬 넓고 유기적인 여정이다. 성적표의 숫자를 바꾸는 것은 공부법과 관련된 기술로 가능할지 모르지만, 한 아이의 인생을 바꾸는 힘이 결국 학습코칭이라는 토양 위에서 자라날 수 있다는 묵직한 울림이 그 밤의 고민 끝에 자리를 잡았다.

이 책에서 말하는 학습코칭은 세 가지 철학 위에 서 있다. 첫째, 모든 학습자는 그 자체로 이미 온전하며 무한한 가능성을 지닌 존재다. 아이들은 고쳐야 할 고장 난 기계가 아니라, 적절한 햇살과 바람이 있으면 스스로 피어날 씨앗이다. 둘째, 학습자가 겪는 문제의 가장 적절한 해결책은 학습코치가 아니라 학습자 본인 안에 있다. 셋째, 누구에게나 스스로 문제를 해결하고 성장할 수 있는 내적 자원은 이미 존재하며, 코칭은 질문이라는 도구를 통해 이 잠들어 있는 자원을 깨워내는 일이다.

이 책은 단순히 공부 잘하는 비결을 담은 지침서가 아니다. 우리는 공부를 운동에 비유하여, 학습자가 겪는 심리적·행동적 문제를 함께 해결해 가는 '학습 PT(Personal Training)'라는 관점을 담았다. 헬스장의 트레이너가 선수의 근육을 대신 키워줄 수 없듯, 학습코치 역시 정답을 대신 알려주는 사람이 아니다. 코칭은 답을 제시하는 티칭(Teaching)이 아니라, 학습자가 이미 가지고 있는 내면의 자원과 경험을 어떻게 활용할 것인지를 스스로 깨닫게 돕는 과정이다. 덤벨을 들어 올리는 근육의 고통을 견뎌내며 몸이 단단해지듯 공부의 과정에서 겪는 실패와 정체 역시 성장의 신호로 받아들이는 마음의 코어를 단련시키는 것이 우리가 전하고 싶은 핵심이다.

지난 2년이라는 시간을 통과하며 우리 두 저자는 현장에서 같은 꿈을 꾸었다. 한 명은 진로교사로서 아이들의 무너진 학습 자신감을 다시 일으켜 세우는 현장에서 치열하게 해답을 찾아왔고, 또 한 명은 전문코치로서 청소년의 내면에 숨겨진 자기 주도성의 티핑포인트를 찾아 헤맸다. 우리가 목격한 진짜 변화는 화려한 공부 기술을 전수했을 때가 아니라, 학생이 "나는 해낼 수 있는 사람이구나."라는 자기 신뢰를 회복했을 때 일어났다. 학생을 고쳐야 할 대상으로 보는 것이 아니라 무한한 가능성을 지닌 존재로 존중할 때, 비로소 닫혔던 마음의 문이 열리고 스스로 책상 앞에 앉는 기적이 시작되었다.

우리는 이 책을 통해 성적이라는 일시적인 스코어보드에 일희일비하는 부모와 교사들에게 새로운 관점을 제안하려 한다. 아이의 문제집을 펼치기 전에 아이의 눈동자를 먼저 보았는가. 학생의 실수를 다그치기 전에 그 실패가 근육이 되는 과정을 지켜봐 줄 인내심이 있었는가. 이 장면 앞에서 우리 두 사람은 다시 한번 자신에게 질문을 던졌다. "우리는 학생들에게 공부를 과연 어떤 경험으로 남겨주고 있는가?"

이 책에 담긴 4단계의 공부 PT 과정과 코칭 가이드는 공부가 지겨운 노동이었던 학생들에게 그것이 해내고 싶은 도전이 될 수 있음을 증명하는 기록이 될 것이다.

이제 학습자라는 귀한 러너와 함께 트랙 위에 설 시간이다. 목적지는 우리가 정해주는 것이 아니라, 러너인 학습자들이 스스로 결정할 것이다. 우리는 그저 곁에서 함께 호흡하며, 그들이 삶 전체를 주도적으로 살아가는 평생 러너(Lifelong Learner)로 성장하는 여정을 지켜볼 뿐이다. 이 책을 덮을 즈음, 당신은 성적표 너머에 존재하는 단단한 자아와 눈부신 가능성을 마주하게 될 것이라 확신한다.

공부를 싫어하는 학생은 없었다

문을 닫고 나와 의자에 앉자마자 그 학생의 말이 다시 떠올랐다. "선생님, 저는 공부를 진짜 싫어해요." 그 말은 단호했고, 표정은 담담했다. 억울함도 반항도 없었다. 마치 오래전에 내려진 결론을 다시 읽어주는 것처럼 잠시 아무 말도 하지 못했다. 공부를 싫어한다는 말은 너무 자주 들어왔고 너무 익숙했기 때문이다. 그동안 나는 그 말 뒤에 숨은 이유를 묻기보다 어떻게 다시 책상 앞에 앉힐지를 먼저 고민해 왔는지도 모른다.

조금 시간을 두고 물었다. "언제부터 그렇게 느꼈어?" 학생은 고개를 갸웃하더니 이렇게 말했다. "잘 모르겠어요. 그냥… 계속 그랬던 것 같아요." 그 말이 마음에 오래 남았다. 계속 그랬다는 말은 한두 번의 좌절이 아니라 오랜 시간 반복된 경험의 결과라는 뜻이었기 때문이다. 공부를 시작할 때마다 몸이 먼저 굳고, 문제를 보기도 전에 숨이 막히고, 시작하지도 않았는데 이미 진 느낌. 그 학생의 공부는 출발선에 서는 순간부터 이미 체력은 바닥나 있었다.

그때 깨달았다. 이 학생에게 필요한 것은 더 강한 의지도, 더 정교한 공부법도 아니라는 것을. 이 학생의 공부는 아직 워밍업조차 끝나지 않았다는 사실을. 우리는 종종 학생들에게 묻는다. "왜 안 해?", "왜 포기해?", "왜 집중을 못 해?" 하지만 그 질문들은 모두 이미 본 운동에 들어간 사람에게 던지는 말이다. 몸이 식어 있고 숨이 가쁜 사람에게 "왜 더 빨리 뛰지 않아?"라고 묻는 것과 다르지 않다. 그래서 질문을 바꿨다. "공부에 대해 생각하면 몸은 어떻게 반응해?" 학생은 잠시 생각하더니 이렇게 말했다. "가슴이 답답해요." 그 한 문장으로 그날의 코칭은 시작되었다. 공부 이야기는 잠시 접어두고, 우리는 그 답답함이 언제부터 시작되었는지를 함께 더듬었다. 틀린 문제, 비교당했던 순간, 기대에 못 미쳤던 성적표, 괜찮다고 말했지만 괜찮지 않았던 날들.

학생의 이야기가 깊어질수록 공부가 싫다는 말은 자신을 지키기 위한 얇은 방어막이었음이 드러났다. 그리고 그 너머에 숨겨진 진짜 문장이 또렷해졌다. "사실은 잘 해내지 못할까 봐 두려워요. 공부를 시작하면, 마음이 먼저 아파요." 아이의 아픈 고백을 가슴에 품고 돌아온 락커룸에서 나는 자주 깊은 상념에 잠기곤 한다. 우리는 학습자라는 선수들을 너무 빠르게 출발선에만 세우고 있었던 것은 아닐까. 몸 상태를 살피기도 전에, 달릴 준비가 되었는지 확인하기도 전에 말이다.

그래서 이 질문이 남는다. 공부를 시작하지 못하는 학생에게 정말 필요한 것은 무엇일까? 더 많은 문제집일까? 더 촘촘한 계획표일까? 아니면 공부 앞에 설 수 있을 만큼 마음이 풀어지는 시간일까?

이 책의 첫 번째 Step은 바로 이 질문에서 출발한다. 공부를 시작하기 전에 먼저 점검해야 할 것들, 즉 공부 욕구와 공부 마음 그리고 학습의 체온이다. 이제 우리는 그 워밍업부터 다시 살펴보려 한다.

락커룸은 본격적인 전술(공부법)을 펼치기 전 코치와 선수(학생)가 마음을 하나로 모으는 정렬의 공간이다.

워밍업 존 : 공부 욕구

1

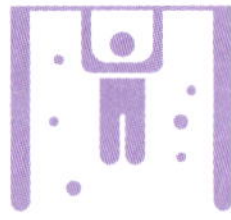

학습 인바디로 공부 체질을 진단하다

무작정 남을 따라 하는 건 체급이 다른 선수의 운동을 흉내 내는 꼴이다.
운동의 시작이 인바디이듯, 공부의 시작은
내 기질을 아는 학습 인바디가 먼저다.
나만의 사용 설명서를 갖는 것, 그것이 진짜 공부의 첫걸음이다.

운동을 처음 시작하면 가장 먼저 하는 일이 있다. 바로 인바디 측정이다. 체성분을 분석해 근육량, 체지방, 균형을 확인하고 그 결과에 따라 개인 맞춤형 운동 방향을 설계한다.

공부도 마찬가지다. 지도자(교사 · 코치 · 부모) 입장에서 생각해 보자. 학습자가 무엇을 힘들어하고 언제 힘을 얻는지 모른 채 던지는 조언은 마치 어디를 향하는지 모르는 러닝머신 위에서 달리게 하는 것과 같다. 인바디 측정이 없으면 운동 계획이 공허하듯 학습자 프로파일링 없이 학습코칭을 시작하는 건 어둠 속에서 화살을 쏘는 일이다.

모두가 같은 교재, 같은 시간표로 공부한다고 같은 성과를 내지는 않는다. 공부야말로 가장 지독한 개인 스포츠다. 나에게 맞는 방식(스타일)으로 접근해야만 성과가 난다. 그래서 이 장에서는 학습 인바디를 측정해 볼 것이다. 내 안에 잠든 공부 근육을 깨우기 위해 먼저 내 학습 성향을 파악하고 이해해 보자.

U&I 학습유형(김만권, 2001)과 DISC 행동유형을 가지고 학습 인바디를 분석해 보자.

■ 핵심 공부 에너지(U&I 학습유형)

나를 움직이는 네 가지 핵심 에너지가 있다. 당신의 심장을 뛰게 하는 주된 에너지는 무엇인가?

유형	핵심 에너지	학습 스타일
행동형	자유	빨리 실행하고, 직접 부딪히며 배우는 경험주의자
규범형	책임	꾸준함과 질서, 반복과 규칙을 선호하는 성실한 설계자
탐구형	지식 추구	깊이 있는 탐색과 원리 중심의 학습을 선호하는 지적인 탐험가
이상형	인간성	의미와 관계, 감정적 연결에 민감한 공감하는 이상가

U&I 학습유형은 행동형, 규범형, 탐구형, 이상형의 4가지 기본 유형을 토대로 한다. 여기에 각 유형의 특성이 서로 섞이거나 보완된 10가지 조합형이 더해져 총 14가지의 학습유형으로 분류된다. 기본형에 대한 좀 더 자세한 설명은 이 챕터 마지막에 설명해 놓았다. 이 기본 에너지가 조합되어 자신만의 학습 DNA가 완성된다. 예를 들어, 행동탐구형이라면 직접 해보면서 깊이 파고드는 실행하는 연구자, 규범이상형이라면 성실하게 남을 돕는 따뜻한 노력가, 탐구이상형이라면 지식과 개성을 추구하는 독립적 학자형이다. (https://unitest.iyonwoo.com 참고)

■ 행동 버튼 (DISC 행동유형)

어떤 상황에서 당신의 행동 버튼이 가장 쉽게 눌리는가?

유형	나는 이럴 때 움직인다!
D형(주도형)	목표, 도전, 성과 : 명확한 목표와 도전적인 과제가 주어질 때
I형(사교형)	관계, 말하기, 흥미 : 사람들과 어울리고, 즐겁게 떠들며 인정받을 때
S형(안정형)	협력, 반복, 안정 : 예측할 수 있고 편안한 환경 속에서 꾸준히 할 때
C형(신중형)	논리, 기준, 정확 : 명확한 기준과 데이터를 바탕으로 조용히 분석할 때

"진득하지 못하고, 공부 자세가 자주 바뀌고, 뭐 하나 끝까지 하지 못해요…." 한 여학생이 코칭의 문을 두드렸다. 자신에게 붙인 꼬리표는 산만함과 집중력 부족 그리고 변덕스러움이었다. 스스로를 어딘가 '고장 난 사람'처럼 느끼고 있었기에, 아이는 잔뜩 의기소침해진 채 코치 앞에 앉아 있었다. 학습 인바디 분석 결과, 이 학생은 상상력과 감성을 중시하는 이상형 에너지와 안정적인 관계 속에서 움직이는 S형의 조합이었다. 자신의 사용 설명서를 확인한 학생은 이렇게 말했다. "그게 제 기질이라는 걸 알고 나서 마음이 가벼워졌어요. 저는 문제가 있었던 게 아니라 그냥 '저'였던 거예요." 그 순간 진짜 변화가 시작됐다. 자신을 짓누르던 오해에서 벗어나자 원래 하고 싶었던 애니메이션 그리기와 글쓰기에 도전할 용기가 생겼다.

작은 성취와 즐거움이 쌓이자 다른 공부에 대한 의욕도 저절로 살아났다. 이 학생의 변화는 학습 전략이 아니라 자기 이해와 자기 수용에서 시작됐다. 학습 인바디 분석은 나를 비추는 첫 번째 거울이다. '나는 왜 이것밖에 못 할까?'라는 자기 비난에서 '아, 나는 다르게 작동하는 사람이구나.'라는 자기 이해로, '나는 왜 이렇게 산만할까?'라는 자책에서 '나는 다양성을 추구하는 에너지가 강하구나.'라는 자기 발견으로 해석할 수 있다.

운동에서 인바디 측정을 마치고 나면 트레이너는 말한다. "좋아요, 이 데이터를 바탕으로 맞춤 계획을 짜볼게요." 공부도 마찬가지다. 학습 유형이 파악되었다면, 이제 그 근육을 길러줄 학습 워밍업이 필요하다. 다음 장에서는 학습 에너지를 부상 없이 지속할 수 있도록 학습 스트레칭을 시작하려고 한다. 공부도 체계가 필요하다. 중요한 것은 자신에게 맞는 방식으로 하느냐의 차이일 뿐이다. 학습코칭, 이제 공부 PT로 시작하자. 모든 학습자의 완주를 응원한다!

 **코칭 가이드 : 인바디 분석을 함께 읽는 법**

첫째, 진단하고 분류하는 평가자가 아니라 가능성을 함께 읽는 해석자가 되자. 학습유형 검사는 학습자에게 '당신은 ○○○형이다.'라는 꼬리표를 붙이기 위한 도구가 아니다. 학습코치는 검사 결과를 바탕으로 "이런 특성이 너의 어떤 가능성을 보여주는 걸까?"라고 질문하며 학습자의 잠재력을 함께 탐색하는 해석자가 되어야 한다.

둘째, 약점 보완의 함정에서 벗어나 강점 활용에 집중하자. 산만한 I형(사교형) 학습자에게 조용히 앉아만 있으라고 강요하는 것은 물고기에게 나무 타는 법을 가르치는 것과 같다. 학습코치는 학습자의 약점을 고치려 애쓰는 대신 "어떻게 하면 너의 강점(사교성)을 공부에 활용할 수 있을까?"를 질문해야 한다. 친구와 토론하거나 배운 내용을 설명해 주는 등 자신의 강점을 활용할 때, 공부 근육은 비로소 가장 효과적으로 성장한다.

셋째, 정답을 알려주는 것이 아닌 자기 발견의 거울이 되어 주자. 가장 좋은 학습코칭은 학습자 스스로 "아, 나 이런 사람이구나!"라고 깨닫게 하는 것이다. 학습코칭은 답을 알려주는 것이 아니라 학습자가 자신을 들여다볼 수 있도록 비춰주는 거울이다. "이런 모습을 보니 어떤 생각이 들어?”, “너의 그런 점이 공부할 때 어떻게 나타나는 것 같아?”와 같은 질문으로 학습자가 스스로 답을 찾게 하자.

학습 인바디 분석은 의욕 없음이나 자기 비난의 늪에 빠진 학습자를 ‘자기 이해 → 자기 수용 → 자기 설계’라는 선순환의 출발선으로 이끄는 가장 중요한 코칭의 첫걸음이다. 기억하자. 자기 자신을 아는 것이야말로 가장 강력한 공부의 시작이다.

U&I 학습유형(김만권, 2001) 기본형 이해하기

행동형(활동적인 탐험가) : 지루함을 깨는 짧고 강한 자극의 행동형은 몸을 움직이고 즉각적인 결과를 확인해야 신이 난다. 길게 설명하기보다 “일단 15분만 풀고 결과를 바로 확인해 볼까?”처럼 짧은 단위의 미션을 주는 것이 좋다. 활동적인 보상을 중간중간 섞어주어 학습의 지루함을 덜어주는 코칭이 필요하다.

규범형(꼼꼼한 계획가) : 안정감을 주는 명확한 로드맵의 규범형은 정해진 틀과 순서가 있을 때 가장 편안하게 공부한다. 무엇부터 해야 할지 모를 때 가장 힘들어하므로 구체적인 할 일 목록(To do list)과 마감 시간을 정해주는 것이 효과적이다. 성실함을 충분히 인정해 주되 계획이 틀어져도 괜찮다는 정서적 지지가 도움이 된다.

탐구형(깊게 파고드는 학자) : 지적 호기심을 자극하는 질문의 탐구형은 단순 반복 암기를 가장 싫어하며 원리를 이해해야 움직인다. “이건 그냥 외워!”라고 강요하기보다, “왜 이런 결과가 나왔을까?”와 같은 질문으로 탐구심을 자극해 주는 것이 효과적이다. 스스로 해답을 찾을 수 있도록 충분한 사색의 시간과 선택의 자율성을 보장하는 코칭이 핵심이다.

이상형(감성적인 예술가) : 마음을 먼저 만져주는 따뜻한 공감의 이상형은 공부 내용보다 공부하는 분위기와 코치와의 관계에 더 큰 영향을 받는다. 딱딱한 공부 이야기로 시작하기보다 "오늘 기분은 어때?"라고 마음을 먼저 물어봐 주자. 비판보다는 따뜻한 격려와 지지를 보낼 때 학습 동기가 가장 크게 살아난다.

💡 공부 PT 퀘스트 : 나의 공부 사용 설명서 만들기

1. 핵심 에너지와 학습유형 찾기 : U&I 학습유형 키워드를 읽어보고, 현재 나를 가장 잘 설명하는 핵심 에너지 1~2개를 적어보세요.

자유 / 책임 / 지식 추구 / 인간성 / 정의 구현 / 진리 탐구 / 즐거움 / 냉철한 양심 / 봉사와 헌신 / 개성 존중 / 유능성 / 명예 존중 / 진리 탐구와 혁신 / 도도함과 우아함

➡ 나의 핵심 에너지 : _________________________ , _________________________

☐ 나는 계획 없이 공부하면 불안하다 → 규범형
☐ 문제를 빨리 풀고 결과가 빨리 나와야 만족한다 → 행동형
☐ 공부보다 사람들과 이야기할 때 에너지가 생긴다 → 이상형
☐ 원리나 배경지식이 없으면 공부가 손에 안 잡힌다 → 탐구형

➡ 나의 학습유형 : ___________ 형

2. 나의 행동 버튼 찾기 : DISC 행동유형 중, 어떤 상황에서 가장 마음이 편하고 공부가 잘될 것 같나요? 나의 행동 버튼 1개를 선택해 보세요.

D형(주도형) / I형(사교형) / S형(안정형) / C형(신중형)

➡ 나의 행동 버튼 : _____________ 형

3. 나를 위한 오해 풀어주기 : 자신의 기질 때문에 가졌던 부정적인 오해에 대해 성장을 돕는 긍정적인 관점으로 재해석해 보세요. (예 : 나는 변덕스러운 게 아니라, 호기심이 많은 행동형이었어.)

➡ 나를 위한 변명(재해석) : ____

4. 나만의 공부법 선언하기 : 자신의 핵심 에너지와 기질을 바탕으로 '나는 OOO 할 때 공부가 잘된다.'라는 나만의 공부법을 선언해 보세요.

➡ 나만의 공부법 선언 : ____

2

고정관념 스트레칭 :
'나는 못해'라는 가짜 신호 끄기

완벽한 공부법보다 먼저 굳은 마음부터 풀어야 한다.
운동이 스트레칭에서 시작되듯
공부는 원래 이런 것이라는 고정관념을 스트레칭하는 것에서 시작된다.
학습코칭은 기술을 더하는 일이 아니라
나를 묶고 있던 낡은 생각 하나를 내려놓게 하는 것이다.

운동의 첫걸음은 무엇일까? 헬스장에 가서 인바디를 측정했다면 그다음 바로 무거운 기구를 들어올려야 할까? 아니다. 운동의 시작은 스트레칭이다. 몸이 굳어 있는 상태에서 갑자기 운동을 시작하면 근육은 놀라고 오히려 역효과를 낸다. 스트레칭은 단순히 몸을 푸는 과정이 아니라 몸과 마음에 지금부터 움직여도 괜찮다는 신호를 보내는 시간이다.

공부도 마찬가지다. 많은 학습자는 공부라는 단어를 듣는 순간 이미 마음 한편이 뻣뻣하게 굳어버린다. '공부는 어렵고 힘든 거야.', '성적이 잘 나와야 의미가 있어.', '나는 머리가 나빠서 안 맞아.' 이런 고정관념들은 학습자의 마음 근육을 단단히 묶어 둔다. 그 상태에서 무작정 공부 잘하는 법만 배우려 하면 자기 몸에 맞지 않는 무거운 운동을 억지로 따라 하는 것처럼 금방 지치고 좌절만 남는다.

그래서 공부에도 스트레칭이 필요하다. 학습자가 가지고 있는 공부에 대한 고정관념을 들여다보고 그 생각이 얼마나 자신을 제한하고 있었는지 알아차리는 시간, 그것이 바로 공부 스트레칭이다.

하지만 어떤 학습자에게는 이것만으로는 부족하다. '나는 못해.'라는 뇌의 가짜 신호 공부 앞에서 반복되는 말이 있다. "선생님, 저는 원래 공부를 못해요." 이 말은 단순한 자기 평가가 아니다. 많은 학습자에게 이 문장은 공부라는 판에 들어가지 않아도 되는 면허증처럼 작동한다. 그럴듯해 보이지만 사실은 자신의 가능성을 가장 먼저 묶어버리는 강력한 자기 제한 신호다.

이 믿음은 어디서 시작됐을까? 대부분은 아주 오래된 기억에서 출발한다. 어린 시절 받아 든 성적표, 무심코 던진 어른의 말 한마디, 반복된 비교와 실패 경험 등의 기억들은 진실이라기보다 감정의 각인이다.

하지만 학습자들은 이 각인을 마치 변하지 않는 사실처럼 받아들인다. 이 현상은 흔히 코끼리 사슬 증후군으로 설명된다. 어릴 적 가느다란 밧줄에 묶여 자란 아기 코끼리는 어른이 되어서도 그 밧줄을 끊지 못한다. 이미 충분한 힘을 가졌음에도 과거의 무력감이 현재의 가능성을 스스로 묶어버리기 때문이다.

많은 학습자가 지금, 이 순간에도 같은 상태에 있다. 능력의 문제가 아니라 믿음의 문제다. 그래서 공부 기술을 익히기 전에 필요한 것은 마인드 해체 스트레칭이다. 운동 전 스트레칭이 근육의 긴장을 풀 듯 공부 전 스트레칭은 상처받은 기억과 부정적 믿음을 먼저 다독이는 시간이다. 이 과정을 건너뛰면 아무리 좋은 계획과 방법도 오래가지 못한다.

공부 앞에서 학습자의 마음이 굳어 있을 때, 학습코치가 가장 먼저 해야 할 일은 그 굳어 있는 지점을 학습자가 스스로 알아차리도록 돕는 것이다. "공부라는 단어가 하나의 날씨라면, 지금 네 몸은 어떤 계절을 지나고 있니?" 이 질문은 학습자의 내면에서 생각보다 많은 것을 끌어낸다. 자신도 모른 채 꽁꽁 묶여 있던 마음의 매듭이 밖으로 꺼내지는 순간, 그 견고했던 사슬의 힘은 약해지기 시작한다.

그다음 단계는 얼어붙어 있던 가능성의 가동 범위를 넓혀 주는 일이다. 코치는 묻는다. "그때의 너와 지금의 너는 무엇이 다를까?" 과거의 실패에 멈춰 있던 시선이 현재의 자신에게로 옮겨오는 순간, 학습자의 뇌는 비로소 다시 움직이며 과거의 고통을 객관화하여 바라볼 수 있는 심리적 유연성이 확보되는 지점이다.

이후에는 굳어 있던 의지에 아주 작은 반동을 더 한다. "딱 5분만 해본다면, 뭘 해볼 수 있을까?" 수학 문제 한 개, 영어 단어 세 개처럼 가벼운 시도는 '나는 못 한다.'라는 견고한 믿음에 아주 작지만, 치명적인 균열을 만든다. 무거운 덤벨을 들기 전, 가벼운 맨몸 운동으로 근육의 길을 여는 것과 같은 이치다.

마지막으로 코치는 학습자의 영혼을 어루만지듯 이렇게 묻는다. "그때의 너에게, 지금의 네가 해주고 싶은 말은 뭐니?" 이 질문은 단순한 위로가 아니다. 이는 학습자의 발목을 오랫동안 옥죄고 있던 감정의 사슬을 하나씩 풀어내는 해방의 과정이자, 자기 자신과 화해하며 다시 트랙 위에 설 용기를 얻는 성스러운 의식과 같다.

 **코칭 가이드 : 코끼리 사슬을 끊는 4단계 심리 스트레칭**

첫째, 생각의 매듭을 발견하게 하자(감정 인식). 굳어 있는 마음의 위치를 정확히 찾는 단계다. 학습코치는 안전한 분위기 속에서 "공부라는 단어를

떠올리면, 몸의 어느 부분이 가장 먼저 반응하니?"라고 물으며 학습자가 자신의 부정적 믿음을 객관적으로 바라보게 돕는다. 뭉쳐 있는 생각의 매듭을 인식하는 순간 나를 옥죄던 사슬의 힘은 약해지기 시작한다.

둘째, 가동 범위를 확인하자(가능성 탐색). 과거의 나와 현재의 나 사이의 거리를 확인하는 단계다. "그때의 너와 지금의 너는 무엇이 다르니?" 혹은 "아주 사소한 것이라도 '나 좀 괜찮네?'라고 느꼈던 찰나의 순간은 언제였니?"라고 질문하자. 성공의 기억을 아주 작게라도 소환하는 것만으로도 학습자의 뇌는 얼어붙어 있던 가능성의 가동 범위를 서서히 넓히기 시작한다.

셋째, 정지된 의지에 가벼운 반동을 일으키자(작은 성공 경험). 오랫동안 쓰지 않아 굳어버린 '의지의 관절'에 미세한 움직임을 주어, "나도 움직일 수 있다."라는 감각을 깨우는 단계다. 학습코치는 "본격적인 공부에 들어가기 전, 딱 5분만 마음의 몸을 푼다면 무엇을 해볼 수 있을까?"라고 질문할 수 있다. 수학 문제 1개, 영어 단어 3개 같은 가벼운 시도는 '나는 못해.'라는 견고한 믿음에 작은 균열을 만드는 다이내믹 스트레칭이 된다.

넷째, 제한적 믿음을 완전히 이완시키자(정서적 해방). 가장 깊숙이 뭉친 감정의 뿌리를 길게 늘여 해방감을 선물하는 단계다. 코치는 "그때 '나는 못해.'라고 믿었던 어린 나에게 지금의 네가 해주고 싶은 말은 뭐니?"라는 질문을 던지자. 이 과정은 단단히 묶여 있던 정서적 사슬을 부드럽게 풀어내어 학습자가 공부를 향한 새로운 출발선에 당당히 서게 돕는다.

중학교 시절 영어 시험에서 30점을 받은 뒤 그날로 영어를 포기해 버린 학생이 있었다. 아이에게 그날은 성적표를 받은 날이기도 했지만 자신에게 낙인을 찍은 날이기도 했다. 이후 시험을 볼 때마다 아이의 머릿속에는 문제보다 먼저 감정이 떠올랐다. "나는 역시 안 되는 사람이구나." 점수는 하나의 결과였지만 그 결과를 해석하는 방식이 아이를 묶어 두고 있었다. 반전은 고등학교에서 찾아왔다. 제2외국어로 일본어를 선택하며 상황이 달라졌다. 영어라는 사슬이 없는 상태에서 기초부터 차근차근 시작하자 아이의 성적은 빠르게 올라갔다. 그때 학생은 처음으로 깨달았다. 문제는 지능이 아니라, 영어라는 이름으로 묶여 있던 낡은 사슬이었다는 것을. 이 경험은 한 가지 사실을 분명히 보여준다. 공부를 가로막고 있던 것은 능력의 한계가 아니라, 특정 과목과 특정 경험에 묶여 굳어버린 믿음이었다. 믿음이 풀리자, 그 아이의 행동과 결과는 자연스럽게 달라졌다.

공부를 잘하게 만드는 첫 단계는 더 좋은 방법을 찾는 일이 아니다. 공부를 시작조차 하지 못하게 막고 있던 마음의 사슬을 알아차리고, 그것이 사실이 아님을 확인하는 일이다. 이 단계가 정리되지 않으면, 어떤 공부 전략도 오래 지속될 수 없다. 그래서 학습코칭은 항상 공부법 이전에 마음의 상태를 다룬다.

💡 공부 PT 퀘스트 : 코끼리 사슬 끊어내기

1. 사슬의 시작점 찾기 : '나는 공부를 못해.'라고 처음 믿게 된 결정적인 사건이나 기억은 무엇인가요?

   ➡ ____

2. 사슬의 진짜 의미 해석하기 : 과거의 나에게 다가가 그때의 솔직한 속마음이 무엇이었을지 상상하여 한 문장으로 답해 보세요.

   ➡ ____

3. 새로운 기억 덮어쓰기 : 반대로, 아주 사소하더라도 '어? 나도 되네?'라고 느꼈던 기억을 하나 떠올려 보세요.

   ➡ ____

4. 아주 작은 첫걸음 내딛기 : 성공의 감각을 되살리기 위해 '나는 못 한다.'라는 생각에 도전하는 오늘의 5분 실천 행동을 기록해 보세요. (언제, 어디서, 무엇을 등 구체적으로 작성해 보세요.)

   ➡ ____

5. 나를 향한 새로운 정의 내리기 : 무력감의 사슬을 끊고 과거의 낡은 꼬리표 대신 나를 새롭게 설명할 단 한 문장의 선언을 완성해 보세요. (예 : 나는 한계를 스스로 정하지 않고, 매일 조금씩 성장하는 사람이다.)

   ➡ ____

3

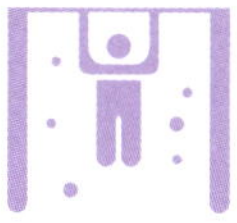

공부 체온 올리기 : 감정을 연료로 바꾸는 법

학습자의 잠재력을 깨우는 열쇠는 책상 위가 아닌 마음속에 있다.
무엇을 공부할까를 묻기 전에,
"지금 마음이 어떠니?"라는 질문을 먼저 건네는 코치,
그가 바로 판을 바꾸는 학습코칭 전문가이다.

운동을 시작할 때 몸을 충분히 풀지 않으면 부상 위험이 커진다. 이는 프로 선수나 전문 트레이너에게도 예외가 아니다. 찬 바람이 부는 날 스트레칭도 없이 전력 질주를 하면 근육은 놀라고 관절은 상하며, 심장은 준비되지 않은 채 과부하를 견뎌야 한다. 그래서 운동 전에는 반드시 웜업(Warm-up)이 필요하다. 왜냐하면 혈액순환을 촉진하고 굳어 있던 근육에 산소를 공급하며, 몸과 마음에 "이제 움직여도 괜찮다."라는 신호를 보내는 과정이기 때문이다. 선수들이 경기 직전 가볍게 몸을 풀고 호흡을 가다듬는 것은 단순한 몸풀기가 아니라 몰입과 자신감을 최고조로 끌어올리는 필수적인 준비 운동이다.

공부도 마찬가지다. 책상에 앉자마자 문제집을 펴고 타이머를 누른다고

해서 집중이 자동으로 시작되지는 않는다. 머릿속은 엉켜 있고 마음은 여전히 다른 생각으로 가득한 채 손만 문제집 위에 올려져 있다면, 그것은 공부가 아니라 '공부하는 척'에 가깝다. 그래서 공부에도 체온을 올리는 시간이 필요하다. 학습자의 감정을 점검하고 몰입을 예열하는 이 과정은 지금 이 순간의 자신을 객관적으로 바라보게 함으로써 새로운 지식을 받아들일 수 있도록 마음을 데워준다. 많은 학습자는 공부할 때 "지금 내 감정 상태가 어떨까?"라는 질문을 스스로 하지 않는다. 그렇기에 학습코치와 교사는 무엇을 공부해야 할지 묻기 전에 먼저 이 질문을 던져야 한다.

자동차에 아무리 강력한 엔진이 탑재되어 있어도 연료의 순도가 낮으면 엔진은 덜컹거리며 제 성능을 발휘하지 못한다. 지능이나 환경이 아무리 좋아도 학습자의 내면에 주입된 감정 연료가 불순물로 오염되어 있다면, 뇌라는 고성능 엔진은 헛바퀴를 돌 뿐이다. 우리는 흔히 공부를 차가운 이성의 영역으로 여기며 감정은 배제해야 할 요소로 오해하지만, 인지과학의 진실은 정반대다. 감정은 이성을 움직이는 에너지원이며, 학습의 임계점을 넘게 만드는 유일한 연료다. 뇌과학자 리처드 데이비슨 교수의 연구가 증명하듯, 감정은 뇌의 행동 시스템을 활성화하는 신호탄 역할을 하며 학습 성취와 강력한 연결 고리를 형성한다.

인간의 뇌에는 정보를 일시적으로 저장하고 사고를 처리하는 작업 기억(Working Memory)이라는 제한된 공간이 존재한다. 학습자가 불안, 짜증, 자기 비난 같은 부정적 감정에 휩싸이면 뇌는 이 감정을 처리하는 데 에너지를 우선 사용한다. 마치 스마트폰에서 백그라운드 앱이 배터리를 소모하듯, 오염된 감정은 지식을 처리해야 할 인지 자원을 선점해 버린다. 그 결과 책상 앞에 오래 앉아 있어도 머릿속에 남는 것은 없고 공부는 점점 버거워진다. 이것이 바로 저효율 공부의 실체다. 반대로 감정이 안정되고 배움에 대한 호기심이 살아 있을 때, 뇌는 불안을 조절하는 데 쓰이던 자원을 학습 처리로 즉각 전환한다. 좋은 감정 연료란 더 많은 에너지를 만들어 내는 것이 아니라 이미 가진 자원을 낭비하지 않게 만드는 상태를 의미한다.

그래서 학습코칭의 목표는 지식을 더 밀어 넣는 데 있지 않다. 오염된 감정 연료를 정제해 학습자의 뇌가 제 성능을 발휘할 수 있는 상태를 만들어 주는 데 있다. 학습코치는 단순히 학생의 기분을 맞추는 사람이 아니라 학생의 인지 수행 능력을 최적화하는 전문가가 되어야 한다. 감정을 점검하지 않은 채 기술만 제안하는 코칭은 연료 상태를 보지 않고 액셀만 밟는 것과 같다. 반면 감정을 먼저 살피는 코칭은 학습자가 자신의 인지 상태를 인식하고 스스로 엔진의 키를 돌리게 만든다. "지금 머릿속을 가장 많이 차지하고 있는 감정은 뭐니?"라는 질문 하나가 공부의 방향을 바꾸는 근본적인 원동력이 된다.

부정적인 감정을 억지로 눌러두면 공부는 의무가 되지만, 감정을 들여다보고 조율하면 공부는 스스로 선택한 훈련이 된다. 공부 체온을 올리는 과정은 단순한 감정 점검이 아니라 몰입을 위한 준비 운동이다. 책상에 앉기 전 3분만 시간을 내어 자신의 상태를 살피고, 지금의 감정을 수용하며 시작할 수 있는 최소한의 학습을 선택할 수 있게 하자. 그 작은 선택만으로도 거대해 보이던 공부의 성벽은 금세 만만한 높이로 낮아질 것이다. "지금은 조금 힘들지만, 한 페이지는 읽을 수 있어."라는 짧은 자기 대화가 마음의 온도를 데울 때 비로소 집중이라는 엔진에 불이 붙는다.

 **코칭 가이드 : 공부 체온을 높이는 코치의 3가지 역할**

첫째, 감정 PT를 자연스러운 준비 운동으로 만들게 한다. 수업이나 코칭의 시작을 계획 점검이 아니라 감정 점검으로 여는 것이다. "오늘 공부 PT 전에 마음 웜업부터 해볼까? 지금 기분은 1점에서 10점 중 어디쯤일까?"라

는 질문은 안부 인사가 아니라 학습 엔진을 예열하는 결정적인 진단이다. 코치가 이 시간을 중요하게 여길 때 학습자도 자신의 마음 상태를 살피는 것을 당연한 공부의 과정으로 받아들이게 된다.

둘째, 감정에 선명한 이름표를 붙이도록 도와준다. "그냥 짜증 나요."라는 표현 뒤에는 비교, 불안, 좌절 같은 구체적인 감정이 숨어 있다. 이때 코치는 "그 짜증이라는 감정에 너만의 구체적인 이름을 다시 붙여 볼 수 있을까?"라고 물어보자. 감정에 이름을 붙이는 순간, 우리 뇌의 편도체는 안정을 찾고 사고를 담당하는 전두엽이 활성화된다. 즉, 감정 처리에 무분별하게 쓰던 에너지를 즉시 회수하여 인지 수행 능력을 높이는 데 돌리기 시작하는 것이다. 학습자는 비로소 막연한 무기력에서 벗어나 감정을 객관적인 데이터로 바라보게 되며, 감정을 시스템의 효율 문제로 인식하게 된다.

셋째, 감정과 오늘의 공부 계획을 연결하게 한다. 컨디션이 좋을 때는 도전 과제를 마음이 복잡한 날에는 성공 경험을 쌓을 수 있는 과제를 선택하도록 돕는다. 이는 감정을 기준으로 학습 강도를 조절하는 자기 조절 능력을 키우는 가장 효과적인 훈련이다. 부정적 감정을 안고도 주행하는 하이브리드 전략을 통해 이 감정을 조수석에 태운 채 5분만 더 달려보는 경험을 제공함으로써 학습자의 정서적 근지구력을 키워준다.

한 학생은 어느 순간부터 늘 공부가 재미없다며 코칭을 요청해 왔다. 대화를 나눠보니 그 밑바닥에는 영어 단어 암기의 중압감, 부모님께 받은 꾸지람, 친구와 비교되는 속상함이라는 감정의 매듭이 엉켜 있었다. 이런 감정을 모른 척하고 책상에 앉는 것은 공부의 발목을 잡는 냉기(冷氣)와 같다. 하지만 학생이 스스로 "내가 기분이 안 좋은 이유는 친구와 비교해서 속상한 거구나."라고 알아차리는 순간, 감정의 매듭이 풀리고 공부를 시작할 동력이 생겨났다.

반대의 사례도 있다. 감정 연료가 오염된 상태에서 기술적인 처방만 받은 아이들은 엔진만 과열될 뿐 진도는 나가지 않았다. "집중 안 되니 25분만 참고 해봐."라는 식의 코칭은 저품질 연료를 넣고 액셀을 밟는 것과 다름없기 때문이다. 반면 자신의 머릿속 공간을 차지한 '불안'이라는 백그라운드 앱을 인지한 학생은 스스로 연료의 순도를 높이기 위해 아주 작은 성공 경험을 선택하기 시작했다.

공부를 잘하게 만드는 첫 단계는 더 좋은 방법을 찾는 일이 아니다. 공부를 방해하던 감정의 잡음을 잠재우고, 깨끗한 연료로 엔진을 예열하는 일이다. 따뜻해진 몸이 더 잘 움직이듯 따뜻해진 마음은 더 쉽게 배우고 이해하게 된다. 감정은 공부의 연료이자 방향을 알려주는 나침반이다. 이 연료를 얼마나 정교하게 관리하느냐가 결국 공부 성능의 판을 바꾸는 결정적인 차이를 만든다.

오늘 나의 감정 상태는 어떠한가요? (하루 3분, 내 마음과 대화하는 시간)

1. 감정 점수 매기기 : 오늘 나의 감정 점수는 몇 점이고, 점수의 의미는 무엇인가요?
(1점은 마음의 에너지가 완전히 바닥난 방전 상태, 10점은 당장이라도 트랙위를 전력 질주
하고 싶을 만큼 자신감이 풀충전 된 상태를 의미)

➡ 내 감정 점수 :

| 1 | 2 | 3 | 4 | 5 | 6 | 7 | 8 | 9 | 10 |

➡ 점수 의미 : ____

2. 감정에 이름 붙이기 : 내 마음을 1글자에서 4글자까지의 단어로 각각 표현한다면?

➡ 내 감정 한 단어 : 1글자( ), 2글자( ), 3글자( ), 4글자( )

3. 연료 경고등 분석 : 그 감정은 어떤 생각 때문에 켜졌으며, 당신에게 어떤 행동(회피, 시작
등)을 하라고 신호를 보내고 있나요?

➡ 원인 : ________________________ / 신호 : ____________________

4. 감정과 함께 주행하기 : 사라지지 않는 부정적 감정을 조수석에 태운 채 오늘 딱 5분 동안
실천할 수 있는 가장 안전한 '첫 주행' 목표를 정해보세요.

➡ ____

5. 나에게 보내는 응원 주유 : 오늘 하루, 자신에게 응원과 지지의 따뜻한 말 한마디를 남겨보
세요.

➡ 오늘의 나에게 : ____

4

마음속 코어 깨우기

우리는 학습자가 책상 앞에 앉기 전에, 먼저 마음 앞에 앉아야 한다.
얼마나 오래 앉아 있었는가 보다 지금 마음은 깨어 있는가를 먼저 물어야 한다.
공부의 성패는 머리가 아닌 마음에, 기술이 아닌 중심에 달려 있기 때문이다.

운동을 제대로 하려면 겉 근육이 아니라, 보이지 않는 속 근육(코어)부터 깨워야 한다. 코어 근육은 자세를 유지하며 균형을 잡고, 전신의 움직임을 지탱해 주는 중심축이다. 아무리 팔과 다리에 힘을 줘도 코어가 깨어 있지 않으면 금방 힘이 빠지고, 몸의 흐름이 뒤틀린다. 등과 복부, 골반을 중심으로 한 이 코어는 겉으로는 잘 보이지 않지만, 몸 전체의 균형과 힘의 중심을 잡아주는 핵심 근육이다. 코어가 무너지면 자세가 흐트러지고, 힘을 써도 효율이 떨어진다. 그래서 어떤 운동이든 시작 전에 반드시 코어 활성화를 먼저 한다. 몸의 중심이 깨어 있어야 움직임도 흔들림 없이 유지되기 때문이다.

공부도 마찬가지다. 학습자의 공부는 머리가 아니라 마음에서 시작된다. 자리에 앉았다고 공부가 시작된 게 아니다. 문제를 푼다고 몰입하고 있는 것도 아니다. 공부의 중심축은 무엇일까? 바로 마음이다. 앉아 있는 시간, 문제 푸는 속도, 외우는 양보다 더 중요한 건 내 마음의 중심, 즉 공부 코어가 깨어 있는가다. 3장에서 다룬 공부 체온이 공부를 시작하기 위한 가동 에너지라면, 공부 코어는 어떤 유혹과 시련에도 학습자를 버티게 하는 단단한 정체성이다.

공부 코어의 핵심은 두 가지다. 첫째는 감정을 단순한 기분이 아닌 정보로 인식하는 능력이고, 둘째는 나만의 왜(Why)를 붙들고 있는 힘이다. 공부가 안 되는 학습자에게 "그냥 해!"라고 말하는 건 운동 초보자에게 "일단 100kg 바벨부터 들어!"라고 윽박지르는 것과 같다. 운동을 할 때 우리가 먼저 깨워야 하는 건 근육, 즉 코어이듯 진짜 공부는 내 마음의 중심이 깨어 있을 때 시작된다. 단순히 "오늘 기분이 어떠니?"라고 묻는 것(체온 점검)을 넘어 "지금 네 마음의 중심은 무엇이 지탱하고 있니?"라고 물어야 한다. 학습자가 자신의 감정을 객관적인 언어로 명명하고 그 이면의 동기를 스스로 발견할 때, 비로소 자기 주도적 학습의 골격이 세워진다. 감정을 외면한 학습은 근육 없는 몸처럼 쉽게 무너진다. 그러므로 학습코치는 문제 해결사가 되기 전에 학생의 내면을 지탱하는 감정의 설계자가 되어야 한다.

공부가 잘 안 되거나 공부에 흥미를 잃었을 때 우리는 종종 의지가 부족하다고 자책하지만, 의지가 약한 게 아니라 마음의 코어가 잠들어 있었던 것은 아니었을까? 감정을 살피고, 동기를 다시 붙잡고, 나만의 왜(Why)를 떠올리는 그 짧은 준비가 공부 전체를 지탱하는 내면의 힘이 된다. 공부가 안 되는 아이에게 계획부터 세워보자고 하는 대신 "지금 네 마음의 무게 중심은 어디에 놓여 있니?"라고 묻는 것이 훨씬 더 본질적인 코칭적 접근이다. 학습코치는 공부 기술 이전에 마음을 다룰 수 있어야 한다.

공부가 막힐 땐 공부 코어가 약해졌을 수도 있다. 공부가 귀찮다거나 재미없다거나 공부할 생각이 안 난다는 말은 기초학력 부진 학습자뿐만 아니라 공부 근육이 잘 잡혀 있지 않은 학습자의 입에서 가장 자주 나오는 말이다. 어디 이뿐이랴. 열심히 공부하고 있는 학습자도 견디고 있을 뿐 공부 근육이 제대로 형성되어 있을지 의문이다. 이런 말들은 처음엔 단순한 무기력의 증상처럼 들리지만, 그 밑을 살펴보면 전혀 다르다. 그 말속에는 학생들이 미처 알아채지 못한 감정이 숨어 있다. 감정은 말하지 않지만, 늘 공부 옆에 있다. 그 감정을 알아차렸을 때 비로소 천천히 공부를 위한 몸을 풀기 시작한다. 공부를 버텨내고 있는 학습자 중에도 실제로는 공부가 고통으로 각인된 경우가 많다. 이때 학습코치는 성과를 독려하는 대신 감정을 공감하고 마음의 상태를 먼저 물어야 한다. 코어가 무너진 운동선수가 허리 통증을 호소하듯 마음 코어가 잠든 아이들은 이유 없는 짜증과 무기력이라는 통증을 내뱉는다.

상담실에서 만난 한 중학교 1학년 아이가 그랬다. 상담실의 정적을 깨고 조심스레 건넨 인사에도 아이는 그저 책상 모서리만 만지작거릴 뿐 좀처럼 입을 떼지 못했다. 아이의 침묵 속에 숨은 목소리를 듣기 위해 질문 대신 책상 위에 다양한 감정 카드들을 먼저 펼쳐주었다. 학생은 우울함, 막막함, 부담스러움, 무의미함을 고르고 말했다. "공부하려고 책상 앞에 앉으면 그냥 갑자기 막 짜증이 나요. 그런데 왜 그런지는 모르겠어요. 그냥 싫어요." 조심스럽게 물었다. "혹시 그 감정은 어디에서 온 걸까?" 그 아이는 한참을 멈췄다가 작게 속삭였다. "못할까 봐 그냥 안 해요. 시도하는 것 자체가 힘들어요." 아이가 내뱉은 투박한 문장들 사이에는 차마 말로 다 표현하지 못한 거대한 두려움이 서려 있었다. 이처럼 감정은 스스로 목소리를 내지 못하지만, 늘 공부의 옆자리에 그림자처럼 앉아 학습자의 중심을 흔들어 놓는다. 감정은 다정하게 질문해 줄 때만 조금씩 몸을 풀기 시작한다.

이 짧은 대화 속에는 감정-동기-의미가 서로 연결되지 못한 채 뚝 끊어져 버린 단절의 풍경이 담겨 있다. 이 학생은 공부를 안 하려고 고집을 부리는 것이 아니다. 실패에 대한 두려움이라는 거대한 감정에 가로막혀 학습을 시작할 마음속 코어를 깨우지 못하고 있을 뿐이었다.

우리는 흔히 공부를 의지의 문제라고 생각하지만, 뇌 과학적 관점에서 보면 공부는 철저히 감정의 반응이다. 감정이 부정적인 신호를 보내면 우리 뇌의 전두엽은 학습을 위한 고등 사고를 멈추고 자신을 보호하기 위한 방어 기제를 먼저 작동시킨다. 감정이 멈추면 뇌의 학습 엔진도 함께 멈추는 것이다.

자존감, 기대감, 두려움, 수치심, 자책…. 이 보이지 않는 감정들은 사실 가장 강력한 동기 자원이다. 이 감정들을 외면한 채 공부를 시키려 하는 것은 중심축 없이 건물을 세우는 일과 같다. 기초가 부실한 건물은 높이 올라갈수록 더 위험해지듯 감정이 준비되지 않은 상태에서 학습은 결국 아이의 마음을 무너뜨리고 만다.

 **코칭 가이드 : 마음의 코어를 깨우는 3가지 원칙**

첫째, 문제 해결의 유혹을 참고 감정의 발견자가 되어 코어의 입구를 열자. 학습코치의 가장 큰 실수는 학습자의 공부 안 하는 문제를 즉시 고치려 드는 조급함에서 시작된다. 코칭의 첫 번째 역할은 문제 해결사가 아닌 발견자가 되는 것이다. 학습자가 "귀찮아요."라고 말할 때, 그 이면의 마음이나 무력감을 스캔하여 이름을 붙이도록 하자. "그 귀찮음이라는 옷 속에 숨어 있는 진짜 네 마음의 이름은 무엇이니?"라고 묻는 것만으로도 학습자는 비로소 마음의 몸을 풀기 시작한다.

둘째, 공부 기술보다 마음 코어를 먼저 세우는 마인드 전문가가 되자. 공부 시작 전 겉으로 드러나는 공부 시간이나 화려한 계획표보다 먼저 점검해야 할 것이 있다. 바로 감정과 동기의 결합체인 마음 코어의 정렬 상태다. 중심축이 흔들린 상태에서 학습 시스템 설계는 모래 위에 성을 쌓는 것과 같다. 공부를 시작하기 전 학습자의 마음 위치부터 질문하자. "지금 네 마음의 중심은 어디를 향하고 있니?"라는 질문이 학습 시스템을 무너지지 않게 지탱하는 가장 강력한 기초 공사가 된다.

셋째, 가르침이 아닌 질문의 자극으로 스스로 코어를 깨우게 하자. 신체의 코어 근육이 외부의 물리적인 힘이 아니라 내부의 미세한 자극으로 활성화되듯 마음의 코어도 마찬가지다. 코치는 정답이라는 외부의 힘을 쓰지 않고, 질문이라는 내부의 자극을 주어야 한다. "이 공부가 끝난 뒤, 너는 어떤 공부 근육이 더 자라 있길 바라니?"와 같이 학습자의 내면을 건드리는 질문을 던지자. 질문은 학습자의 내면을 두드려 잠든 동기와 감정을 깨우는 가장 정교한 스트레칭이다. 코칭은 가르치는 기술이 아니라, 질문을 통해 학습자 스스로 마음 코어를 세우게 만드는 여정이다.

공부의 진짜 코어는 성적이 아니다. 칭찬과 불안, 비교도 오래가는 동기가 되지 못한다. 오랫동안 작동하는 공부 코어는 흥미, 의미, 도전, 가능성처럼 나와 깊숙이 연결된 감정이다. 이 감정들이 깨어 있어야 지속 가능한 공부 에너지가 만들어진다.

감정과 동기, 즉 학습자의 내면 중심축을 세워줄 수 있을 때 비로소 학습 코치는 진짜 코칭을 시작할 수 있다. 공부를 지속하게 하는 힘은 외부의 통제가 아니라 내면에서 우러난 의미 연결에서 온다. 마음의 코어가 깨어 있어야 공부의 움직임이 흔들리지 않는다. 오늘도 책을 펴기 전에 먼저 이 질문들로 공부의 중심부터 깨워보자.

감정 확인	"오늘 공부하려고 할 때, 어떤 기분이 들었어?"
감정 해석	"그 기분은 너한테 무슨 말을 하고 싶어 하는 걸까?"
동기 탐색	"예전에 공부가 좀 잘됐던 적은 언제야?"
의미 연결	"이걸 공부하면 어디에 도움이 될까?"
시동 걸기	"그럼, 오늘은 이 감정을 안고 무엇부터 해볼까?"

 학습코칭, 이제 공부 PT로 시작하자

1. 오늘 공부를 하려고 할 때 느낀 감정을 체크해 보세요. (공감되는 감정을 모두 골라보세요. 마음의 상태를 아는 것이 공부의 시작입니다. 여러 개를 선택해도 좋아요.)

☐ 기대됨　　☐ 귀찮음　　☐ 짜증　　☐ 불안함　　☐ 막막함

☐ 자신 있음　　☐ 의욕 없음　　☐ 무기력함　　☐ 기분 좋음

2. 선택한 감정 중 하나를 골라 그 감정이 어떤 신호를 주는지 아래에 적어보세요. (예 : 막막함 → 어디서부터 시작해야 할지 몰라서 마음이 불편하다.)

➡ 내 감정 : ＿＿＿＿＿＿＿＿＿＿＿＿＿＿＿＿＿＿＿＿＿＿＿＿＿＿

➡ 이 감정이 주는 메시지 : ＿＿＿＿＿＿＿＿＿＿＿＿＿＿＿＿＿＿＿

3. 이 감정을 어떤 감정으로 바꾸고 싶나요? (예 : 막막함 → 기대됨)

➡ 내 감정 : ＿＿＿＿＿＿＿＿＿＿＿＿＿＿＿＿＿＿＿＿＿＿＿＿＿＿

➡ 변화되고 싶은 감정 : ＿＿＿＿＿＿＿＿＿＿＿＿＿＿＿＿＿＿＿＿＿

4. 변화되고 싶은 감정을 통해 오늘 공부하는 이유를 적어본다면?

➡ 오늘 공부하는 이유 : ＿＿＿＿＿＿＿＿＿＿＿＿＿＿＿＿＿＿＿＿＿

5. 오늘의 감정과 이유를 바탕으로, 지금 내가 해볼 수 있는 가장 쉬운 공부 행동 하나를 정해보세요. (예 : 영어 단어 5개 써보기 / 수학 문제 1개 풀기 등)

➡ ＿＿＿＿＿＿＿＿＿＿＿＿＿＿＿＿＿＿＿＿＿＿＿＿＿＿＿＿＿＿＿

5

성적보다 중요한 학습 근육

성적은 스코어보드일 뿐, 학습 근육은 기초체력이다.
우리는 점수를 매기는 심판이 아니라,
어떤 시련 앞에서도 다시 일어설 수 있도록 함께 뛰어주는 트레이너다.
결과보다 과정을 칭찬하라.
그것이 학습자를 배움의 주인으로 바로 세우는 코칭의 본질이다.

운동을 시작할 때 우리는 흔히 눈에 보이는 변화, 즉 체중계의 숫자나 거울 속 외적인 모습에만 집중한다. 하지만 진짜 중요한 것은 그 이면에 있다. 바로 근육이다. 근육이 탄탄하게 자리 잡아야 몸이 원하는 대로 움직이고 부상 없이 오래 운동을 이어갈 수 있다. 공부도 마찬가지이다. 성적이라는 결과에만 집착하다 보면 그 결과를 만들어 내는 학습 근육의 중요성을 놓치기 쉽다. 오늘은 성적보다 더 중요한 학습 근육 이야기를 해보려고 한다.

"쟤는 원래 머리가 좋아요.", "나는 원래 공부랑 안 맞아요.", "이번 시험은 망했어요. 역시 저는 안 돼요." 코칭 현장에서 학습자들은 종종 "성적이 곧 저의 가치예요."라고 말하며 숫자가 자신의 미래를 결정짓는 절대 기준이라 믿는다. 물론 성적은 중요하다. 하지만 그것은 지금까지의 학습 과정을 보여주는 하나의 지표일 뿐, 학습자의 모든 잠재력을 대변하지는 않는다. 진짜 중요하고 더 본질적인 것은 성적이라는 결과를 만들어 내는 학습 근육이다. 성적이 목표를 향해 나아가며 얻는 하나의 이정표라면 학습 근육은 앞으로 어떤 도전 앞에서도 흔들리지 않는 근본적인 힘이다. 즉, 결과도 소중하지만 그보다 더 값진 것은 스스로 배우고 성장하는 힘, 어려움 속에서도 다시 일어설 수 있는 자기 주도적 학습 능력이다.

성적이 학습자가 걸어온 길의 한순간을 보여주는 사진이라면 학습 근육은 앞으로 더 멀리 더 높이 나아가게 해주는 실질적인 에너지이다. 눈에 보이는 성적보다 더 중요한 것은 지속 가능한 학습을 이끌어갈 수 있는 내적인 힘이다. 성적은 바뀔 수 있지만 학습 근육이 단단히 자리 잡으면 성장은 계속될 수 있다. 성적에만 모든 의미를 부여하기보다 그 성적을 만들어 낸 노력과 꾸준함 그리고 성장의 과정을 더 소중하게 바라보는 태도가 필요하다. 결과를 존중하되 그보다 더 중요한 것은 앞으로의 삶을 이끌어갈 내면의 힘, 바로 학습 근육임을 잊지 말자.

많은 학습자가 시험 성적이 오르지 않으면 깊은 실망과 좌절에 빠지곤 한다. 이때 학습코치는 학습자에게 처음 스쿼트나 푸쉬업을 시작했던 그 떨림의 기억을 소환해 주어야 한다. 처음엔 단 몇 번의 반복에도 숨이 차고, 다음 날이면 근육통에 시달리며 "내가 이것을 계속할 수 있을까?"라는 의구심이 들기도 한다. 하지만 그 통증을 견디며 묵묵히 반복하다 보면 어느 순간 더 무거운 중량을 거뜬히 들어 올리는 자신을 마주하게 된다. 학습의 원리도 이와 다르지 않다. 성적이라는 숫자는 외부 환경이나 컨디션에 따라 일시적으로 출렁일 수 있지만 그 과정을 통과하여 단련된 학습 근육은 결코 학습자를 배반하지 않는다.

운동선수를 떠올려 보자. 100m를 10초에 달리는 단거리 선수도 철봉 위에서 공중회전을 하는 체조 선수도 모두 오랜 시간 꾸준한 훈련을 통해 근육을 키워왔다. 한 번의 경기 결과보다 다음 경기를 준비할 수 있는 기초체력과 기술 그리고 지속 가능한 루틴이 더 중요하다. 공부는 어떨까? 학습 능력은 타고나는 것이 아니라 훈련되는 능력이다. 오늘의 성적이 좋든 나쁘든 그것은 지금까지의 학습 근육 상태를 보여주는 신호일 뿐이다. 중요한 것은 지금, 이 순간부터 어떤 학습 근육을 키워가고 있는가이다.

학습 근육이란 무엇일까? 단순히 지식을 많이 아는 것이 아니다. 새로운 내용을 받아들이는 유연성, 어려움 앞에서 포기하지 않는 회복력, 스스로 동기를 찾고 몰입하는 힘, 그리고 꾸준히 반복하며 성장하는 자기 조절력 등이 모두 학습 근육에 해당한다. 이 근육이 튼튼해야 어떤 과목, 어떤 시험이 와도 흔들리지 않고 자신의 페이스를 유지할 수 있게 된다.

학습 근육은 집중 근육, 이해 근육, 지속 근육으로 구분할 수 있다. 집중 근육은 딴생각을 차단하고 몰입하는 힘이고, 이해 근육은 정보를 정리하고 자기 언어로 설명하는 힘이며, 지속 근육은 힘들고 귀찮아도 꾸준히 이어갈 수 있는 힘이다. 이 근육들은 각각 다르게 작동하고 따로, 또 같이 훈련된다. 어떤 학습자는 집중은 잘하지만 금방 포기하고, 또 어떤 학습자는 꾸준하긴 하지만 비효율적인 방식으로 공부하고 있다. 우리는 코칭을 통해 이 세 가지 학습 근육의 상태를 점검하고 필요한 부위를 강화할 수 있다.

 **코칭 가이드 : 성적에서 근육으로 시선을 바꾸는 3가지 코칭 대화법**

첫째, 결과를 데이터로 재해석하자(성적표 분석 코칭). 성적표를 보고 좌절한 학습자에게 "이 점수는 네 가치가 아니라, 현재 너의 학습 근육의 상태를 보여주는 데이터야."라고 말해주자. "어떤 근육이 약했는지 같이 분석해보면 어떨까?"라며 성적표를 평가의 도구가 아닌 진단과 처방의 도구로 사

용하자.

둘째, 노력을 세트로 명명하자(과정의 시각화). 막연히 열심히 했다는 느낌을 구체적인 단위로 바꿔 보자. "오늘 공부 몇 세트 했어?", "집중 스쿼트 3세트 성공했네!"처럼 학습자의 노력을 운동의 세트 개념으로 명명해 주자. 눈에 보이는 단위가 성취감을 극대화한다.

셋째, 목표를 근육 성장으로 재설정하자(새로운 목표 세우기). 다음 시험 목표를 점수로만 세우지 말자. "이번에는 이해 근육을 키우기 위해 배운 내용을 친구에게 설명해 주는 훈련을 몇 번 해볼 수 있을까?"처럼 구체적인 학습 근육 성장을 목표로 설정하게 하자. 과정이 목표가 될 때 결과는 자연히 따라온다.

중3 지우는 늘 반에서 중하위권을 맴돌았다. 수학은 포기했고, 국어는 지루하다고 느꼈다. 성적표를 받을 때마다 눈치를 보며 '엄마는 또 실망하겠지….'라고 혼잣말하곤 했다. 하지만 지우는 공부에 대한 PT를 받으면서 달라졌다. 코칭 시간에 지우의 하루 루틴을 분석하고 짧은 집중 세트부터 훈련했다. 처음엔 하루 10분 그다음은 20분으로 점점 늘려갔다. 할 수 있는 작은 것부터 성공 경험을 쌓아가며 성적이 아닌 근육을 볼 수 있도록 관점을 전환하도록 했다. "오늘 계획한 공부 근육 세트를 완수했을 때의 느낌은 어땠어?", "오늘 네가 들어 올린 공부의 무게는 몇 분이었니? 그 시간을 버텨낸 네 마음의 근력은 얼마나 자란 것 같아?" 지우는 점점 자신의 학습 능력을 재정의했다. 2개월 후 지우의 성적은 여전히 중위권이었다. 하지만 지우는 더 이상 시험지를 찢지 않았고 오히려 이렇게 말했다. "이제 공부에 몸이 익숙해지는 느낌이에요. 조금만 더 하면 성적은 따라올 것 같아요." 성적보다 중요한 건 바로 이 감각이다. 공부가 조금씩 몸에 익숙해지고 있다는 체감 그것이 학습 근육이 자라나고 있다는 신호다.

운동선수에게 과도한 경기 압박은 부상을 부르고 근육을 망가뜨린다. 공부도 마찬가지다. 오직 성적에만 초점을 맞추면 오히려 불안과 자기 비난이 학습 근육의 성장을 방해한다. 실패를 성장의 재료로 바꾸기 위해서는 점수보다 학습의 움직임을 봐야 한다. "복습 러닝 1km를 완주하고 숨을 고르는 지금, 네 머릿속에는 어떤 지식의 풍경이 가장 선명하게 남아 있니?"라는 질문을 하자. 지금은 학습 근육의 워밍업부터 제대로 해야 할 때다. 하루 1시간이 안 된다면 20분씩 세 번 나눠서 하면 된다. 그리고 세트 완료 후 학습자가 자신에게 말해보도록 격려해 보자. "오늘도 공부 근육 3세트 성공!"이라고 말이다. 꾸준한 세트가 쌓이면 학습은 더 이상 두렵거나 억지로 하는 활동이 아니다. 몸에 익고 습관이 되며 결국 인생의 자산이 된다. 이렇게 학습 근육은 반복과 세트로 만들어진다.

학습 근육을 키우는 3가지 방법을 소개하자면 다음과 같다. 첫째, 점진적 과부하를 적용한 나만의 시작 무게 설정이다. 무리한 목표는 학습 무기력을 부르지만 자신의 뇌가 기분 좋게 견딜 수 있는 최적의 무게에서 시작하면 근육은 자라난다. 남의 속도에 맞추기보다 내가 소화할 수 있는 개념 하나부터 시작해 부하를 서서히 늘려가는 것이 학습 근육 성장의 첫 단계이다. 둘째, 누적 빈도의 힘으로 뇌의 지구력을 강화하는 것이다. 근육은 강한 자극 한 번이 아니라 꾸준한 반복으로 형성된다. 벼락치기식 에너지 소모보다는 낮은 강도라도 매일 같은 시간에 책상에 앉는 습관이 뇌의 신경망을 두껍게 만든다. 완벽한 하루가 아니더라도 다시 시작하는 회복력이 학습 근육을 단단하게 다지는 실질적인 에너지가 된다. 셋째, 초과 회복의 법칙을 활용한 전략적 휴식이다. 근육은 운동 중이 아니라 운동 후 휴식할 때 재생되고 강해진다. 공부 역시 무작정 몰아붙이기보다 충분한 수면과 산책 같은 보상이 뒤따라야 한다. 힘들게 학습한 뒤의 짧은 휴식은 피로를 풀어주고 지식을 장기기억으로 고착해 번아웃 없이 공부의 무게를 견디는 강력한 마음의 근육을 완성한다.

성적은 잠깐의 결과이고 학습 근육은 평생의 자산이다. 운동선수처럼 학습자도 자기만의 루틴과 몸의 감각을 찾아야 한다. 성적표가 전부라고 느껴질 때 "오늘 내 공부 근육 얼마나 단단해졌지?"라고 질문하게 해야 한다. 성장을 원하는 모든 학습자와 그들을 돕는 교사, 학습코치, 부모에게 이 질문이 새로운 기준이 되기를 바란다. 아이들이 학습이라는 필드 위에서 자신만의 속도로 완주하는 기쁨을 누리게 돕고 싶다면 성적표의 숫자보다 아이의 '학습 근육'이 내는 소리에 먼저 귀를 기울여야 한다.

💡 공부 PT 퀘스트 : 학습 근육 성장 일지

1. 성적 vs 근육, 나의 시선 점검하기 : 낮은 점수라는 차가운 겨울을 지나며, 봄을 준비하며 굵어지고 있는 '성장의 뿌리'는 어떤 모습인지 들여다보세요.

→ ____

2. 학습 근육 진단하기 : 현재 집중적으로 키우고 있는 학습 근육의 종류와 그 근육이 실질적으로 자라고 있다는 나만의 구체적인 증거를 기록해 보세요.

→ ____

3. 오늘의 공부 세트 기록하기 : 오늘 수행한 공부 세트 수를 기록하고, 그중 가장 잘 해낸 세트가 나에게 어떤 성취감을 주었는지 표현해 보세요.

→ ____

4. 작은 성공 루틴 만들기 : 학습 근육을 키우기 위한 작은 성공 경험을 쌓기 위해 오늘 할 수 있는 일은 무엇인가요? 그 작은 성공을 통해 당신은 어떤 자신감을 얻고 싶나요?

→ ____

5. 학습 근육을 위한 다짐 : 오늘 새롭게 깨달은 점을 바탕으로 학습 근육을 단련하기 위한 다짐과 미래의 성장한 내 모습을 한 문장으로 완성해 보세요.

→ ____

6

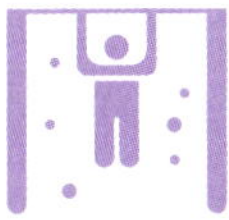

학습 엔진 시동 걸기

자동차가 움직이려면 엔진에 시동이 걸려야 한다. 아무리 화려한 디자인과 고성능 타이어를 갖춘 차라 할지라도, 정작 엔진이라는 심장이 뛰지 않으면 그것은 거대한 고철 덩어리에 불과하다. 학습도 마찬가지다. 어떤 계획, 어떤 교재, 어떤 수업도 내 안의 학습 엔진이 작동하지 않으면 헛돌 뿐이다. 가만히 서 있는 차를 밀어서 움직이게 할 수는 있어도, 목적지까지 계속 움직이게 하려면 스스로 움직이는 힘, 즉 엔진이 필요하다.

지금 학습자의 학습 엔진은 어떤 상태일까? 혹시 시동이 꺼진 채 길가에 방치되어 있지는 않은가? 학원 등 남들이 정해준 일정한 루틴과 지식의 입력은 반복되고 있지만, 정작 왜 배우고 있는지 어디로 향하는지에 대한 점화 없이 헛바퀴를 돌고 있는 건 아닌지 학습자의 엔진 소리에 귀를 기울여

보아야 한다.

운동선수는 경기장에 들어서기 전 반드시 워밍업을 한다. 근육과 심장을 깨우고, 몸과 마음을 시작할 준비 상태로 맞추는 시간이다. 워밍업 없이 바로 전력 질주를 하는 선수는 없다. 시동이 걸리지 않은 몸은 다치기 쉽고 금방 지치기 때문이다.

2021년 도쿄올림픽에서 금메달을 목에 건 양궁 선수 안산은 하루 300발 이상의 화살을 쏘며 자신만의 훈련 계획을 지켰다. 하지만 그녀가 말한 가장 중요한 훈련은 단순한 기술 연습이 아니라 내가 왜 이걸 하는지를 매일 되새기는 일이었다고 한다. 그녀는 이렇게 말했다. "나에게 양궁은 점수를 넘어서 내 삶의 중심이에요. 잘하고 싶다는 간절함이 매일 화살을 당기게 만들어요." 그렇다. 운동선수의 가장 강력한 무기는 강한 근육도 빠른 발도 아니다. 자신 안에서 끓어오르는 동기의 에너지, 즉 내면의 엔진이다.

학습 엔진에 시동이 걸렸는지 확인하는 가장 확실한 방법은 학습자가 내뱉는 말의 온도를 가만히 들여다보는 것이다. 시동이 꺼진 학습자들은 습관처럼 말한다. "왜 해야 하는지 모르겠어요.", "어차피 안 될 것 같아요." 그들에게 공부는 누군가 하라고 하니까 억지로 끌려가는 무거운 짐에 가깝다. 반대로 시동이 켜진 학습자의 말에는 생기가 있다. "이건 꼭 알고 싶어요.", "지금은 어렵지만 조금씩 나아지고 있는 것 같아요." 문장마다 스스로에 대한 신뢰와 방향 감각이 묻어난다.

이 두 부류의 학습자 사이에 존재하는 결정적인 차이는 지능이나 의지력의 크기가 아니다. 내면의 점화 여부 다시 말해 스스로 공부하고자 하는 마음의 불꽃이 켜져 있는가의 차이다. 이 불씨가 없으면 모든 학습은 외부 자극에 끌려다니는 과정이 되고 만다.

우리는 종종 시험과 성적, 비교와 압박이라는 외부의 힘으로 아이를 움직이려 한다. 이런 방식은 멈춰 있는 차를 잠시 밀어줄 수는 있다. 하지만 그

손이 사라지는 순간 차는 다시 멈춘다. 진짜 공부는 누군가 뒤에서 밀어주는 관성이 아니라 학습자가 스스로 운전대를 잡고 나아갈 때 비로소 시작된다.

그래서 학습코칭에서 가장 먼저 확인해야 할 것도 바로 이 학습 엔진이다. 공부를 시작하기 전에 필요한 것은 교재도 문제집도 아니다. 내면의 워밍업, 즉 학습 엔진에 시동이 걸려 있는지 확인하는 일이다. 운동선수가 경기 전 심호흡으로 몸과 마음을 정렬하듯 학습자 역시 자신에게 질문을 던지며 배움의 동기를 깨워야 한다.

이 지점에서 학습코치는 단순히 계획을 세워주거나 문제를 분석해 주는 역할에 머물러서는 안 된다. 학습자가 왜 공부하는지를 스스로 발견하도록 질문하고 학습의 의미를 자기 언어로 정의하도록 돕는 것 이것이 학습코칭의 출발점이다.

학습자가 공부를 미루고 있다면 먼저 의지를 탓하기보다 엔진이 꺼진 상태는 아닌지부터 살펴야 한다. 시동이 꺼진 채 밀리고 있는 자동차는 잠시 움직일 수는 있어도 스스로 달릴 수는 없다. 준비 운동 없이 운동장을 달리는 선수처럼 학습 역시 부상과 탈진을 피할 수 없다. 운동선수는 단기간의 열정으로 훈련하지 않는다. 매일 같은 시간, 같은 루틴으로 몸과 마음을 길들인다. 이 반복이 쌓여 기술이 되고 습관이 되고 성과가 된다.

공부도 같다. "내가 왜 배우는가?"라는 질문은 시동을 거는 열쇠이고, 꾸준한 연습은 그 시동이 꺼지지 않게 하는 장치다. 학습 엔진이 제대로 작동하기 시작하면 공부는 의무에서 의미로 바뀐다. 또한 억지로 끌려가는 시간이 아니라 리듬을 타는 시간이 된다.

 **코칭 가이드 : 엔진 시동을 걸기 위한 3가지 역할**

첫째, 운전 교관이 아닌 마음의 정비사가 되자. 학습코치는 운전법(공부

법)을 가르치기 전에 엔진이 왜 꺼졌는지 어떤 연료(동기)가 필요한 상태인지를 먼저 진단해야 한다. 학생이 움직이지 않는다고 해서 의지를 비난하기보다 학습 엔진이 꺼진 채 타인의 힘으로 밀려오느라 이미 지쳐 있는 상태는 아닌지를 살펴볼 필요가 있다. 코치의 첫 번째 임무는 엔진을 대신 돌려주는 일이 아니라 엔진이 다시 스스로 돌아갈 수 있도록 학습환경과 심리 상태를 정교하게 정비해 주는 것이다.

둘째, 연료(감정) 상태부터 확인하자. 계획이라는 내비게이션을 펼치기 전에 학습자의 감정 상태라는 연료 게이지부터 살펴야 한다. 연료 없이 액셀러레이터를 밟게 하면 차는 망가질 뿐이다. "이걸 왜 하고 싶었지?", "이걸 해냈을 때 어떤 기분일까?" 이 질문들이 감정과 동기라는 연료를 채운다.

셋째, 자동차 키(주도권)를 건네주자. 결국 시동을 거는 주체는 학습자 자신이다. 학습코치는 대신 운전해 주는 사람이 아니라 학습자가 스스로 운전대를 잡도록 돕는 사람이다. 가장 좋은 학습코치는 선수가 스스로 원해서 뛰게 하듯 학습자가 자기 질문으로 답을 찾아가도록 곁에서 호흡을 맞추는 동반자다.

지속 가능한 학습은 오직 자기 점화일 때에만 가능하다. 스스로 학습의 의미를 발견하고 시동을 거는 사람이 진짜 학습자다. 학습코칭의 역할은 의지를 단 한 번 활활 불태우게 만드는 데 있지 않다. 오히려 작은 불씨를 소중히 지켜 일정한 리듬으로 오래 타오를 수 있도록 곁에서 돕는 일에 가깝다.

학습자가 공부를 미루고 있다면 그것은 의지의 부족이 아니라 학습 엔진의 시동이 꺼진 상태일 수 있다. 이럴 때 필요한 것은 훈련을 더 하는 일이 아니라 무엇보다 시동부터 다시 거는 것이다. 학습의 이유와 즐거움 그리고 자신에게 이 배움이 어떤 의미인지를 되찾는 순간 공부는 비로소 다시 움직이기 시작한다. 마라톤도 수업도 첫발을 내딛는 그 순간, 즉 스스로 시동을 거는 찰나에 이미 절반은 완성된 것이나 다름없다.

학습자가 자신의 학습 엔진에 스스로 시동을 걸 수 있도록 돕는 것, 강제로 끌고 가지 않고 자기 손으로 운전대를 잡게 하는 것. 이것이 바로 우리가 지향하는 학습코칭의 진정한 가치다.

💡 공부 PT 퀘스트 : 학습 엔진 시동 걸기

1. 과거 경험 탐색 : 최근 무언가를 스스로 하고 싶어서 했던 경험은 무엇인가요? (게임, 독서, 운동, 영상 시청 등 공부가 아니어도 좋습니다.)

➡ ____

2. 엔진의 연료(동기) 찾기 : 그때 어떤 마음이나 감정이 당신을 움직였나요? (재미, 호기심, 성취감, 필요성, 지루함, 불안, 자신감 부족 등)

➡ ____

3. 작은 스파크 만들기 : 위에서 찾은 그 마음(연료)을 지금 공부와 연결한다면, 딱 하나, 아주 작게 시작해 볼 수 있는 것은 무엇일까요? (예 : 성취감 → 수학 문제 딱 1개만 풀고 확인하기)

➡ ____

4. 나의 응원군 정하기 : 학습 엔진이 자꾸 꺼지려 할 때, 누구에게 어떤 도움을 받고 싶나요?

➡ ____

5. 지속적 학습으로 연결하기 위해 준비할 또 다른 학습 엔진은 무엇인가요?

➡ ____

7

러닝머신 마인드 ON

학습자의 속도 대신 "오늘도 러닝머신 위에 올랐는가?"를 질문하라.
공부의 승자는 빨리 달리는 사람이 아니라, 트랙을 떠나지 않는 사람이다.
학습코칭은 무작정 재촉하는 것이 아니라
자신만의 리듬으로 완주하도록 돕는 페이스메이커가 되는 것이다.

헬스장에 들어가면 늘 가장 먼저 눈에 띄는 기구가 있다. 바로 러닝머신이다. 그런데 러닝머신은 단순히 걷고 뛰는 운동 기구가 아니다. 그건 지속하는 법을 가르쳐주는 공간 그리고 포기하지 않게 만드는 장치다. 러닝머신은 속도보다는 지속을 요구한다. 멈추고 싶어도 돌아가는 벨트는 계속 앞으로 나아가고 그 위에서 멈추면 중심을 잃고 뒤로 밀려난다. 그렇기에 우리는 조금씩이라도 계속 앞으로 내디뎌야 한다. 러닝머신 위에서 내가 계속 걷거나 뛰지 않으면 중심을 잃고 뒤로 밀려난다. 발이 멈추면 나 자신이 멈추게 된다. 어쩌면 러닝머신은 우리 삶과 공부를 가장 잘 보여주는 장치일지도 모른다. 헬스장에서 러닝머신이 갖는 진짜 의미는 이것이다.

"조금씩 나아가더라도 멈추지만 않으면 결국 변화는 따라온다."

헬스장은 단지 체력 향상이 목적이 아니라 자기 자신과의 약속을 지키는 공간이고 러닝머신은 기초체력을 기르기 위한 가장 기본적인 기구다. 매일 정해진 시간에 올라서서 달리는 그 행위는 결국 "나는 나 자신을 포기하지 않는다."라는 선언과 같다.

공부도 마찬가지다. 한 문제를 풀고, 책 한 장을 넘기고, 단어 하나를 외우는 그 모든 순간은 크게 느껴지지 않는 미세한 변화다. 하지만 멈추지 않고 계속하면 어느 순간 문장 구조가 읽히고 문제 풀이가 익숙해지고 내용이 연결된다. 물론 쉽지는 않다. 중도에 포기할 수도 있다. 하지만 러닝머신은 바로 그런 메시지를 전달한다. "성장은 속도가 아니라, 멈추지 않는 시간이 만든다.", "변화는 한순간의 폭발이 아니라 수많은 미세한 반복의 결과다." 러닝머신 위에서처럼 내 공부를 포기하지 않고 오늘도 다시 그 자리에 앉아 책을 펴는 것, 그 반복이 공부 근육을 키우고 결국에는 삶의 근력을 단단하게 만든다.

러닝머신 마인드는 속도보다 방향, 결과보다 지속성을 중요하게 여기는 태도다. 잠깐 멈추고 싶을 때도 "그래도 조금 더 해볼까?"라고 말하는 내면의 작은 목소리로 조금씩 앞으로 나아가는 그 자체에 의미를 두는 습관이다.

공부에서 러닝머신 마인드는 완벽함이 아니라 지속성을 추구하는 마음 근력이다. 오늘 10분 공부했다면 내일은 11분으로 늘려보고 문제 3개 풀었다면 다음 날은 해설까지 꼼꼼히 읽어보는 식이다.

러닝머신은 주변 사람을 신경 쓰지 않고 자신의 속도를 유지하는 것이다. 누가 옆에서 빨리 달리든 느리게 걷든 내 리듬만 지키면 된다. 공부에서도 타인의 속도와 비교하면 불안이 생긴다. "쟤는 벌써 진도를 다 끝냈대…", "나는 아직 여기인데 나만 뒤처진 걸까?" 하지만 러닝머신 마인드를 갖고 있는 학습자는 이렇게 생각한다. "나는 내 속도로 가고 있어. 내가 멈추지만 않으면 언젠가 도달할 거야." 이는 자기효능감(Self-efficacy)을 높이고 성장 마인드셋(Growth mindsct)을 강화하는 데 결정적인 역할을 한다.

미국의 전설적인 마라토너 딘 카르나제스는 하루 160km 이상을 달릴 수 있는 초인적인 지구력을 가졌다. 그의 비결은 단순했다. 절대 멈추지 않는 것, 그는 말한다. "처음 10km는 몸이 달리고, 그다음 10km는 정신이 달린다. 그다음부터는 마음이 달린다." 그는 2004년도에는 러닝머신에서 24시간 동안 238km를 달리기도 했다. 결국 한계를 넘어서게 하는 것은 체력이나 의지력이 아니라, 내면에서 타오르는 마음이라는 엔진이라는 뜻이다. 러너에겐 많은 게 필요 없다. 뭘 가졌느냐가 아니라 뭘 즐기느냐가 바로 우리 삶을 풍요롭게 한다.

 **코칭 가이드 : 러닝머신 마인드를 키우는 3가지 열쇠**

첫째, 결과가 아닌 지속의 흔적을 칭찬하자. 학습코치는 성적표가 아닌 학습자의 학습 대시보드에 집중해야 한다. "어제보다 1분 더 해냈네!", "힘든 날도 결국 책상에 앉았구나."처럼 눈에 보이지 않는 지속의 흔적을 발견하고 구체적으로 칭찬해 주어야 한다. 이 칭찬은 학습자의 결과가 아닌 과정에서 성취감을 느끼게 하고, 내일 다시 러닝머신 위에 오를 힘을 준다.

둘째, 비교의 시선을 자신만의 리듬으로 돌릴 수 있도록 하자. 학습자가 "다른 친구는 벌써 저만큼 앞서갔어요."라며 불안해할 때, 학습코치는 "다른 친구의 속도가 보인다는 건 그만큼 네가 이 레이스를 잘 완주하고 싶다는 뜨거운 마음이 있다는 증거야. 다른 사람의 시계가 아니라 너만의 타이머를 본다면 지금 어떤 상태야?"라고 질문해야 한다. 비교의 프레임을 나만의 리듬으로 전환해 학습자가 안정감을 느끼고 자신의 페이스를 유지하도록 돕는다.

셋째, 목표를 SMART 법칙으로 잘게 쪼개자. 영어 단어 500개 외우기처럼 막연한 목표는 러닝머신에 오르기 전부터 학습자를 지치게 만든다. 학습코치는 이 목표를 Specific(구체적), Measurable(측정 가능), Action-oriented(행동 중심), Realistic(현실적), Time-limited(시간제한) 원칙에 따라 '매일 저녁 8시에 단어 10개씩 30분 동안 외우기'처럼 잘게 쪼개주어야 한다. 목표가 명확해질수록 첫걸음은 가벼워진다.

학습코칭에서 어떻게 러닝머신 마인드를 길러줄 수 있을까? 먼저 목표를 작게 나눠보면 어떨까? 처음부터 5km 달리자는 것이 아니라 "오늘은 어떻게 공부하고 싶어?"라는 질문을 통해 스스로 목표를 정해보게 하는 것이다. 학습에서 일주일에 영어 단어 500개 외우기가 아니라 하루에 50개씩, 저녁 8시부터 9시까지와 같이 구체적이고 측정할 수 있으며 행동 중심, 현실성, 시간 제약을 할 수 있는 SMART 법칙으로 목표를 세팅하게 하자.

다음으로 과정에 집중한 질문을 하자. "오늘 공부의 리듬은 어땠어?", "중간에 멈추고 싶었던 순간이 있었다면, 어떻게 다시 발을 내디뎠어?", "오늘 공부하면서 가장 인상 깊었던 점은?"

학습코칭에서는 비교가 아닌 꾸준함이라는 기록을 찾아가게 한다. 러닝머신엔 거리, 시간, 속도가 나온다. 공부도 나만의 학습 대시보드를 만들 수 있는 동기부여가 되어야 한다. 학습자가 스스로 오늘 한 공부, 느낀 점, 내일 목표를 한 줄씩 적어볼 수 있도록 자극하는 질문이 필요하다.

학습자는 자기만의 리듬으로 오늘도 러닝머신 위에 올라설 수 있어야 한다. 기록은 속도가 아니라 지속의 흔적이다. 하루하루 공부한 내용을 짧게라도 기록하고, 어제의 나와 오늘의 나를 비교하며 스스로 격려하는 것, 그것이 공부 루틴을 만들어 간다.

학습코치의 역할은 학습자가 이 리듬을 멈추지 않도록 옆에서 호흡을 맞춰주는 것이다. "어제보다 1분 더 해봤네?", "힘든 날도 놓지 않았구나." 이런 말 한마디가 러닝머신 위의 발걸음을 계속 움직이게 만든다.

러닝머신 마인드는 결국 포기하지 않는 태도다. 빨리 가는 게 아니라 나에게 맞는 속도로 계속 가는 것. 성장은 속도가 아니라 방향이다. 꾸준히 오늘도 한 걸음 그렇게 걷다 보면 어느새 공부는 습관이 되고, 습관은 자신감을 만든다.

지금, 이 순간에도 러닝머신 위에서 학습자와 함께 숨 가쁘게 달리고 있는 여러분, 우리 멈추지 말고 한 발 더 내디뎌 보자. 진심을 다한 우리의 동행 끝에는 성장의 결과가 반드시 따라 올 것이다.

🔥 공부 PT 퀘스트 : 러닝머신 탑승 계획 세우기

1. 나의 러닝머신 : 속도는 느리더라도 멈추지 않고 꾸준히 하고 있는 공부나 습관이 있다면 무엇인가요? (예 : 일어나서 신문 읽기, 자기 전에 내일의 할 일 목록 적기 등)

➡ ____

2. 지속의 동력원 : 그 공부를 멈추지 않게 만드는 나만의 힘(생각, 자원, 사람 등)은 무엇이었고 어떤 의미였나요?

➡ ____

3. 나만의 최적 속도 : 가장 편안하고 꾸준하게 달릴 수 있는 공부의 속도나 리듬은 어떤 모습인가요? (예 : 하루 30분, 문제 5개 풀기 등)

➡ ____

4. 재탑승 전략 : 공부가 힘들어 러닝머신에서 내려오고 싶을 때, 어떻게 다시 그 위로 올라타겠습니까?

➡ ____

5. 페이스메이커의 응원 : 당신의 코치(선생님, 부모님)에게 어떤 응원의 말을 듣고 싶나요?

➡ ____

8

목표 세팅은 가벼운 덤벨부터

> 오늘부터 멋진 목표를 세우는 것 대신 할 수 있는 목표를 세워라.
> 위대한 계획은 종종 가장 먼저 포기하지만, 사소한 실천은 가장 오래 지속된다.
> 공부는 원대한 목표가 아닌 사소한 반복에서 시작된다.

헬스장에 처음 간 사람에게 40kg 바벨(역기)을 올리라고 하면 어떤 일이 벌어질까? 먼저 바벨(Barbell)은 쇠막대 양 끝에 무거운 원판을 끼워 두 손으로 들어 올리는 운동 기구다. 주로 스쿼트처럼 몸 전체의 힘과 균형을 동원해야 하는 운동의 끝판왕 격인 종목이라고 볼 수 있다. 이는 한 번에 온 힘을 쏟아야 하고 실패하면 큰 부상으로 이어질 수 있는 고중량 훈련을 상징한다.

초보자가 이 바벨을 잡는 순간 깨닫게 된다. '나는 할 수 없어.'라고. 섣부른 시도는 1cm도 들어 올리지 못하고 끝나거나 어깨나 허리에 부상을 남길 뿐이다. 그러고 나서 "나는 원래 운동이랑 안 맞아. 운동 너무 어렵던데? 해보니까 안 되겠어."라고 말할지도 모른다.

공부는 어떨까? 공부를 시작하는 학습자가 처음부터 하루에 4시간 공부하기, 일주일 안에 단어 500개 암기하기와 같은 목표는 너무 무거운 바벨이다. 학습코치는 이러한 목표가 학습자에게 부상(번아웃)과 좌절감만 안겨줄 수 있다는 사실을 명확히 인지해야 한다.

그렇다면 학습코치는 무엇을 해야 할까? 바로 공부 초보자에게 적절한 공부 덤벨부터 들도록 도와야 한다. 우리에게 아령으로 익숙한 덤벨은 바벨과 다르다. 1kg, 2kg, 3kg 이상의 덤벨은 아주 가벼운 무게부터 시작해 양손에 하나씩 들고, 내 몸의 작은 근육 하나하나를 섬세하게 단련시킬 수 있는 가장 기본적이고 안전한 운동 기구다. 덤벨의 핵심은 점진적인 성장에 있다.

공부 초보자가 가장 먼저 들어야 할 것이 바로 이 공부 덤벨이다. 공부 덤벨은 하루 15분 책상에 앉아보기, 수학 문제집 한 장 풀기, 영어 단어 3개만 외워보기와 같은 작고 가볍게 도전해볼 만한 목표를 의미한다. 이런 유형의 학습자에게 무거운 목표(바벨)는 실천보다 자책과 포기를 더 빨리 가져오게 한다. 하지만 가벼운 목표(덤벨)는 다르다. 학습자는 1kg짜리 덤벨을 가볍게 들어 올리며 생각한다. '어, 이거 되네?' 이 작은 성공의 경험은 뇌에 나는 할 수 있는 사람이라는 긍정적인 신호를 보내게 된다. 바로 이 순간 도파민이 분비되며 다음 행동에 대한 동기가 강화된다. 그렇게 1kg이 익숙해지면 2kg 덤벨에 도전하고 그다음엔 3kg 덤벨을 들어 올릴 수 있게 된다. 이 과정을 통해 학습자는 자신도 모르는 사이 공부 근력과 자신감이라는 두 가지 핵심 근육을 함께 키워나가게 된다.

여기서 말하는 목표 세팅은 가벼운 덤벨부터는 공부 습관이 부족하거나 공부를 시작하는 단계에 있는 학습자 혹은 다시 공부 계획을 세워보고 싶은 학습자를 위한 학습코칭의 핵심 접근이다. 이런 유형의 학습자에게 무거운 목표는 실천보다 자책과 포기를 더 빨리하게 만든다.

"나는 실패자야. 정말 안 되는구나." 학습자들이 무너질 때 가장 먼저 하는 말이다. 이 고백은 분노가 아니라 자책이고, 의지가 부족한 게 아니라 또 실망한 사람의 마음이다. 우리는 종종 목표를 세울 때 의지로 무게를 정한다. 하지만 공부는 의지의 싸움이 아니라 감당의 싸움이다. 지나치게 무거운 목표는 마음의 관절을 다치게 하고 결국 학습자는 자기를 탓하며 돌아앉는다. 학습코치는 자책 너머의 마음을 읽고 그 학습자가 감당할 수 있는 목표를 다시 세우는 질문부터 시작한다.

운동선수들도 첫 훈련은 가벼운 스트레칭으로 시작한다. 가벼운 덤벨로 근육을 깨우고 점점 몸이 풀릴수록 무게를 높여간다. 공부도 마찬가지다. 공부를 시작했다는 사실 그 자체가 이미 근육을 깨운 것이다. 학습코칭에서는 이 시작의 감각을 살려주는 것이 우선이다.

문제는 시작을 실패하게 만드는 목표가 너무 무겁다는 데 있다. 처음부터 '오늘 3시간 공부하기'가 아니라 '10분만 해보자, 문제 하나만 풀어보자.'라는 작고 현실적인 단위로 목표를 잡는 것이 실패와 자책을 줄이게 하고 무엇보다 자기효능감을 회복시킨다.

할 수 있다가 아니라 해봤다가 더 중요하다. 공부는 가능성보다 경험에서 에너지를 얻는다. 많은 학습자가 할 수 있을지 모르겠다고 말하지만, 실제로 해본 경험이 없으면 그 말은 희망이 아니라 불안한 예감이다. 문제 1개, 단어 5개, 요약 3줄이 오늘의 공부 목표라면 충분하다. 오늘의 시작이 중요하다. 시작은 공부를 해봤다는 감각을 만들고, 다시 시작은 그 감각을 몸에 익히는 과정이다.

실전 예시 : 목표 덤벨 세팅하기

과목	무거운 바벨 목표	가벼운 덤벨 목표
영어	단어 100개 암기	오늘 외운 단어 중 5개 말로 설명하기
수학	문제집 30쪽	오늘 푼 문제 중 오답 1개 다시 풀기
국어	비문학 1지문 독해	문단 하나 요약해서 메모장에 쓰기

공부도 근육이다. 근육은 무거운 것보다 반복할 수 있는 무게로 단련된다. 목표를 세울 땐 가벼운 덤벨부터 시작하는 게 가장 중요하다. 이것이 바로 학습코칭의 출발점이자 학습자가 공부에 대한 자신감을 회복하는 첫 번째 걸음이다.

가벼운 목표가 주는 3가지의 힘이 있다. 첫째, 실패 확률이 낮다. 목표를 쉽게 달성할 수 있기 때문에 '했네? 나도 되네?'라는 감정이 남는다. 둘째, 작은 성취가 반복된다. 반복은 루틴이 되고, 루틴은 정체성을 바꿀 수 있다. '또 했네? 또 해보자.'라는 생각으로 자신감을 얻게 된다. 셋째, 나를 탓하지 않는다. 무리한 목표는 실패했을 때 나는 안 되는 사람이라는 잘못된 결론을 만든다. 하지만 가벼운 목표는 만만한 도전이 되어서 해볼 만한 가능성을 높여 준다.

공부의 힘은 거창한 목표보다 오늘 공부했다는 소박한 말 한마디가 더 멀리 간다. 가볍지만 매일 드는 덤벨은 무겁지만 한 번 들고 마는 바벨보다 훨씬 큰 힘을 만들어 낸다. 그렇다면 학습코치는 작지만, 반복할 수 있는 덤벨을 학습자의 손에 어떻게 쥐여줄 수 있을까?

 **코칭 가이드 : 가벼운 덤벨을 들게 하는 3가지 꿀팁**

첫째, 의지가 아닌 현실을 기준으로 삼자. "너라면 할 수 있어!"라는 막연

한 격려는 위험하다. 학습코치는 학습자의 뜨거운 의욕을 현실의 땅에 안착시키는 역할을 해야 한다. "어제 공부 시간은 어땠어? 지금 당장 할 수 있는 시간은 얼마나 될까?"라고 물으며 학습자가 감당할 수 있는 현실적인 무게를 함께 찾아줘야 한다.

둘째, 목표를 결과가 아닌 행동으로 정의해 보자. 단어 100개 암기는 결과 목표라 막막하지만, 단어장 10분 보기는 행동 목표라 만만하다. 학습코치는 결과 중심의 무거운 목표를 구체적인 행동 중심의 가벼운 목표로 잘게 쪼갤 수 있도록 돕는 전문가여야 한다. 학습자가 무엇을 해야 할지 명확히 알 때 행동은 쉽게 시작된다.

셋째, 해냈다는 경험을 축하하고 반복할 수 있도록 도와주자. 가벼운 덤벨 목표의 핵심은 성취 경험의 반복에 있다. 학습코치는 "오늘 약속한 그 작은 시작을 직접 마쳐보니 지금 네 마음의 엔진 온도는 어떠니? 이 기분 좋은 한 걸음이 내일의 너를 어떻게 다시 움직이게 할 것 같아?"라는 말로 학습자의 작은 시작을 인정하고, 그 성공의 감각을 다음 날에도 이어갈 수 있도록 격려해야 한다. 반복이 습관이 되고, 습관이 학습의 체질을 바꾼다.

목표는 클수록 멋있지만 작을수록 자주 만나고 잔근육들이 만들어지는 신호를 보내게 된다. 오늘 공부 목표를 달성했다면 자신의 힘으로 설정한 목표 달성은 그냥 공부가 아니라 자기 신뢰를 훈련한 하루가 된 것이다. 학습자는 가벼운 덤벨부터, 가볍게라도 매일, 이 작은 행동이 근육을 만든다는 것을 경험해야 한다. 학습코치는 내일이 아니라 오늘부터 학습자의 감정 근육을 만들 수 있도록 돕는 공부 PT 트레이너다.

공부 PT 퀘스트 : 잠든 공부 근육 깨우기

1. 오늘 공략할 과목 정하기 : 오늘 딱 한 과목만 시도해 본다면 어떤 과목에 도전하고 싶나요?

➡ ____

2. 가장 무서운 바벨 목표 떠올리기 : 그 과목에서 과거에 실패했거나, 생각만 해도 부담스러운 목표는 무엇인가요? (예 : 수학 문제집 5장 풀기, 영어 지문 10개 분석하기)

➡ ____

3. 가벼운 덤벨 목표 정하기 : 위 목표 대신 오늘 딱 10분 안에 끝낼 수 있는 아주 작은 행동 목표를 만들어 보세요. (예 : 수학 공식 1개 외워서 백지에 써보기, 영어 단어 3개 소리 내어 읽기)

➡ ____

4. 첫 번째 반복 예약하기 : 위에서 정한 가벼운 덤벨 목표를 오늘(또는 내일) 언제, 어디서 실천할지 구체적으로 적어보세요. (예 : 저녁 9시, 내 방 책상에서)

➡ ____

5. 이 과정을 일주일 반복한다면 어떤 마음이 들까요?

➡ ____

9

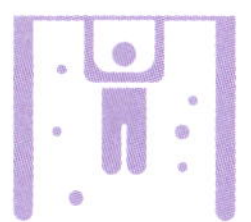

공부 자산 계좌

공부 실력을 단번에 바꾸려는 시도를 멈춰라.

그것은 매일 꾸준히 저축하기보다 한 방의 주식 대박을 노리는 것과 같다.

진정한 공부 자산은 밤샘 공부라는 벼락치기로 쌓는 것이 아니라

매일의 꾸준한 1세트가 쌓이며 증식되는 복리 자산으로 형성된다.

헬스장에서 운동을 시작할 때 트레이너는 이렇게 말한다. "오늘은 무리하지 말고 가볍게 1세트부터 시작해요."라고. 운동에서 1세트는 단순한 시작이 아니다. 몸의 상태를 점검하고 긴장을 풀며 다가올 무게를 받아들일 준비를 하는 신호다. 이 작은 1세트가 오늘의 리듬을 만들고 지속 가능한 운동으로 이어진다.

공부도 똑같다. 학습코치는 학습자에게 한 번에 오래 많이 하라고 다그치는 대신 오늘도 가볍게 1세트를 쌓도록 이끌어야 한다. 우리는 학습자의 꾸준함을 공부 자산 계좌라는 관점으로 함께 바라봐 주어야 한다. 공부는 실력보다 자기 신뢰의 축적으로 완성된다는 사실을 기억하라. 그 신뢰는 어디에서 오는가? 바로 코치와 함께 설계한 작은 실행이 반복되며 형성된

자산에서 온다. 학습자가 책을 펼치는 그 순간에 학습코치는 "좋아, 지금 너의 공부 자산 계좌에 의미 있는 경험이 추가되었네."라고 말해주어야 한다. 그 자산이 처음엔 작아 보여도 그것이 쌓여 습관이 되고, 결국 진짜 공부력을 만든다는 것을 학습코치는 먼저 믿고 알려주어야 한다.

이 공부 자산 설계가 강력한 이유는 두 가지 심리적 원리 때문이다. 첫째, 복리의 원리가 작동한다. 처음 10분의 공부는 작아 보이지만 그 10분은 다음 날의 시작을 더 쉽게 만든다. 어제의 작은 성공은 오늘의 자신감을 키우는 자산이 된다. 이 작은 성공의 자산들이 매일 축적되면 어느 순간 공부 능력은 단순한 시간의 합을 넘어 질적으로 성장한다.

둘째, 학습코치는 학습자의 정체성을 형성하도록 도와야 한다. '나는 공부하는 사람이다.'라는 정체성은 거창한 결심이 아니라 아주 작은 행동이 자산으로 축적되며 만들어진다. 학습자가 오늘 한 문제를 푼 것은 단순히 문제 하나를 푼 것이 아니다. 학습코치는 바로 그 순간을 포착해 "방금 너는 '나는 오늘도 공부하는 사람'이라는 증거를 자산으로 남겼어."라고 인정해 주자. 이 증거들이 누적되도록 돕는 것 그래서 공부가 해치워야 할 일이 아니라 나다운 선택이 되도록 만드는 것, 이것이 습관을 완성하는 가장 강력한 코칭이다.

학습코치는 학습자와 함께 공부 자산 계좌를 설계하고 관리하는 파트너가 되어야 한다. 시간, 집중, 의지, 태도 등 모든 긍정적인 노력은 자산 항목이 될 수 있음을 알려주자. 학습자가 오늘 단 10분이라도 공부했다면 학습코치는 "오늘 네가 보낸 10분은 학습 계좌에 기록된 아주 소중한 자산이야. 이 자산들이 계속 적립될수록 나중에 슬럼프가 찾아와도 언제든 인출해 쓸 수 있는 회복탄력성이라는 든든한 심리적 잔고가 된단다."라고 그 의미를 설명해 주어야 한다. 매일 자산을 축적하도록 격려하여 어느 순간 공부가 특별한 사건이 아니라 자연스러운 흐름이 되도록 돕는 것, 그것이 바로 코치의 역할이다.

한 학생이 한 달 학습 습관 챌린지를 마친 후 여름 방학을 맞았다. 이 학생과 여름 방학이 끝난 후 다시 만났을 때 놀라움을 금치 못했다. 학생은 챌린지가 끝났지만 스스로 여름 방학 공부 시간을 100시간으로 설계하고 공부 자산 계좌에 차곡차곡 자산을 축적해 갔다고 했다.

이 학생은 매일 4~5시간의 공부량을 유지하기는 쉽지 않았지만, 목표 시간을 달성하기 위해 힘든 과정을 견뎌냈다고 했다. "공부 시간이 많아질수록 더 오래 공부할 힘이 생겼어요." 이 학생은 공부 자산 계좌의 축적량이 늘어날수록 더 오래 집중할 수 있었다고 말했다. 진짜 공부력은 공부 자산 계좌의 규모가 말해준다. 그것은 누구도 대신 만들어 줄 수 없고, 누구에게 보여주기 위해 키울 수도 없다.

이 학생의 변화는 어떻게 가능했을까? 학습코치는 다음 세 가지 전략으로 학습자의 공부 자산 계좌를 함께 설계할 수 있다.

 **코칭 가이드 : 공부 자산 계좌를 설계하는 3가지 전략**

첫째, 설계는 쉽게, 첫 자산은 더 쉽게 형성되는 경험을 하게 하자. 학습코치는 자산 형성의 진입 장벽을 낮추는 조력자다. "오늘 딱 5분만 해볼까?"와 같이 실패할 수 없는 1세트를 경험하게 하여 첫 자산을 스스로 만들어 보게 해야 한다. 첫 성취에서 느끼는 작은 확신이 다음 행동을 부르는 가장 강력한 원동력이 된다.

둘째, 자산의 흐름을 시각화하고, 신뢰의 가치를 더해주자. 달력, 노트, 앱 등 어떤 방식이든 좋다. 학습자가 자신의 자산이 어떻게 쌓이고 있는지 눈으로 확인하게 하라. 그리고 학습코치는 "벌써 5일이나 너의 공부 자산을 지켜냈구나. 이 기록은 네가 선택을 지속할 수 있는 사람이라는 가장 확실한 증거야."라고 말해주어야 한다. 시각화는 동기를 강화하고, 신뢰는 자산의 가치를 높인다.

셋째, 자산 조정을 비난이 아닌 회복의 기회로 삼자. 공부를 며칠 쉬는 것은 자산이 사라진 것이 아니라 잠시 활용되지 않았을 뿐이다. 이때 학습 코치는 "왜 멈췄어?"라고 묻기보다, "괜찮아. 네 계좌에는 이미 충분한 경험 자산이 쌓여 있어. 다시 흐름을 만들기 위해 오늘 네가 가장 편안하게 추가할 수 있는 자산은 무엇일까?"라고 질문해야 한다. 중요한 것은 중단 없는 완벽함이 아니라 다시 자산을 움직이게 만드는 회복력이다.

공부 자산 계좌 황금률 11가지 실전 전략

1. 미루지 말고, 짧아도 지금 1세트
2. 내가 축적할 수 있는 자산 리스트를 다양하게 설계하라
3. 목표 자산을 정하고 자동화된 흐름을 만들어라
4. 단기, 중기, 장기 목표로 자산을 분산 설계하라
5. 매일 자산의 변화를 관찰하고 기록하라
6. 빈틈 시간도 자산이 된다
7. 한 번에 키우려 하지 마라. 누적이 핵심이다
8. 남과 비교하지 마라. 자산의 성장은 각자의 속도가 있다
9. 잘하는 사람의 방식을 참고해 나만의 포트폴리오를 만들어라
10. 특별하지 않아도 매일 움직여라
11. 자산이 만들어 줄 미래의 나를 상상하라

성적이라는 단일 지표만 바라보며 달리는 공부는 쉽게 지친다. 대신 여러 개의 작고 단단한 공부 자산을 동시에 키우며 성취의 주기를 짧게 가져가야 한다. 공부 시간, 집중력, 스마트폰을 멀리한 선택처럼 나만의 자산 항목을

정하고, 매일 그 가치를 확인하는 방식이다. 재테크에서 다양한 자산을 운용하며 안정성을 키우듯 공부 역시 다양한 경험 자산을 축적해야 한다. 이러한 자산들이 모여 아이의 든든한 학습 기반이 되고 어느새 공부는 의식하지 않아도 몸이 먼저 반응하는 강력한 생활 근육으로 자리 잡는다.

공부 PT 퀘스트 : 공부 자산 계좌 개설하기

1. 공부 자산 계좌 개설

➡ 날짜 : ____________ 년 ______ 월 ______ 일

➡ 계좌 서명 : ______________________________

2. 오늘 추가할 공부 자산 1세트를 선택해 보세요(오늘 내가 가장 현실적으로 만들 수 있는
자산은 무엇인가요?).

☐ 책상에 앉기   ☐ 책 한 권 펼치기   ☐ 오늘 공부 목표 1줄 쓰기

☐ 공부 타이머 5~15분 설정하기

☐ 공부 범위(과목명 : ____________ / 공부할 페이지 : ________ / 공부 시간 : ______ 분)

☐ 오답 노트에 문제 ________ 개 정리하기

☐ 공부 감정 일기 1줄 쓰기   ☐ 내가 오늘 해낸 일 한 가지 떠올리기

☐ 공부한 자료 한 줄 요약 또는 사진 찍기

☐ 내 공부 저축 계좌에 저축한 시간/행동 기록하기

3. 오늘 내가 만든 공부 자산의 크기는 어느 정도인가요?

➡ 시간 기준 : ________ 분 / 또는 행동 기준 : ________ 개

4. 공부 자산 1세트를 만든 후의 나에게 한마디를 남겨보세요.

➡ ____

5. 이 자산은 앞으로 어떤 의미로 쓰일까요?

➡ ____

10

쉬운 것부터? 어려운 것부터? 정답은 없다

"무엇부터 공부할까?"라고 묻기 전에,

"오늘 네 마음이 가장 먼저 끌리는 '공부의 맛'은 무엇이니?"라고 질문을 바꿔라.

최고의 공부 계획은 정답이 정해진 시간표가 아니라,

학습자 스스로 자신의 입맛과 컨디션을 고려하여 만드는 오늘의 레시피다.

쉬운 공부와 어려운 공부 중 무엇부터 시작해야 할까? 국어 문제집을 풀까? 영어 단어를 외울까? 공부 앞에 앉은 학습자들은 늘 선택의 순간을 맞이한다. 이 작은 선택 하나가 공부의 흐름과 감정을 좌우한다.

많은 어른은 "제일 어려운 것부터 먼저 해."라고 조언한다. 맞는 말일 수 있다. 그러나 이 말이 모든 학습자에게 정답은 아니다. 쉬운 것부터 하는 게 워밍업이 되는 학습자도 있고, 어려운 것을 먼저 해내며 자존감을 올리는 학습자도 있다.

공부의 순서를 정하는 일은 결국 자기 자신을 아는 일이다. 무엇부터 하느냐보다 중요한 건, 지금 내 상태를 알아차리고 선택할 힘이다. 선택은 전략이 아니라 자기 해석이다. "어려운 걸 먼저 하면 마음이 가벼워져요.",

"쉬운 것부터 해야 시작이 쉬워요." 이 둘 다 옳다. 중요한 건 자기 경험을 해석하고, 그 선택의 배경에 있는 감정과 에너지를 읽어내는 것이다. 이처럼 학습코칭은 정답을 제시하지 않고 학습자 자신의 학습 에너지 흐름을 관찰하고 선택할 수 있도록 선택의 권한과 책임을 학습자에게 위임하는 것이다.

이 선택의 힘을 심리학에서는 자기결정감이라고 부르는데, 이는 학습자의 자율성을 인정하고 그를 공부의 주체로 세워주는 중요한 경험이 된다. 에드워드 데시(Edward Deci)와 리처드 라이언(Richard Ryan)의 자기결정이론(SDT)에 따르면 인간의 내적 동기는 자율성(내가 선택한다는 감각), 유능감(나는 할 수 있다는 감각), 관계성(나는 지지받고 있다는 감각)이라는 세 가지 기본 욕구가 충족될 때 촉진된다. 공부 순서를 정하는 것은 이 중 자율성을 실현하는 가장 일상적이고 중요한 훈련의 장이다. 이 작은 선택을 통해 학습자는 내가 내 공부를 통제하고 있다는 감각을 회복하게 된다.

 ## 코칭 가이드 : 자기결정감을 키우는 3가지 질문

첫째, '무엇을'이 아닌 의미를 질문해 보자(메타인지 자극하기). 코치의 역할은 학습자의 선택을 판단하는 것이 아니라, 선택의 이유를 돌아보게 하는 것이다. "보통 어떤 순서로 공부를 시작해?", "그 순서를 정할 때, 네 안에서 어떤 기준이 작용했어?", "그 선택이 너의 학습 흐름에 어떤 영향을 줬다고 느껴?" 이 질문들은 학습자 자기 생각과 감정을 한 단계 위에서 바라보는 메타인지 능력을 키워준다.

둘째, 정답이 아닌 선택권을 되돌려주자(자율성 부여하기). 전통적인 학습 환경일수록 학습자는 스스로 결정할 기회가 적다. 수학 문제부터 풀라는 지시는 자율성을 제한하고 수동적인 태도를 만든다. 학습코치가 "지금 가장 하고 싶은 공부는 무엇이야?", "그걸 먼저 했을 때와 나중에 했을 때 어떤 차이가 있을까?"라고 질문하며 정답이 아닌 선택권을 학습자에게 되돌려주어야 한다.

셋째, 성공이 아닌 경험을 재료로 삼도록 하자(실패 수용하기). 학습자가 스스로 정했다고 해서 늘 좋은 결과가 나오는 것은 아니다. 이때 학습코치는 실패를 비난하지 않고, 그 경험을 다음 요리의 재료로 삼도록 도와야 한다. "이번 선택을 통해 새롭게 알게 된 사실은 뭐야?", "다시 계획을 세운다면 어떤 변화를 주고 싶어?" 이 질문들은 실패를 성장의 데이터로 바꿔준다.

행복이에게 공부에서 어려움을 느끼는 과목이 무엇인지 물었더니 수학이라고 했다. 수학을 포기하고 싶진 않지만, 평균 점수는 맞고 싶다며. 최근 수학 단원평가에서 20문항 중 평균도 못 미치는 점수를 받았다며 진짜 속마음은 10문항만 맞추고 싶다고 수줍게 웃는다. 3문항만 맞췄을 때 어떤 느낌이었냐고 묻자 망했다는 생각이 들었지만, 그럼에도 수학을 포기하고 싶진 않다고 덧붙였다. 다행이다. 행복이의 마음이 아직 닫히지 않았다는 증거다.

행복이에게 눈앞에 저울이 있다고 상상해 보자고 했다. "이 저울의 왼쪽에는 즐겁고 좋아하는 과목, 오른쪽에는 힘들고 어려운 과목을 올려놓아 볼 수 있을까?" 행복이는 주저 없이 영어와 수학을 오른쪽 저울에 올려놓았다. 그중에서 먼저 공부해 보고 싶은 과목을 물었더니 다음 주에 있을 수학 수행평가를 준비하고 싶다고 했다. 오늘은 쉬고 토요일부터 하루 한 시간씩 공부해 보겠다는 행복이. 행복이가 내뱉은 그 짧은 약속 안에는 막연한 거부감을 뚫고 나온 실행의 의지가 담겨 있었다. 코치는 그저 그 의지가 꺾이지 않도록 곁에서 호흡을 맞춰줄 뿐이다. 정지해 있던 행복이의 학습 엔진에 비로소 작지만 분명한 시동 소리가 들려오기 시작했다.

이 사례와 같이 학습코칭은 선택의 공간을 열어주는 과정이다. 전통적인 학습 방식이나 어린 나이일수록 학습자가 공부 순서를 스스로 결정할 기회가 많지 않다. 코치가 "수학 문제부터 풀어." 혹은 "영어 단어부터 외워."라고 학습의 순서와 과목을 일방적으로 정해주는 것은 학생의 자율성을 심각하게 훼손하는 행위이다. 이러한 명령 중심의 학습 구조는 학생이 스스로 오늘의 공부를 어떻게 요리할지 고민하고 선택할 기회를 원천적으로 차단한다. 이 과정이 반복되면 학생은 자신의 학습 엔진을 스스로 돌리는 법을 잊어버리고 오직 학습코치의 입만 바라보는 수동적인 태도를 보이게 된다. 결국 타인의 지시 없이는 단 한 줄의 문제도 스스로 풀지 못하는 지시 의존형 학습자로 전락하게 되는 위험한 결과를 초래하는 것이다. 학습코칭은 여기에 주목해야 한다. 학습자 스스로 선택과 책임을 질 수 있도록 질문해야 한다.

"지금 가장 공부하고 싶은 과목은 무엇이야?"

"그 과목부터 공부하는 이유가 뭘까?"

"그걸 먼저 했을 때와 나중에 했을 때 어떤 차이가 있을까?"

"가장 하고 공부하고 싶은 과목을 선택하니 어떤 기분이 들어?"

"만약 거꾸로 어려운 과목부터 공부한다면 어떨까?"

이와 같은 질문을 통해 학습자는 자기 안의 우선순위, 감정 흐름, 시간 감각을 탐색하고 스스로 학습을 설계하는 경험을 하게 된다. 공부 순서를 자신이 정했다고 해서 늘 효과적인 결과가 나오는 것은 당연히 아니다. 하지만 중요한 것은 성공 여부보다 선택과 책임의 주체가 학습자 자신이었다는 감각이다. 학습코치는 실패한 선택도 비난하거나 판단하지 않고, 실패를 해석할 수 있도록 함께 한다.

"이번 주에는 어떤 상태였어?"

"너에게 어떤 변화가 생겼어?"

"이 과정에서 알게 된 사실은?"

"다시 계획을 세워본다면 어떤 변화를 주고 싶어?"

학습자는 자신의 실패를 통해 스스로 배움이 일어나고 자신의 공부 방법이나 전략을 찾아가게 된다. 그렇다면 학습자가 정말 원하는 것은 공부에 대한 정답일까? 만약 부모님, 교사, 학습코치가 정답을 알려주면 그 정답이 학습자에게 딱 맞는 답이라고 할 수 있을까? 우리 어른들은 경험으로 알고 있다. 아무리 새로운 것을 배우고 다른 사람의 비법을 따른다 해도 결국에는 자신만의 방법이나 레시피로 고유의 맛을 낸다는 것을. 정해진 레시피가 모두의 입맛에 맞지 않듯 어려운 것부터 하라는 공부법이 모두에게 통할 리 없다. 공부 순서를 정하는 것은 바로 자기만의 입맛을 알아가는 과정이다. 그리고 학습코치는 학습자의 학습 레시피를 함께 탐색하는 파트너이다.

공부 순서는 요리의 조리 순서와 같다. 국부터 끓일까, 반찬부터 만들까? 그날의 상황과 컨디션에 따라 순서는 얼마든지 바뀔 수 있다. 중요한 건 정해진 공식이 아니라 오늘 나에게 맞는 흐름을 설계하는 감각이다. 요리를 망쳤다 해도 계속하다 보면 나만의 감각이 생기듯 학습도 마찬가지다. 공부가 잘 안 됐던 경험 그 자체가 자기 인식을 위한 귀한 재료가 된다.

레시피는 시작점일 뿐, 최종 맛은 손맛 즉, 자기 조절과 감각에서 나온다. 공부의 순서에도 정답은 없다. 내가 선택한 방식에 의미가 있을 때, 그게 정답이 된다.

🔍 공부 PT 퀘스트 : 공부 레시피 설계하기

1. 오늘의 재료 확인 : 오늘 요리해야 할 재료(과목)들을 모두 적어보세요.

➡ ____

2. 컨디션(입맛) 체크 : 지금 에너지 상태나 기분은 어떤가요? (피곤함, 의욕 넘침, 마음이 급
함 등)

➡ ____

3. 조리 순서 설계 : 오늘의 재료(1번)와 컨디션(2번)을 고려하여, 어떤 순서로 공부를 진행할
지 나만의 레시피를 만들어 보세요.

➡ 가. _______________________________________

➡ 나. _______________________________________

➡ 다. _______________________________________

4. 그렇게 정한 이유 설명하기 : 왜 그런 순서로 레시피를 만들었나요? 당신의 선택에 담긴
생각이나 전략을 적어보세요.

➡ ____

5. 첫 요리 시작! : 이제 직접 만든 레시피의 첫 번째 순서부터, 무엇을 해야 할까요?

➡ ____

그만두고 싶은 순간,
진짜 공부 근육이 자란다

그 학생은 늘 끝까지 했다. 숙제를 안 해온 적도 거의 없었고, 계획표도 빠짐없이 채워 왔다. 누가 봐도 성실한 학생이었다. 그래서 처음에는 이 학생이 왜 코칭을 신청했는지 잘 이해되지 않았다. "오늘 어떤 이야기를 나누고 싶어?" 학생의 대답은 짧았다. "공부는 계속하는데, 하나도 남는 게 없어요." 말투는 차분했지만, 눈은 쉬지 못하고 있었다. 이미 너무 오래 달려온 사람의 눈이었다. 그 학생의 하루는 빈틈이 없었다. 학교, 학원, 자습, 복습. 할 일은 항상 다음 할 일을 밀어내며 줄지어 서 있었다.

멈추는 시간은 없었고, 멈추는 법도 몰랐다. "공부를 멈추는 때는 언제야?"라는 질문에 학생은 고개를 세차게 저었다. "그만두면 안 되잖아요." 학생의 눈빛은 흔들렸다. 이 학생은 포기하고 싶어서 온 게 아니었다. 멈출 수 없어서 여기까지 온 학생이었다. 그날 '그만두지 않는 힘'이라는 말을 다시 생각하게 되었다. 우리가 흔히 말하는 끈기와 집착, 성실함과 노력은 항상 미덕으로만 작동하지 않는다는 사실을 말이다. 학생의 루틴은 완벽에 가까웠지만, 그 안에는 회복이 없었다. 숨 고를 틈도 방향을 점검할 시간도 없었다.

"불안감을 느낄 때가 언제야?"라는 질문은 잠시 공중에서 멈췄다. 그리고 조심스럽게 대답이 돌아왔다. "아무것도 안 하고 있을 때요." 그 순간, 이 학생의 문제를 조금 다르게 보기 시작했다. 이 학생에게 공부는 성장의 즐거움이 아니라 불안을 눌러두기 위한 장치였다. 진정한 공부집착력은 불안에 떠밀려 달리는 힘이 아니라, 내가 나를 조절하며 끝까지 완주해 내는 힘이다. 그래서 우리는 루틴을 늘리는 대신 하나를 덜어내기로 했다. 시간을 더 채우는 대신 비워 두는 구간을 만들었다. 맹목적인 성실함이 아니라, 끝까지 버텨낼 수 있는 진짜 공부 근력을 다시 설계하기로 한 것이다.

처음으로 공부를 멈춘 날, 학생은 몹시 불안해했다. 손이 자꾸만 계획표로 갔고 하지 않아도 되는 일을 찾아 자신을 몰아붙이려 했다. 하지만 며칠 뒤 학생이 말했다. "처음엔 불안했는데요, 이제는 잠시 멈춰도 다시 시작할 수 있을 것 같아요." 그 말 앞에서 조용히 고개를 끄덕였다. 이 학생에게 필요했던 것은 더 독한 오기가 아니라 잠시 멈춰도 다시 궤도로 돌아올 수 있다는 회복의 감각이었기 때문이다. 진짜 집착력은 여기서 나온다. 멈췄을 때 완전히 무너지지 않고 다시 일어설 수 있다는 믿음이 있을 때, 우리는 비로소 지치지 않고 끝까지 달릴 수 있다.

우리는 종종 학생에게 이렇게 말한다. "끝까지 해봐.", "절대 포기하지 마." 하지만 이미 지친 다리로 비틀거리는 학생에게 그 말은 응원이 아니라 가혹한 명령이 된다. 락커룸에서 우리는 다시 자신에게 묻는다. 나는 지금 이 학생에게 무작정 계속하라고 채찍질하고 있는가, 아니면 지쳤을 때 잠시 쉬었다가 돌아와도 괜찮다고 말해주며 완주의 힘을 길러주고 있는가. 공부를 지속하게 만드는 힘은 맹목적인 의지가 아니다. 그것은 바로 멈췄다가도 다시 시작할 수 있다는 안정감에서 시작된다.

이제 우리는 그 질문을 품고 다시 운동장으로 나간다. 이어지는 Step 2에서는 공부를 단순히 오래 하는 것이 아니라 지속하게 만드는 힘, 즉 공부집착력과 그릿(Grit)의 구조를 본격적으로 다룬다. 이번 훈련의 목표는 더 빨리 달리는 것이 아니다. 멈췄다가도 다시 루틴에 탑승할 수 있는 탄력, 즉 지치지 않고 완주할 수 있는 단단한 공부 근력을 기르는 것이다. 이제 오래가는 공부를 위해 우리 마음의 부스터를 켤 시간이다.

부스터 존 : 공부집착력

1

공부집착력, 루틴에 탑승하다

의지는 언젠가 바닥나지만, 시스템은 저절로 우리를 움직인다.
위대한 학습코치는 학습자에게 '더 열심히'를 요구하는 사람이 아니라,
스스로 움직이는 '루틴 머신'에 올라타도록 안내하는 사람이다.
우리는 학습자의 의지를 시험하는 감독관이 아니라,
그들의 완주를 지원하는 가장 정교한 시스템 설계자이다.

헬스장에서 스트레칭과 워밍업이 끝나면 이제 진짜 운동이 시작된다. 운동하기 위해 주변을 둘러보면 헬스장에 있는 정말 다양한 운동 기구들이 눈에 들어온다. 각각의 기구마다 기능이 다르고, 필요한 근육을 다루는 방식도 다르다. 중요한 건 학습자가 지금 어떤 기구가 필요한지 그리고 어떤 상태일 때 어떤 운동을 해야 하는지를 아는 것이다. 예를 들어 어깨 근육이 약하다면 숄더프레스를 하체가 약하다면 레그프레스를 선택해야 한다. 체력이 부족한 날은 가벼운 웨이트로 힘이 남아도는 날은 중량을 높여보는 것이다. 그리고 운동기구별로 몇 세트, 몇 회를 해야 효과적인지 맞는 무게는 어느 정도인지 파악하는 것도 중요하다. 그래야 필요할 때 그 상황에 맞

는 운동을 선택해 자신만의 운동 루틴을 설계할 수 있다.

공부도 마찬가지다. 준비 운동은 끝났다. Step 1에서 학습자의 감정을 점검하고 공부에 필요한 기본을 갖추었다면, 이제는 본격적으로 공부집착력을 키워가는 시간이다. 단순히 공부 시간을 늘리는 것이 아니다. 지금부터는 공부에 필요한 여러 요소별로 구체적인 영역에서 집착을 가져보는 훈련이 필요하다. 헬스장에서 루틴 머신에 올라타는 것처럼 공부에도 자신만의 루틴 머신에 올라타야 할 때다.

공부집착력 루틴은 단순한 습관 만들기가 아니다. 습관은 그냥 매일 조금씩 하는 것에 가깝다면 집착력 루틴은 공부에 꽂히는 힘을 길러주는 과정이다. 책상에 앉아 타이머를 켜고 물 한 잔을 마시는 것과 같은 나만의 시작 신호를 설계하는 것이다. 장소, 시간, 방법이 정교하게 맞물릴 때, 우리 뇌는 의지력을 쓰지 않고도 자동으로 공부 모드로 전환된다. 이 과정이 바로 집착력 루틴의 첫걸음이다.

공부에는 시간 관리, 계획 세우기, 필기법, 암기 전략, 집중 환경, 피드백 받기 등 다양한 공부 기구들이 있다. 이 중에서 어떤 요소가 지금의 자신에게 가장 필요한지 언제 어떤 공부법이 필요한지를 알고 선택해야 한다. 그리고 이 도구들을 활용한 훈련을 반복하며 나만의 루틴으로 만드는 과정이 바로 공부집착력 루틴이다. 공부집착력 루틴 머신에 올라탄다는 것은 단순히 공부한다는 뜻이 아니다. 언제, 어디서, 어떻게, 얼마나 할지를 정하고, 그 과정을 반복하며 자신의 것으로 만드는 훈련이다. 오늘은 집중 시간 25분에 집착해 보고, 내일은 매일 아침 계획 세우기에 집착해 보고, 또 다른 날은 공부가 끝나고 기록 남기기를 반복해 보며 하나하나 자신의 공부 기구를 익히는 것이다. 이렇게 요소별로 자신만의 집착력을 하나씩 만들다 보면 어느새 공부는 결심이 아니라 루틴이 되고, 공부하지 않으면 허전해지는 상태에 이르게 된다.

운동하기 위해 스쿼트 머신에 올라서고, 벤치프레스에 눕는다. 몸은 무겁고 근육은 뻐근하지만, 그 무게를 버텨내며 반복하는 순간마다 근육은 점점 강해진다. 운동은 단순히 몸을 움직이는 것이 아니라 무게를 반복하며 나를 단련시키는 과정이다. 루틴 머신에 몸을 맡긴다는 것은 '오늘은 하고 싶지 않다.'라는 감정보다 '해야 하는 시간이니까.'라는 리듬에 자신을 맡기는 것이다. 집착력은 절대 하루 만에 생기지 않는다. 처음에는 무겁고, 힘들고, 어색하고, 번거롭고, 포기하고 싶어지는 순간도 많다. 하지만 한 번, 두 번, 세 번 반복하다 보면 몸이 기억하고 뇌가 반응한다. 운동선수가 매일 같은 시간 같은 자세로 웜업을 하고 준비 자세를 취하는 것처럼 공부도 자신만의 루틴 속에서 공부 근육이 자라난다.

루틴과 집착은 단순한 반복을 넘어 상황에 맞게 공부 전략을 세우고 실행하는 힘으로 이어진다. 운동선수가 다양한 기구를 능숙하게 다루며 상황에 따라 운동 계획을 조율하듯 공부도 다양한 루틴과 기법을 자신의 상황에 맞게 조합하며 유연하게 적용하는 능력이 필요하다. 오늘부터는 공부라는 운동장에서 나만의 공부 기구를 골라 집착해 보고 그 기구의 특징을 익히며, 몇 분씩 몇 세트 해야 효과적인지 몸으로 느껴보는 시간을 가질 수 있도록 코칭 해보자. 루틴 머신에 올라타는 순간 공부도 학습자의 몸에 맞는 리듬과 습관으로 자리 잡기 시작할 것이다.

우리는 흔히 루틴과 습관을 혼용하지만, 그사이에는 성장의 단계가 존재한다. 루틴이 목표를 향해 의도적으로 계획된 의식적 절차라면 습관은 오랜 반복 끝에 몸에 배어 저절로 실행되는 무의식적 자동화로 쉽게 바꾸기 어렵다. 다시 말해 루틴은 할까 말까를 고민하며 시작하는 계획으로 목표를 달성하기 위한 도구이자 과정이다. 습관은 그냥 하게 되는 자동적인 행동으로 의지력이 필요하지 않은 상태이다. 그렇기에 좋은 습관뿐 아니라 나쁜 습관도 있는 것이다. 결론적으로 루틴은 좋은 습관을 만들기 위한 첫걸음이다.

꾸준한 루틴이 쌓여야 비로소 의지력이 필요 없는 진짜 습관이 된다.

공부도 마찬가지다. 공부와 학습의 영역이 그냥 습관이 될 수는 없다. 의도적인 루틴이 먼저 필요하다. 루틴을 생활화해야만 좋은 습관으로 이어지게 된다. 공부 루틴을 만드는 것은 쉽지 않다. 이미 루틴을 형성한 친구들도 있지만 대부분 학습자는 그렇지 못해 헤매고 있는 경우가 많다. 그렇기에 작은 루틴부터 시작해야 한다. 크고 복잡한 루틴이 아니라 아주 작은 계획과 실천부터 시작해 그것을 반복해야 한다. 작은 루틴이 습관이 되고, 또 다른 작은 루틴이 습관이 되는 과정을 거치면서 결국에는 자신이 원하는 목표에 도달할 수 있는 상위 개념의 루틴으로 발전해 간다. 이 과정에서 하루이틀은 다짐과 의지로 버틸 수 있지만, 7일, 14일, 21일을 넘기기 위해선 더 강력한 외부의 힘이 필요하다. 나태해질 때 붙잡아줄 사람이 필요하고, 늘 같은 패턴을 반복하다 보면 무엇이 문제인지 스스로는 잘 보이지 않기도 한다. 그래서 학습코치의 역할이 중요하다.

 **코칭 가이드 : 루틴 머신에 탑승시키는 3단계 코칭 전략**

첫째, 가장 시급한 공부 기구 하나를 함께 골라보자. 헬스 트레이너가 모든 기구를 한 번에 쓰게 하지 않듯 우리도 학습자에게 가장 필요한 루틴 하나에 집중해야 한다. "지금 너의 공부에서 가장 강화하고 싶은 근육은 뭘까? 시간 관리? 집중력? 계획 세우기?"라는 질문으로 시작하자. 그리고 수많은 공부 기구 중 딱 하나, 예를 들어 포모도로[1] 타이머 사용이나 매일 저

---

[1] 포모도로 기법(Pomodoro Technique)은 시간 관리 방법론으로 1980년대 후반 '프란체스코 시릴로(Francesco Cirillo)'가 제안했다. 타이머를 이용해서 25분간 집중해서 일을 한 다음 5분간 휴식하는 방식이다. '포모도로'는 이탈리아어로 토마토를 뜻한다. 프란체스코 시릴로가 대학생 시절 토마토 모양으로 생긴 요리용 타이머를 이용해 25분간 집중 후 휴식하는 일처리 방법을 제안한 데서 그 이름이 유래했다.

녁 10분 플래너 작성처럼 가장 작고 구체적인 루틴 머신 하나를 고르게 해 보자. 선택과 집중이 루틴 만들기의 첫 단추이다.

둘째, 집착할 수 있도록 명확한 규칙을 만들자. 타이머를 쓴다는 막연한 목표는 실패하기 쉽다. 공부 시작 전 반드시 책상 위 휴대폰을 뒤집고 25분 타이머를 누르기 또는 타이머가 울리기 전엔 절대 자리에서 일어나지 않기와 같이 구체적인 규칙을 정하도록 돕자. 언제, 어디서, 어떻게 할지를 명확히 하는 것이 의지를 시스템으로 바꾸는 핵심이다. 학습코치는 이 규칙이 잘 지켜지는지 점검하며 집착의 강도를 유지해 주는 페이스메이커가 되어야 한다.

셋째, 무게와 횟수를 점검하고 점진적으로 발전시켜 보자. 일주일간 하나의 루틴을 실행했다면 반드시 피드백 시간을 가져야 한다. "25분 집중 루틴을 해보니 어땠어? 무게나 횟수가 너에게 괜찮았어? 혹시 조율이 필요한 부분이 있을까?"와 같이 운동 성과를 점검하듯 루틴을 리뷰해야 한다. 학습자의 성취도와 자신감에 따라 집중 시간을 30분으로 늘리거나 새로운 루틴을 추가하는 등 점진적으로 부하를 높여가자. 이것이 바로 개인 맞춤형 공부 PT, 즉 학습코칭의 정수이다.

학습코치는 단순히 공부를 잘하게 하는 사람이 아니다. 헬스 트레이너가 옆에서 자세를 교정하고 무게를 조절해 주듯 학습자가 설계한 루틴 머신에서 이탈하지 않도록 응원하고 공부 루틴에 집착을 부여해 주는 든든한 파트너(러닝메이트)다. 혼자 하는 공부는 어느 순간 흐지부지되기 쉽지만, 학습코치와 함께라면 학습자는 자신의 목표와 루틴을 일치시키고, 매일의 루틴을 체크하며, 계획–실행–점검의 사이클을 스스로 돌릴 힘을 기를 수 있다. 공부 루틴 머신에 올라서는 것, 그 과정의 설계와 유지 그리고 점검까지 혼자서는 하기 어려운 것을 함께 만들어 가는 과정, 그것이 바로 공부 PT이고 학습코치의 역할이다.

공부 PT 퀘스트 : 학습자의 첫 루틴 머신 함께 고르기

1. 현재 나의 루틴과 습관 진단하기 : 지금 어떤 공부 루틴이나 습관이 있나요? 그중에서 학
  습에 도움이 되는 부분과 방해가 되는 부분은 각각 무엇인가요?

➡ 공부 루틴 : ____

➡ 도움 루틴 : ____

➡ 방해 루틴 : ____

2. 시작 신호 정하기 : 공부 시작 전 나를 자연스럽게 책상으로 이끌어 줄 시작 신호는 무엇
  인가요?

➡ 시작 신호 : ____

3. 집착 포인트 발견하기 : 자신에게 가장 중요한 공부의 집착 포인트는 무엇인가요?

➡ 집착 포인트(자세히) : ________________________________

4. 가장 먼저 지킬 작은 행동 정하기 : 지금 당장 시작할 단 하나의 '씨앗 루틴'을 정해 보세요.

➡ ____

5. 만족스러운 마무리 루틴 설계하기 : 당신의 마음을 든든하게 채워줄 나만의 '성공 마감 루
  틴'을 설계해 보세요.

➡ 마무리 루틴 : ____

2

1kg씩 늘리는 공부 근력

완벽한 공부 습관이라는 환상을 버려라. 완벽한 습관은 존재하지 않는다.

오직 오늘의 1kg짜리 실천만 있을 뿐이다.

진짜 근력은 단 한 번의 영광스러운 기록이 아닌

수천 번의 끈기 있는 반복 속에서 만들어진다.

헬스장에서 운동을 시작하면 누구나 경험하게 되는 것이 있다. 처음엔 고작 1kg짜리 아령도 무겁게 느껴진다는 사실이다. 초보자가 50kg짜리 바벨을 덥석 들지 않는 이유는 명확하다. 바른 자세로 정확한 동작을 익히는 것이 무엇보다 먼저이기 때문이다. 잘못된 자세로 무게만 갑자기 늘리면 근육이 자라기도 전에 관절이나 인대를 다치고 만다. 트레이너가 "일단 1kg부터 시작해 볼게요."라고 말하는 이유가 여기에 있다. 하루 10분, 작지만 꾸준한 반복을 통해 우리는 비로소 무게를 늘릴 수 있다. 무리한 과시는 근육을 상처 입히고 오히려 성장을 뒤처지게 만들지만, 자신의 페이스에 맞춰 천천히 무게를 더해가면 몸은 스스로 적응하고 강화된다. 진짜 근력은 그렇게 만들어진다. 1kg의 꾸준함은 반드시 근육을 만들지만, 결코 단

숨에 커지지는 않는다.

공부 습관도 이와 똑같다. 책상에 앉아 처음부터 2시간을 집중하겠다고 마음먹는 순간 대개 실패를 맛보게 된다. 이는 학습자의 의지가 약해서가 아니라 아직 그만큼의 공부 근력이 형성되지 않았기 때문이다. 바른 자세로 정확한 동작을 익히며 몸을 만들듯 공부 습관 역시 점진적으로 쌓아야 한다. 한꺼번에 완벽을 기대하면 반드시 좌절이 찾아온다. 오늘 갑자기 모든 계획을 완벽하게 수행하려는 시도는 지속 가능하지 않다. 그것은 나태함의 문제가 아니라 아직 학습 체력이 부족한 상태에서 과도한 무게의 바벨을 들려 했기 때문에 발생하는 자연스러운 현상이다.

학습자들이 자주 빠지는 함정은 완벽한 습관 자체를 목표로 세우는 것이다. 매일 3시간씩 공부하겠다거나 핸드폰을 절대 보지 않겠다는 결심은 일시적으로 의지를 자극할 순 있지만, 냉혹한 현실과 부딪히면 무너지기 쉽다. 문제는 그 실패가 자기 비난으로 이어진다는 점이다. '나는 왜 이것도 못 하지? 역시 오늘도 안 돼.'라는 자책이 쌓이면서 습관은커녕 또 안 되는 사람이라는 부정적인 정체성만 단단해진다.

그래서 공부 습관은 1% 변화 전략으로 접근해야 한다. 거대한 변화보다 눈에 잘 띄지 않는 작고 반복 가능한 실천이 중요하다. 처음엔 단 10분만 집중해도 괜찮다. 전날보다 문제 하나를 더 푸는 것도 커다란 변화다. 10분의 집중이 15분이 되고, 1문제가 3문제가 되는 지속성은 어느새 공부 시간을 습관처럼 몸에 붙게 만든다. 습관은 의지가 아닌 반복이 만드는 결과물이다. 어제보다 딱 1kg, 딱 1문제, 딱 1분만 더 해보겠다는 작은 결심이 매일 반복될 때 공부 습관은 근육처럼 차곡차곡 쌓인다. 그 과정은 당장 눈에 띄지 않지만, 몇 주와 몇 달이 지나면 분명한 차이로 드러나게 된다. 공부 습관의 힘은 양이 아닌 지속성에, 무게가 아닌 누적된 반복에서 나온다.

이 1kg 전략이 강력한 이유는 인간 뇌의 작동 방식과 일치하기 때문이다. 무엇보다 뇌의 저항을 최소화해야 한다. 우리의 뇌 특히 편도체는 크고 갑작스러운 변화를 위협으로 인식하고 본능적인 저항을 일으킨다. 매일 3시간 공부라는 목표는 뇌에 스트레스를 주고 결국 회피 반응을 유도하지만, 수학 문제 1개 풀기 같은 아주 작은 행동은 뇌의 위협 감지 시스템을 부드럽게 통과한다. 저항 없이 시작할 수 있기에 꾸준함으로 이어질 가능성이 폭발적으로 증가하는 것이다.

그다음은 신경 경로를 강화하는 단계다. 습관은 뇌의 신경세포인 뉴런들이 연결된 길, 즉 신경 경로다. 작은 행동을 한 번 반복할 때마다 이 길은 조금씩 더 넓고 단단해진다. 수만 번의 반복이 더해지면 이 길은 뇌가 거의 힘을 들이지 않고도 달릴 수 있는 고속도로가 된다. 의지력이 따로 필요 없게 되는 상태다. 1kg을 매일 드는 행위는 바로 이 뇌 안의 고속도로를 건설하는 숭고한 과정이다.

『아토믹 해빗』의 저자 제임스 클리어는 습관이 복리와 같다고 말한다. 하루 1%의 개선을 365일 반복하면 약 38배의 성장을 이루지만, 반대로 1%씩 퇴보하면 거의 0에 가까워진다. 이 수치는 단순한 수학을 넘어 습관의 본질을 꿰뚫는다. 오늘의 작은 실천이 내일의 실천으로 이어질 때 변화는 조용히 쌓이다가 어느 날 사건처럼 분명하게 그 모습을 드러낸다. 그는 결과보다 시스템에 집중하라고 조언한다. 1등이라는 결과보다 매일 자기 전 15분 복습하기처럼 실현할 수 있는 루틴을 만드는 것이 먼저다. 결국 공부는 의지가 아니라 반복이고, 열망이 아니라 구체적인 실천이다.

결과보다 시스템에 집중하는 것이 코칭의 핵심이다. 학습자가 자책의 늪에 빠지지 않도록 코치는 무게가 아닌 빈도에 박수를 보내야 하는 것이다. 1kg의 무게를 무시하지 않는 코치, 1분의 집중을 위대한 시작으로 인정해주는 코치야말로 학생의 뇌에 가장 튼튼한 학습 고속도로를 깔아주는 최고의 코치이다.

첫째, 완벽이라는 바벨 대신 충분이라는 덤벨을 들게 하자. 학습자가 매일 2시간이라는 거창한 목표를 가져오면, 학습코치는 그 의욕을 충분히 인정하되 이것이 지속 가능한 시스템으로 안착하도록 도와야 한다. 무거운 무게에 압도당하기보다 실패할 확률이 적은 아주 작은 단위에서 학습자 스스로 자신의 목표를 다시 결정하게 이끄는 것이 핵심이다. 코치의 역할은 아이의 의지를 꺾는 것이 아니라 그 의지가 실질적인 행동으로 이어지도록 마음의 문턱을 낮추어 주는 조력자가 되는 일이다.

둘째, 결과가 아닌 시스템을 점검하고 칭찬하자. 코칭 대화의 초점을 성적이 아닌 과정으로 옮겨야 한다. 성적이 올랐는지 묻는 대신 이번 주에 약속한 15분 복습 시스템이 학생의 책상 위에 어떤 구체적인 실행의 흔적들을 남겼는지 점검하게 하는 것이다. 결과와 상관없이 스스로 정한 약속을 지켜낸 꾸준함이 곧 진짜 실력임을 구체적인 언어로 칭찬해 주어야 한다.

셋째, 의지가 아닌 정체성을 쌓아가는 과정에 집중하자. 학습자의 작은 행동 하나하나에 새로운 의미를 부여하여 성장의 근거를 마련해 주는 조력자와 같다. 오늘 단 한 문제를 푼 것은 단순한 문제 풀이가 아니라 매일 성장하는 사람이라는 새로운 정체성을 스스로 증명해 낸 소중한 기록이다. 이러한 작은 실천이 정체성으로 연결될 때 학습자의 내면에서는 외부의 강요보다 훨씬 강력하고 깊은 동기가 솟아나기 시작한다.

학습코치는 학습자에게 공부 습관이 단순한 결심의 산물이 아닌 반복적인 훈련의 결과라는 사실을 명확히 깨닫게 해야 하는 것이다. 오늘 고작 1kg의 아령을 든 아이에게 당장 50kg의 바벨을 들라고 몰아세워서는 결코 안 되는 법이다. 코치의 진정한 역할은 아이가 오늘 그 1kg을 정확한 자세로 들어 올리는 과정 자체에 온전히 몰입하도록 돕고, 그 작은 성취를 진심으로 축하해 주는 일인 것이다. 그 성공의 감각이야말로 아이가 내일 1.5kg의 무게에 기꺼이 도전하게 만드는 유일하고도 강력한 동력이 되기 때문이다.

학습코치는 "이 1%의 노력이 반복되면 너에게 어떤 근육이 생길 것 같니?"라는 질문을 던짐으로써 아이 스스로 자기 내면에 진짜 학습 근육이 형성되는 과정을 생생하게 인식하도록 이끌어야 하는 것이다. 학습자가 감당할 수 있는 가장 가벼운 무게에서 시작하도록 격려하고 조급함 없이 매일 조금씩 무게를 늘려갈 수 있도록 성장 경로를 정교하게 설계해 주어야 하는 것이다. 그렇게 세밀하게 다져진 공부 습관은 훗날 아이가 삶의 무거운 무게를 견뎌내야 할 때, 그를 지켜주는 가장 단단하고 든든한 자립의 힘이 되는 것이다. 결국 코칭의 완성은 그 힘이 아이 안에 이미 존재함을 코치가 끝까지 믿어주는 것에서부터 시작되는 법이다.

1. 목표 정체성 선언하기 : '나는 ○○○ 하는 사람이다.'라는 문장처럼 정체성을 당당하게 선언해 보세요.

➡ ________________________________

2. 오늘의 1% 행동(1kg 덤벨) 정의하기 : 거창한 목표 대신 당신 내면의 작은 힘을 깨우는 연습으로써, 오늘 2분 안에 끝낼 수 있는 세상에서 가장 작은 '1%의 행동(1kg 덤벨)'을 선택해 보세요.

➡ ________________________________

3. 시스템에 장착하기(습관 자동화) : 그 행동을 언제, 어디서, 무엇을 한 직후에 할 건가요?

➡ ________________________________

4. 성공 기록 및 자기 칭찬 : 해냈다는 기분을 딱 한 단어로 표현하고 스스로를 칭찬해 주세요.

➡ ________________________________

5. 작은 성공의 기쁨을 한 단어의 보석으로 새겨 자신을 응원해 보세요.

➡ ________________________________

3

자기 해석 : 공부의 첫 단추, 나를 읽는 시간

학습자의 공부 문제를 해결하려는 시도를 멈춰라.
대신 학습자 스스로에 대해 들려주는 이야기를 들어라.
가장 위대한 코칭은 계획을 수정해 주는 것이 아니라
학습자 스스로 자신의 이야기를 다시 쓰도록 돕는 것이다.
학습의 끝에는 성적이 아닌 새로운 정체성이 남아야 한다.

공부가 안 된다는 말은 학습자가 가장 자주 꺼내는 고백이자 동시에 가장 모호한 선언이다. 이 한 문장 뒤에는 수많은 감정과 아직 해석되지 않은 복잡한 상황들이 숨어 있다. 하지만 우리는 그 말을 듣는 순간 공부 습관이나 집중력 혹은 의지의 부족으로 성급하게 진단해 버리곤 한다. 이러한 조급한 진단은 학습자와의 연결을 단절시키고 아이를 더 깊은 좌절의 구렁텅이로 몰아넣을 뿐이다.

학습코칭에서 계획을 점검하거나 집중력을 따지는 일보다 선행되어야 할 과업이 있다. 그것은 바로 지금 왜 이런 상태인가를 학습자 스스로 해석하도록 돕는 일이다. 학습자가 공부를 미루고 시험 앞에서 회피하며 아무

것도 하지 못하면서도 불안해하는 이유는 단순히 방법을 몰라서가 아니다. 그 내면에는 감정과 신념, 기대와 두려움이 복잡하게 얽혀 있기 때문이다.

자기 해석이란 자신을 바라보는 관점을 의식적으로 언어화하는 과정이다. 학습자는 자신의 감정과 행동, 생각과 학습 패턴을 관찰하고 그 의미를 스스로 부여할 수 있어야 한다. 왜 이런 선택을 하고 있는가를 스스로 설명할 수 있게 될 때 변화는 시작된다. 예를 들어 '나는 수학을 미루는 게 아니라 실패할까 봐 두려워서 피하고 있는 거야, 혹은 나는 게으른 게 아니라 너무 지쳐서 시작할 힘이 부족한 거야.'와 같은 해석이 가능해지는 순간 학습자는 비로소 자기 삶을 조절할 실질적인 힘을 얻게 된다.

수학이 너무 싫다는 거부감이나 시험 기간마다 책상 앞이 무섭게 느껴진다는 공포 혹은 계획을 세워도 매번 무너뜨리고 만다는 아이들의 호소를 단순히 있는 그대로 수용하는 것만으로는 충분하지 않은 것이다. 왜냐하면 그 아픈 고백들은 사실 아이의 현재 학습 근력이 한계에 부딪혔다는 절박한 신호이기에 코치는 공감을 넘어 아이의 엔진이 다시 돌아갈 수 있도록 실질적인 정비를 시작해야 하기 때문이다. 본질은 학습자 스스로 왜 그런 감정과 행동이 도출되는지를 해석해 내는 힘에 있다. 학습코치는 질문을 통해 학습자가 자기 내면을 깊이 탐색하고, 발견한 조각들을 해석하며, 자신만의 의미를 새롭게 구성해 나가도록 도와야 한다.

 **코칭 가이드 : 자기 해석을 돕는 3가지 장치**

첫째, 현상 너머에 숨은 의도를 탐색하자. 학습자의 겉으로 드러난 행동을 곧이곧대로 받아들이지 말고, 그 행동 뒤에 숨은 긍정적 의도나 보호 기제를 찾아야 한다. 계획을 세우고도 지키지 못하는 것은 단순히 게으른 것이 아니라 완벽하게 해내지 못할 바에야 아예 시작하지 않음으로써 실패로

부터 자신을 보호하려는 의도일 수 있다. 학습코치는 "그 행동이 너를 무엇으로부터 지켜주고 있는 것 같니?"라는 질문을 통해 학습자가 스스로 행동의 진짜 원인을 발견하게 돕는다.

둘째, 규정이 아닌 탐색하는 질문을 하자. 학습코치가 먼저 아이의 상태를 해석하고 규정하지 않은 것이 중요하다. "너는 실패가 두려운 거구나."라고 단정 짓는 대신 혹시 "마음속에 실패하면 어쩌지 하는 두려움이 조금 섞여 있는 건 아닐까?"라고 탐색의 형태로 물어야 한다. 이러한 조심스러운 접근은 학습자에게 자기 내면을 안전하게 들여다볼 수 있는 심리적 여유와 스스로 답을 선택할 권한을 부여한다.

셋째, 자신을 재구성할 새로운 해석의 단어를 선물하게 하자. 학습자가 자신을 게으른 사람이라 비난하며 낡은 프레임에 갇혀 있을 때, 학습코치는 새로운 관점의 단어를 제시할 수 있다. '너는 게으른 사람이 아니라 자신에게 기대가 높아 신중한 사람 혹은 아직 자기에게 맞는 방식을 찾아가는 탐색가처럼 들린다.'라고 말해주는 식이다. 코치가 건네는 새로운 해석의 단어는 학습자가 자신을 바라보던 부정적인 인식을 깨뜨리는 강력한 도구가 된다.

코치 : 계획을 세워놓고도 그대로 못 지킬 때, 마음속에서 어떤 생각이 제일 먼저 떠오르니?

학생 : 또 실패했네, 난 왜 이 모양이지 이런 생각이요.

코치 : 혹시 그 패턴이 반복될 때 너 자신을 어떻게 해석하고 있어?

학생 : 저는 그냥 게으른 사람 같아요.

코치 : 게으르다는 말 뒤에는 어떤 감정이 숨어 있는 것 같아?

학생 : 음…. 실망? 죄책감? 남들이 볼까 봐 창피한 마음도 있어요.

코치 : 그 무거운 감정들이 네 학습 엔진의 시동을 자꾸 꺼뜨리고 있었구

나. 만약 게으르다는 단어 대신, 지금 네 상황을 설명할 다른 말이
있다면 뭐라고 표현할 수 있을까?

학생 : 어⋯. 아직 자기 방식이 안 잡힌 사람?

코치 : 그 해석, 네 마음의 엔진에 훨씬 깨끗한 연료가 될 것으로 보여.
그럼, 그 새로운 해석을 바탕으로 이번 주는 어떤 1kg의 도전을
시작해 볼 수 있을까?

학생 : 그냥 공부 계획표를 다 짜지 말고, 우선 세 가지 정도만 정해볼게
요. 그걸 해내면 나머지는 보너스처럼 생각하려고요.

코치 : 아주 좋은 전략이다. 그 세 가지를 정확한 자세로 해내는 경험이
네 진짜 학습 근육을 만들어 줄 것이라 믿고 응원할게.

학습코치는 이 대화를 통해 학생이 자기 해석의 프레임을 바꾸도록 돕는
다. 게으르다는 낙인 대신 아직 자기 방식이 잡히지 않은 사람이라는 새로
운 해석을 찾은 학생은 자신을 받아들이는 동시에 앞으로 나아갈 동력을
얻게 된다. 이는 코칭의 본질이자 존재를 다루는 학습코칭의 힘이다.

학습자는 자기 자신을 어떻게 해석하느냐에 따라 학습을 대하는 태도,
과제를 바라보는 시선, 미래를 설계하는 방식이 완전히 달라진다. 결국 학
습의 목표는 지식 습득이 아니라 자기 자신을 더 잘 이해하고 다루는 힘을
기르는 것이다. 학습은 나는 누구인가, 나는 왜 이렇게 행동하는가, 나는
앞으로 어떻게 살아가고 싶은가를 묻고 해석하고 다시 정의하는 여정이다.

학습코치는 질문을 통해 학습자가 자기 안을 탐색하고, 해석하고, 의미
를 구성하도록 도와야 한다. 공부가 안 된다는 말 뒤에 무엇이 있는지를 함
께 탐색하고, 의미를 부여하고, 해석하게 해야 한다. 학습자가 자신의 감
정, 사고, 행동의 연결 고리를 스스로 인식하게 해야 한다. 그래야 진짜 학
습이 가능해진다. 공부는 결국 자기 자신을 해석하는 일이기 때문이다.

학습코칭은 해석을 강요하는 것이 아니라 해석을 탐색할 수 있는 안전한 장을 열어주는 역할이다. 자기 해석이 반복될수록 학습자는 '나는 할 수 있는 사람이다. 나는 노력을 하지만 쉽게 지친다. 나는 감정에 민감해서 자주 흐름을 잃는다.'와 같이 자신을 특정한 방식으로 규정하게 된다.

이 자기규정은 곧 학습자의 정체성이 된다. 학습자가 어떤 사람이 되고 싶은지 어떤 패턴을 반복하고 있는지 자신을 해석하는 말의 구조를 바꾸는 일은 곧 삶을 바꾸는 일이다. 학습코칭 질문은 단순히 공부 방법을 점검하는 것이 아니라 학습자가 자신을 성찰하고 자기 안의 패턴을 인식하며 나아가 자기 학습을 스스로 설계할 힘을 기르는 길이 된다. 이와 같은 자기 해석 중심의 학습코칭 대화는 학습자 스스로가 자신을 수용하면서도 더 나은 방향으로 나아갈 수 있다는 감각을 회복하게 도와준다.

학습코칭은 그 해석의 문을 열어주는 일이다. 학습코치는 방향을 제시하는 사람이 아니라, 학습자 스스로 자신의 이야기를 써 내려가도록 곁에서 질문을 통해 응원하고 지지하는 사람이다. 학습자의 해석이 반복되면 그것은 신념이 되고 신념은 정체성을 만든다. 학습자가 자신을 노력해도 안 되는 사람으로 해석할 것인지 실패했지만 다시 해보는 사람으로 해석할 것인지는 코치의 질문과 기다림에 달려 있다.

자기 해석이 바뀌면 행동이 바뀌고 행동이 바뀌면 삶이 달라진다. 이것이 바로 학습코칭이 공부의 기술을 넘어 삶을 바꾸는 힘을 지니는 이유다.

💡 공부 PT 퀘스트 : 공부 이야기 다시 쓰기(5단계)

1. 현재 이야기의 제목 : 요즘 공부 때문에 힘든 상황을 이야기 제목으로 만든다면 무엇일까요?

➡ ____

2. 주인공의 진짜 속마음 : 그 이야기의 주인공(바로 당신)이 진짜로 두려워하거나 원하는 것은 무엇인가요?

➡ ____

3. 이야기 재해석(새로운 제목) : 그 속마음을 바탕으로 나의 상황을 다르게 해석한 새로운 이야기의 제목을 붙여주세요.

➡ ____

4. 주인공의 숨겨진 능력 : 그 새로운 이야기의 주인공이 이미 가지고 있는 힘(강점, 좋은 경험 등)은 무엇일까요?

➡ ____

5. 새로운 이야기의 첫 문장 : 그 새로운 이야기와 나의 능력을 바탕으로 오늘 당신이 쓸 이야기의 첫 문장(첫 행동)은 무엇인가요?

➡ ____

4

딴짓 줄다리기

딴짓을 멈추기 위해 의지력과 싸우는 것을 멈춰라.
딴짓을 의지로 억누르는 것이 아니라, 학습코칭은 딴짓과 공존하며
집중의 주도권을 되찾아 오는 시스템을 설계하는 데서 시작된다.

운동을 할 때 가장 중요한 기술 중 하나는 집중력 유지다. 아무리 좋은 기구를 갖추고 화려한 옷을 입었어도 훈련에 집중하지 못하면 효과는 반감된다. 자세가 흐트러지면 부상의 위험이 커지고 목표 부위에 정확한 자극을 줄 수 없기 때문이다. 운동을 오래 한 사람일수록 동작 하나하나에 얼마나 몰입하는지가 결과를 바꾼다는 사실을 잘 안다. 스쿼트를 할 때 무릎의 각도와 발바닥의 감각에 온 신경을 집중하듯 공부 역시 눈앞의 과제에 끝까지 머무는 훈련이 필요하다. 단 한 세트를 하더라도 집중력이 깃든 시간은 몸과 마음을 바꾸는 강력한 힘을 발휘한다.

공부도 마찬가지다. 공부가 어려워서가 아니라, 자꾸만 딴생각이 나고 집중이 흐트러져서 공부가 힘든 경우가 대부분이다. 책을 펴고 앉았지만, 손은 핸드폰으로 시선은 창밖으로 마음은 이미 다른 데로 향해 있다면 공부는

한 줄도 머리에 들어오지 않는다. 집중은 타고나는 재능이 아니라 매일 훈련할 수 있는 근육과 같다. 그리고 이 근육을 키우는 첫걸음은 바로 딴짓을 줄이는 연습이다. 눈앞의 과제에 끝까지 머무는 힘, 지금 여기에 존재하는 이 단순한 반복이야말로 집중 근육을 만드는 가장 강력한 훈련이다.

아무리 딴짓을 멈추고 싶어도 마음처럼 되지 않을 때가 있다. 유튜브나 스마트폰, 갑자기 떠오른 잡생각까지 눈앞의 유혹은 상상 이상으로 강력하다. 게다가 지금 당장 공부를 하지 않는다고 큰일이 일어나는 것도 아니기에 조금만 쉬고 하자는 자기 합리화에 쉽게 무너진다. 유튜브 알고리즘은 나보다 나를 더 잘 알고 있기에 어느새 그 즐거움과 편안함에 빠져 있는 나를 발견하게 된다. 잠깐이 한참이 되었을 때쯤 아차 싶지만 이미 시간은 흘러가 버렸다. 이런 유혹에서 빠져나오기가 쉽지 않다. 청소년만의 이야기가 아니다. 성인인 우리 역시 정신을 바짝 차리지 않아 유튜브에 휘말려 시간을 허비한 경험이 수도 없이 많다.

딴짓은 체감 온도가 너무 높다. 그 순간엔 판단력도 흐려지고 죄책감도 사라진다. 하지만 시간이 지나 정신을 차릴 무렵이면 조바심과 후회가 한꺼번에 밀려온다. 이런 악순환은 매일 반복된다. 끊어내지 못하면 공부 습관이 무너지고, 성적에도 악영향을 미칠 가능성이 높다. 하지만 그보다 더 심각한 문제는 공부를 못 한다는 자기 평가가 점점 굳어지고 있다는 점이다. 자존감이 무너지고 난 안 될 거라는 부정적인 고정관념이 뿌리를 내리게 된다. 부모님의 잔소리까지 얹히면 다시 공부로 돌아가려는 마음은 더 멀어진다.

어떻게 해야 이 끊임없는 딴짓의 유혹에서 벗어날 수 있을까? 이 고민은 학습자만의 것이 아니다. 학부모와 교사 그리고 성인 학습자인 우리조차도 이 질문 앞에서는 늘 서툴다. 그러나 딴짓 멈추기는 지금 당장 필요한 학습 전략이다. 핵심은 하나다. 공부하려는 의지만큼이나 딴짓을 멈추려는 의지도 필요하다. 오히려 어떤 날은 공부보다 딴짓과의 싸움에 더 많은 에너지를 써야 할지도 모른다.

　우리가 딴짓에 쉽게 지는 이유는 의지가 약해서가 아니라 뇌의 보상 시스템 때문이다. 공부는 장기적이고 불확실한 보상(좋은 성적, 미래의 성공)을 주지만 유튜브나 스마트폰은 즉각적이고 확실한 보상(재미, 도파민 분비)을 준다. 우리의 뇌는 본능적으로 후자를 선택하도록 설계되어 있다. 따라서 딴짓과의 싸움은 단순한 의지력 싸움이 아니라, 뇌의 보상 시스템을 이해하고 역이용하는 전략 싸움이 되어야 한다. 딴짓을 무조건 없애려 하면 오히려 더 하고 싶은 심리적 반발만 커진다. 중요한 것은 딴짓을 없애는 것이 아니라 딴짓의 주도권을 내가 가져오는 것이다.

　공부와 딴짓은 매일 줄다리기한다. 공부에 힘을 실어주지 않으면 자연스럽게 딴짓이 우리를 끌고 간다. 양쪽에서 팽팽히 당기고 있을 때는 버티기 힘들다. 하지만, 이 줄다리기의 규칙은 단순하다. 단 1mm라도 공부 쪽으로 더 당긴다면 이기는 게임이다.

 **코칭 가이드 : 딴짓 줄다리기에서 이기는 3가지 전략**

　첫째, 금지가 아닌 자신의 경계선을 설정하게 하자. 학습코치는 일방적인 통제자가 아니라 학습자가 스스로 멈추는 지점을 발견하고 돌아올 수 있게 돕는 속도 조절의 조력자와 같다. 유튜브를 보지 말라는 식의 일방적인 금지는 학습자의 반발심만 키우고 코치와의 관계를 악화시킬 뿐이다. 학습코치는 딴짓 금지라는 불가능한 목표 대신 학습자 스스로 딴짓의 경계선을 정하는 연습을 하도록 지원해야 한다. 유튜브 한 편만 보기로 정하고 타이머를 켜보는 구체적인 약속은 아이에게 스스로 조절해 냈다는 유능감을 선물한다. 금지가 아닌 경계선을 설정할 때 학습자는 통제력을 잃었다는 무력감에서 벗어나 자기 삶의 주도권을 회복한다.

둘째, 딴짓 이후의 복귀 루틴을 설계한다. 딴짓에서 공부로 넘어가는 과정의 마찰력을 줄여주는 것이 핵심이다. 딴짓에 빠졌다는 죄책감은 학습자를 더 깊은 무기력으로 끌고 가기 쉽다. 학습코치는 아이와 함께 딴짓이 끝난 직후에 실행할 아주 쉽고 만만한 공부를 미리 약속해 두어야 한다. 단어장 한 페이지 훑어보기나 수학 공식 하나 써보기 같은 작은 성공 경험은 딴짓에 대한 죄책감을 성공적인 루틴 전환의 기억으로 덮어씌워 준다.

셋째, 보이지 않는 내면의 딴짓까지 다루어 준다. 공부를 방해하는 요소는 스마트폰 같은 외부 환경에만 있는 것이 아니다. 다른 아이와의 비교나 실패에 대한 불안감 또는 낮은 자신감 같은 내면의 딴짓이 훨씬 더 강력한 방해꾼이다. 학습코치는 "지금 공부에 집중하려는 네 마음 옆에서 가장 시끄럽게 말을 걸고 있는 딴짓의 목소리는 무엇이니?"라고 질문하며 눈에 보이지 않는 딴짓의 정체를 학습자 스스로 인식하게 도와야 한다. 감정의 소음에 이름을 붙여 다룰 수 있게 될 때 진짜 집중은 시작된다.

고등학교 2학년 민준이는 매번 5분만 유튜브를 보고 공부하겠다고 다짐한다. 하지만 그 5분은 언제나 50분이 되고 한 시간이 된다. 알고리즘은 민준이의 취향을 너무나 잘 알고 있어 영상 하나를 끝내기 무섭게 다음 영상을 추천하고 정신을 차려보면 어느새 새벽 한 시가 훌쩍 넘어 있다. 처음엔 그날 공부할 분량을 야심 차게 정해놓지만, 유튜브 한 편으로 시작하려던 계획이 무너지는 순간 민준이의 하루도 함께 무너진다. 이러한 일이 반복되자 민준이는 자꾸 자신을 탓하기 시작했다. '나는 의지가 약한 사람이다', 혹은 '나는 원래 계획대로 못 하는 사람이야.'라는 부정적인 생각은 공부에 대한 흥미와 자신감을 야금야금 갉아먹었다. 딴짓은 이제 단순한 집중력의 문제를 넘어 자기효능감과 자존감의 결핍으로 이어지고 있었다.

학습코칭은 민준이에게 5분 딴짓을 완전히 없애라는 불가능한 명령 대신 딴짓의 경계선을 스스로 정하는 연습을 시작하도록 도왔다. 그 첫걸음은 유튜브 영상을 딱 한 편만 보기로 정하고 타이머를 설정하는 것이다. 다음 영상의 유혹이 시작되기 전 앱을 단호하게 닫는 절제의 감각을 익히는 훈련이다. 여기에 더해, 딴짓의 관성에서 벗어나 즉시 학습으로 복귀할 수 있도록 영어 단어 5개 외우기와 같은 가장 쉬운 복귀 루틴을 설계하여 실행의 연속성을 확보했다. 작은 조절의 경험이 쌓이자 민준이는 차츰 딴짓을 통제할 수 있다는 감각을 회복하기 시작했다. 딴짓을 완전히 없애야 한다는 강박에서 벗어나 딴짓 후의 루틴에 집중하자 불안함이 줄어들고, 무언가 해냈다는 기분 좋은 유능감이 그 자리를 채웠다. 딴짓과의 줄다리기에서 중요한 것은 줄을 아예 놓아버리는 것이 아니라 다시 당겨올 힘을 기르는 일이다.

공부를 방해하는 진짜 딴짓은 스마트폰 너머에 있다. 타인과의 비교와 실패에 대한 불안 그리고 해보지도 않고 내뱉는 무력감 같은 내면의 소음이 훨씬 더 강력한 방해꾼이다. 이러한 감정의 소음을 방치하면 아이는 공부와 영영 멀어지게 된다. 따라서 나이가 어릴수록 이를 제어할 시스템, 즉 성취의 기쁨을 맛볼 수 있는 정교한 챌린지 설계가 필요하다. 학습코칭은 아이의 의지력을 탓하며 에너지를 소모하는 과정이 아니다. 학습자 스스로 스마트폰을 내려놓고 책을 펼 이유와 시스템을 함께 만들어 가는 여정이다. 이때 학습코치는 딴짓을 감시하는 감독관이 아닌 유혹의 파도 속에서 아이가 휩쓸리지 않도록 돕는 방파제이자 잠시 휩쓸렸더라도 다시 해변으로 돌아올 수 있게 이끄는 안전 요원이 되어야 한다.

우리가 추구하는 것은 완벽한 집중력이 아니라, 딴짓의 유혹을 마주하고도 다시 제자리로 돌아오는 자기 조절의 경험이다. 딴짓과의 줄다리기에서 매일 이길 필요는 없다. 우리의 목표는 딴짓을 전혀 하지 않는 학습자가 아니라 딴짓하더라도 언제든 다시 돌아올 힘이 있는 자립형 학습자를 길러내는 것이다.

공부 PT 퀘스트 : 딴짓 줄다리기 전략 세우기

1. 나의 강력한 경쟁자 : 공부하려는 당신을 가장 강력하게 유혹하는 딴짓은 무엇인가요?

➡ ____

2. 경쟁자의 진짜 속마음 : 그 딴짓을 하고 싶을 때 마음속 진짜 욕구는 무엇인가요?

➡ ____

3. 줄다리기 경계선 긋기 : 그 딴짓을 무조건 금지하는 대신 '여기까지만!'이라고 약속할 수 있는 구체적인 경계선을 정해보세요. (예 : 유튜브 영상 딱 1개만 보기, 웹툰 3화까지만 보기, 15분 알람 맞추기)

➡ ____

4. 딴짓 후 루틴 만들기 : 그 딴짓이 끝난 직후 바로 이어서 할 아주 쉬운 공부 행동 하나를 약속해 보세요.

➡ ____

5. 오늘의 줄다리기 선언 : 오늘 딴짓 줄다리기에서 승리할 수 있는 선언을 해보세요.

➡ ____

5

끝까지 버티기 세트

공부의 진짜 근육은 어려운 문제를 풀 때가 아니라
그만두고 싶은 마음을 이겨내는 바로 그 순간에 성장한다.
학습코칭은 학습자의 의지력을 시험하는 것이 아니라
포기하고 싶은 순간을 버텨내는 중단 내성을 훈련하는 것이다.

운동을 시작할 때 많은 사람이 가장 먼저 부딪히는 벽은 근육의 통증이 아니다. 오히려 그보다 더 높은 장벽은 포기하고 싶은 마음, 즉 심리적 저항이다. 첫날은 열정이 넘치지만, 3일 차, 5일 차쯤 되면 몸보다 마음이 먼저 지쳐간다. 특히 체력이 약하거나 운동 경험이 적은 사람일수록 이탈 지점은 더 빨리 찾아온다. 운동의 초반부는 신체적 강도보다 심리적 저항을 버티는 과정이다.

그래서 트레이너들은 종종 이렇게 말한다. "이제부터 진짜 훈련이에요." 포기하고 싶은 그 순간에 한 세트만 더, 10초만 더 버티는 연습. 바로 그 지점이 진짜 근육을 만드는 시간이다. 실제로 근육이 자라기 시작하는 시점은 힘들다고 느끼는 바로 그 순간 이후다. 이 고비를 넘긴 사람은 근육뿐만 아니라 버티는 마음 근력까지 함께 기르게 된다. 헬스장에서 중량을 올리는 것만이 훈련이 아니다. 무엇보다 중요한 훈련은 중단하고 싶은 마음을 견디는 내성을 기르는 것이다. 이 힘은 곧 삶의 회복탄력성과 연결된다. 그리고 이는 공부에도 똑같이 적용된다.

공부를 결심한 학습자의 첫걸음은 아주 뜨거운 의욕으로 반짝인다. 야심 찬 계획을 세우고, 다이어리를 스티커로 꾸미며, 손에 착 감기는 새 필기구를 구입하거나 학습 앱을 설치하는 모습은 마치 새 운동복을 갖춰 입고 거울 앞에 선 운동 초보자의 설렘과 닮았다. 하지만 화려한 유니폼이 선수의 실력을 대신하지 않듯, 이러한 준비 의식이 곧 학습 엔진의 지속적인 가동을 보장하는 것은 아니다. 결국 며칠만 지나도 상황은 달라진다. 피곤하고, 진도가 예상보다 느리고, 문제는 어렵기만 하다. 무엇보다 즉각적인 성과가 눈에 보이지 않기 때문에 마음이 흔들린다. 그 순간, 마음속에 이런 속삭임이 등장한다.

"이래봤자 성적 안 오를 텐데…."

"오늘은 좀 쉬고 내일부터 다시 하자 해도 괜찮지 않을까."

"나는 원래 이 과목이 안 맞아…."

문제는 성적이 아니라 이 속삭임에 무너지는 마음이다. 결국 공부를 포기하는 이유는 공부가 어려워서가 아니라 그만두고 싶은 순간을 버티는 연습이 없기 때문이다. 이는 공부 실력이 부족해서라기보다 포기하고 싶은 순간을 버티는 근력이 아직 길러지지 않았다는 신호다. 결국 공부를 그만두는 이유는 지식이 부족해서가 아니라, 중단 내성이 약하기 때문이다.

이때 필요한 것이 바로 중단 내성 훈련이다. 말 그대로 중단하고 싶은 마음에 견디는 힘을 기르는 것이다. 이 힘은 하루아침에 길러지지 않는다. 마치 근육이 점진적으로 성장하듯 작은 목표를 반복하고 어려운 순간을 의식적으로 넘기는 경험을 통해 단단해진다.

첫째, 포기의 순간을 성장의 신호로 재정의하자. 코치는 학습자가 한계에 부딪혔을 때 그 지점이 곧 도약의 시작임을 알려주는 페이스메이커와 같다. 학습자가 하기 싫다거나 그만하고 싶다고 말하는 찰나를 문제 상황이 아닌 비로소 마음 근육이 성장하는 임계점의 신호로 받아들여야 한다. 이때 코치는 바로 지금이 근육을 키울 가장 중요한 훈련 시간임을 일깨우며 포기의 유혹을 성장의 기회라고 긍정적으로 재해석해 주는 태도를 보여야 한다. 포기하고 싶은 순간에 풀어내는 딱 한 문제가 아이의 내면을 얼마나 단단하게 만드는지 그 가치를 명확히 전달해야 한다.

둘째, 의지력이 아닌 자기 관찰을 지원하자. 코치는 학습자가 고비를 넘긴 후 자기 내면에서 일어난 일을 스스로 발견하게 돕는 성찰의 거울과 같다. 학습자가 고비를 넘기고 버티는 데 성공했다면 단순히 의지가 대단하다는 결과론적인 칭찬에 머물러서는 안 된다. 어떻게 그만두지 않을 수 있었는지 그 순간 자신을 붙잡아준 내적 자원이 무엇이었는지 스스로 관찰하고 분석하게 이끌어야 한다. 자신의 성공 전략을 명확히 인식할 때 학습자는 이를 다음 위기에서도 언제든 꺼내 쓸 수 있는 자신만의 강력한 무기로 소유하게 된다.

셋째, 수동적 버티기를 능동적 선택의 문제로 전환하자. 코치는 학습자가 타인의 강요가 아닌 자신의 의지로 멈춤과 지속을 결정하도록 돕는 선택의 조력자와 같다. 무조건 참고 견디라는 말은 학습자를 수동적인 위치에 가두고 만다. 지금 멈추는 것과 단 5분이라도 더 해보는 것 중 미래의 자신에게 더 도움이 되는 쪽이 무엇인지 묻고 스스로 결정하게 해야 한다. 억지로 버티는 고통이 아니라 더 나은 미래를 위해 스스로 버티기를 선택했다는 자기결정감이 형성될 때 비로소 외부의 압박 없이도 자신을 통제하는 진짜 내성이 길러진다.

예를 들어 학습자가 오늘 수학 문제집 2장을 끝내기로 계획했을 때 1장을 푸는 중에 지루해지거나 스마트폰의 유혹이 강해지는 순간이 온다. 이때 코치는 '한 장만 더' 혹은 '3문제만 더'라는 작은 선택을 학습자가 스스로 내려볼 수 있도록 성장의 판을 깔아주어야 한다.

그리고 그 짧은 고비를 스스로 넘긴 직후 "그 순간을 어떻게 참았니?", "어떤 힘이 너를 버티게 했니?"라고 묻는 과정을 통해 학습자가 자신의 내적 자원을 발견하도록 조력하는 것이 학습코칭의 정수다. 이처럼 스스로 이겨낸 작은 경험들이 켜켜이 쌓일 때 학습자는 다음번 위기 앞에서도 나는 다시 돌아올 수 있다는 확신과 내적 자원을 갖게 된다. 바로 이 지점에서 학습코칭은 단순한 진도 관리를 넘어 변화와 성장의 극적인 지점을 만들어 낸다.

중단 내성은 열심히 하라는 의지만으로 만들어지지 않는다. 오히려 작은 성공 경험을 의도적으로 설계하고 그 순간을 성찰하게 함으로써 만들어진다. 작은 도전이 성공으로 이어졌다면 그 경험을 그냥 넘기지 않고 반드시 짚어야 한다.

"어떻게 그만두지 않았어?"

"그만두고 싶었던 마음을 이겨낸 너의 자원은 뭐였을까?"

"다음에 또 비슷한 상황이 온다면 어떻게 하고 싶어?"

이런 질문은 학습자 안의 버티는 힘, 자기효능감, 회복력을 자각하게 만든다. 한 번이라도 스스로 해냈던 경험은 두고두고 다시 꺼내 쓸 수 있는 내적 자원이 된다. 학습자가 공부를 그만두고 싶은 순간에 자신을 붙잡을 수 있다면 그건 단순한 의지가 아니다. 그건 자기 자신에 대한 신뢰에서 비롯된 성찰이다. 학습코칭은 학습자 자신을 신뢰할 수 있도록 아주 작은 성공의 고리를 만들어 주는 일이다. 중단 내성 훈련은 단지 공부 시간을 늘리는 훈련이 아니다. 그것은 자기 조절력을 높이고 한계를 넘는 나를 체험하게 하며 실패 상황에서도 다시 시작할 수 있게 해주는 심리적 기반을 만드는 훈련이다. 이 과정을 통해 학습자는 자기주도학습의 진짜 힘을 얻게 된다.

"나는 내가 정한 계획을 지킬 수 있어."

"지금은 힘들지만 결국 해낼 수 있어."

이 믿음이 생긴 순간부터 학습은 단지 성적을 올리는 활동이 아니라, 자신을 성장시키는 훈련이 된다. 중단 내성은 학습의 근육이다. 포기하고 싶은 마음에 맞서는 훈련은 매일 온다. 그리고 그 순간을 넘긴 바로 그 자리에 변화의 시작점이 있다. 오늘도 버틸 힘을 기를 수 있도록 학습코칭에 집중해 보자. 딱 한 세트만 더. 딱 5분만 더. 딱 한 줄만 더. 그 끝에 나는 끝까지 갈 수 있는 사람이라는 자기개념이 만들어질 것이다. 학습코칭은 바로 그 믿음을 키워주는 여정이다.

🔆 공부 PT 퀘스트 : 중단 내성 근력 키우기

1. 포기의 순간 묘사하기 : 최근 공부 중에 '아, 진짜 그만하고 싶다.'라고 느꼈던 구체적인 순간은 언제였나요?

➔ ____

2. 나를 붙잡은 결정적 한마디 : 그 순간, 포기하지 않고 다시 책상 앞으로 이끈 내면의 목소리나 생각은 무엇이었나요?

➔ ____

3. 이겨낸 후의 감정 맛보기 : 그 고비를 넘기고 약속한 분량을 끝냈을 때 어떤 기분이나 감정이 들었나요?

➔ ____

4. 필살기 명명하기 : 포기의 순간을 이겨내기 위해 사용했던 그 방법에 자신만의 멋진 이름을 붙인다면?

➔ ____

5. 다음 세트 준비하기 : 또 포기하고 싶은 순간이 찾아온다면 필살기를 어떻게 활용할 생각인가요?

➔ ____

6

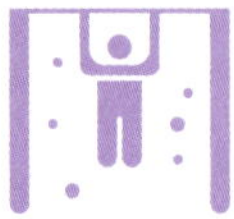

강점 들어올리기

> 강점은 잠재력의 현재형이다.
>
> 오늘부터 학습자의 약점을 보완하려는 노력을 멈춰라.
>
> 대신 학습자 안에 이미 존재하는 강점이라는 무게를 함께 들어 올려라.
>
> 잠재력은 아직 보이지 않는 미래의 가능성이 아니라
>
> 지금 반복해서 사용되고 있는 강점이 만들어 내는 누적된 힘이다.

헬스장에서의 운동은 늘 무게와 싸움이다. 바벨을 어깨 위로 들어 올릴 때 처음에는 너무 무겁게 느껴져 도저히 들 수 없을 것만 같다. 하지만 신기하게도 꾸준히 반복하고 자세를 익히면 조금씩 들리기 시작한다. 며칠 전에는 들지 못했던 그 무게를 오늘은 내 가슴 위로 들어 올리는 자신을 발견하게 된다. 이 순간은 뿌듯함을 넘어 내가 생각했던 한계는 진짜 한계가 아니었다는 깨달음을 준다. 잠재력의 MAX치는 이처럼 자신의 강점을 믿고 공부의 무게를 올리는 매 순간 경신된다.

우리는 흔히 강점을 타고난 재능이라고 생각한다. "쟤는 원래 머리가 좋아.", "저 아이는 글을 잘 쓰는 재능이 있어." 하지만 학습 현장에서 마주치는 진실은 조금 다르다. 진짜 강점은 타고난 재능이 아니라 반복해서 사용해 본 경험에서 만들어진다. 아무리 좋은 재능이 있어도 사용하지 않으면 근육처럼 퇴화하고 반대로 작은 강점이라도 의식적으로 훈련하면 누구도 흉내 낼 수 없는 힘이 된다.

긍정심리학의 창시자 마틴 셀리그먼은 강점을 끈기, 학구열, 신중함, 낙관성처럼 누구나 계발할 수 있는 심리적 자산이라고 설명한다. 즉 강점은 유전되는 것이 아니라 선택하고 반복함으로써 확장되는 잠재력의 통로다. 앤절라 더크워스 또한 성공한 사람들의 공통점으로 강점에 대한 집요한 반복을 꼽는다. 그들은 남보다 뛰어나서가 아니라 자신이 가진 강점을 끝까지 밀어붙였기 때문에 MAX치에 도달했다.

강점을 들어 올린다는 것은 단순히 잘하는 것을 더 하라는 말이 아니다. 그 강점을 가장 어려운 순간에도 다시 꺼내 쓸 수 있느냐의 문제다. 공부가 잘 풀릴 때만 강점을 쓰는 것이 아니라, 막히고 흔들릴 때도 그 힘을 다시 호출하는 훈련이 필요하다. 잠재력은 편안한 환경에서 드러나지 않는다. 오히려 실패나 슬럼프, 불안 같은 혹한기 상황에서 반복해 사용해 본 강점만이 끝까지 작동한다.

예를 들어 글을 잘 쓴다는 이야기를 자주 듣던 아영이는 그 재능을 자신의 진짜 강점으로 여기지 않았다. 칭찬을 들어도 가볍게 넘겼고 글쓰기를 반복해서 훈련하지도 않았다. 결국 글쓰기라는 가능성은 잠재력으로만 남은 채 깨어나지 못했다. 반면 송화는 발표를 잘한다는 자신의 강점을 의식적으로 사용했다. 수업마다 손을 들고 동아리 발표와 교내 대회, 영상 촬영까지 스스로 기회를 만들었다. 송화의 잠재력 MAX치는 타고난 재능이 아니라, 반복해서 들어 올린 강점의 결과였다. 민아는 언제 어디서든 자신의 그림 노트를 들고 다닌다. 쉬는 시간과 이동 수업 심지어 상담 시간까지 그림을 그리며 캐릭터를 발전시킨다. 그 반복 속에서 그림은 단순한 취미를 넘어 민아의 정체성과 자신감이 되었다. 강점은 이렇게 한 사람의 일상에 스며들며 삶의 무게를 지탱하는 힘이 된다. 강점이 충분히 단련되면 그것 은 기술을 넘어 버티는 힘으로 전환된다.

공부를 포기하게 만드는 가장 큰 장벽은 "나는 원래 이걸 못해."라는 자 기규정이다. 하지만 진짜 공부력을 만드는 엔진은 지능이 아니라 성실, 끈 기, 호기심 같은 강점 근육이다. 처음 바벨을 잡은 사람은 가벼운 무게에도 팔이 후들거리지만, 반복을 통해 근육을 만든다. 공부도 마찬가지다. 강점 을 반복해서 사용하는 경험이 쌓일수록 학습자의 잠재력 상한선은 자연스 럽게 위로 이동한다.

학습코치는 이 과정을 설계하는 사람이다. 약점을 보완하겠다는 명분으 로 강점을 소모하지 말아야 한다. 대신 학습자의 일상에서 이미 반복되고 있는 긍정적 행동을 포착해 그것을 학습의 중심축으로 끌어올려야 한다. 질문이 많은 아이에게는 호기심이라는 이름을 붙이고, 한 문제를 오래 붙 드는 아이에게는 끈기라는 이름을 붙인다. 이름이 붙는 순간 강점은 잠재 력이 되고 잠재력은 훈련할 수 있는 자산이 된다.

강점은 사용하지 않으면 퇴화하고 사용할수록 성장한다. 그리고 그 강점 이 반복적으로 사용되는 지점이 바로 잠재력의 MAX치가 갱신되는 순간이 다. 학습코칭은 이 MAX치를 강요하지 않는다. 대신 학습자가 스스로 "어? 나 여기까지도 되네."라고 느끼게 만드는 환경을 만든다. 강점을 끝까지 들 어 올려 본 경험은 어떤 실패 앞에서도 무너지지 않는 자기 신뢰로 남는다.

 **코칭 가이드 : 강점 근육을 단련시키는 3가지 전략**

첫째, 약점이 아닌 강점의 렌즈로 관찰하자. 학습코치는 학습자의 문제 행동 속에서도 강점의 씨앗을 찾아내는 관찰자여야 한다. 말이 많은 학습

자에게는 표현력, 질문이 많은 학습자에게는 호기심, 매일 공부하려고 애쓰는 학습자에게는 성실함이라는 강점이 숨어 있다. 학습자의 약점을 지적하는 대신 "네가 친구들과 이야기하며 분위기를 이끄는 힘이 있던데, 그 에너지를 토론 학습에 사용해 보면 어떨까?"라며 강점의 렌즈로 재해석해 주어야 한다.

둘째, 강점에 이름을 붙이고 증거를 찾아보자. 학습자들은 자신의 강점을 스스로 인식하지 못하는 경우가 많다. 학습코치는 학습자의 행동 속에서 강점의 증거를 포착하고 "나는 네가 약속을 잘 지키는 모습을 보면서 성실함이라는 아주 중요한 강점이 있다고 느꼈어."처럼 구체적인 이름과 증거를 함께 제시해 주어야 한다. 이름이 붙여지는 순간 막연한 행동은 구체적인 자원이 된다.

셋째, 강점을 사용할 수 있는 미션을 함께 만들어 가자. 학습코치는 학습자의 고유한 강점 근육이 단단해지도록 돕는 무게 조절 파트너와 같다. 강점은 사용하지 않으면 실제 근육처럼 약해지기 마련이다. 학습코치는 발견한 강점을 학습자가 직접 들어 올릴 수 있도록 작은 실천 과제를 함께 기획해야 한다. 예를 들어 호기심이 강한 학습자에게 이번 주 가장 궁금한 역사적 사건 하나를 스스로 탐구해 보게 하는 과정은 강점을 실전으로 옮기는 소중한 훈련이다. 학습자가 더 이상 코치에게 허락을 구하지 않고 "이렇게 시도해 봤는데, 다음엔 이렇게 해보려 한다."라고 말하는 순간 강점은 비로소 실질적인 역량으로 자리 잡는다. 강점에 기반한 작은 성공 경험은 '배움의 일상'을 지탱하는 단단한 힘으로 만들어 준다.

공부를 포기하게 만드는 가장 큰 장벽은 타고난 재능이 없다는 자기규정이다. 하지만 공부를 끝까지 밀고 나가는 진짜 엔진은 지능이 아니라 성실, 끈기, 인내와 같은 마음의 강점들이다. 헬스장에서 처음 바벨을 잡은 사람은 가벼운 무게에도 팔이 후들거리지만, 반복을 통해 근육을 만든다. 공부에 필요한 모든 행위 역시 재능의 영역이 아니라 단련된 강점 근육이 발휘된 결과다. 강점 역시 자주 사용하면 강화되고 방치하면 퇴화한다는 점에서 육체의 근육과 똑같다. 학습코치는 학습자의 일상에서 아주 작은 강점의 흔적을 찾아내어 학습자 스스로 학습의 무게를 견디게 돕는 든든한 동행자다.

학습자는 쉽게 "나는 원래 집중력이 없어."라며 자신을 한계 속에 가둔다. 이때 학습코치는 강점의 렌즈를 통해 전혀 다른 질문을 던져야 한다. 그런데도 끝까지 시도해 본 힘은 무엇인지, 남들은 놓친 것을 너만 기억할 수 있었던 이유는 무엇인지 묻는 탐색 과정이 필요하다. 마틴 셀리그먼이 강조했듯 강점은 나도 모르게 반복적으로 나타나는 긍정적인 심리적 특성이다. 학습코치는 학습자 자신도 미처 인식하지 못한 그 무의식적인 힘을 포착하여 거기에 구체적인 이름을 붙여주는 작업부터 시작해야 한다.

코칭은 무심코 흘려보내는 아이의 행동과 태도에서 강점의 씨앗을 발견해 다시 아이의 손에 쥐어주는 작업이다. 자신의 힘에 이름이 붙는 순간 아이는 비로소 자신이 이미 충분히 강력한 자산을 가졌음을 깨닫는다. 이 새로운 해석은 아이가 자책이라는 굴레를 벗고 자신을 온전히 수용하며 앞으로 나아갈 강력한 동력을 선물한다.

강점은 구체적인 행동으로 이어질 때 비로소 단단한 실체가 된다. 일상에서 자신의 강점에 기반한 작은 실천을 반복할 때 학습의 몰입도와 자기 신뢰는 동시에 차오른다. 공부를 지속하게 만드는 것은 눈앞의 점수가 아니라 "나는 약속을 잘 지키는 사람이다." 혹은 "나는 궁금한 것을 그냥 넘기지 않는다."라는 단단한 정체성이다. 이 믿음은 일시적인 시험 점수보다 훨씬 오래가며 결국 아이가 삶의 무거운 무게를 스스로 들어 올리는 진짜 공부력을 완성하게 된다.

💡 공부 PT 퀘스트 : 강점 근육 들어올리기

1. 최근의 성공 경험 돌아보기 : 최근 한 달간, 공부든 다른 활동이든 스스로 '이건 꽤 잘 해냈다!'라고 느꼈던 성공 경험 하나를 떠올려 보세요.

➡ ____

2. 강점 근육 발견하기 : 그 성공을 가능하게 한 나의 힘, 즉 강점 근육은 무엇이었을까요? (예 : 끈기, 성실함, 호기심, 계획성, 친화력 등)

➡ ____

3. 강점 근육에 이름 붙여주기 : 그 강점 근육에 나만의 멋진 이름을 붙여주세요! (예 : 절대 포기하지 않는 끈기, 뭐든지 파고드는 호기심 탐정)

➡ ____

4. 강점 무게 1kg 늘리기 : 그 강점을 오늘 공부에 딱 한 번만 더 사용해 본다면, 어떤 작은 행동을 해볼 수 있을까요? (예 : 호기심–영어 단어의 어원을 1개만 더 찾아보기)

➡ ____

5. MAX치 상상하기 : 그 강점 근육을 계속 단련해서 최고의 무기로 만든다면, 나는 어떤 멋진 일을 해낼 수 있을까요? 자유롭게 상상해 보세요.

➡ ____

7

공부를 움직이는 힘

공부의 진짜 엔진은 해야 한다는 의무감이 아니라,
공부가 나를 움직이게 만드는 이유를 발견하는 데 있다.
학습코칭은 지식을 주입하는 일이 아니라,
학습자가 배우는 모든 것에서 멈춰 있던 공부를
다시 움직이게 할 이유를 길어 올리도록 돕는 일이다.

"이것이 왜 중요하지?" 학습자들은 스스로 묻는다. 그리고 대부분 답을 찾지 못한 채 그냥 문제만 푼다. 배우는 내용을 왜 배우는지 알지 못한 채 공부는 자주 멈춘다. 손은 문제집 위에 있지만 마음은 움직이지 않는다. 우리는 알고 있다. 이유 없이 하는 공부는 오래 움직이지 못한다는 사실을. 진짜 배움은 공부가 다시 앞으로 나아가게 만드는 이유를 발견했을 때부터 시작된다. 바로 학습코칭이 공부의 심박수를 다시 뛰게 만드는 지점이다.

"왜 공부를 해야 하나요?", "왜 공부를 해야 하는지 모르겠어요." 학습자들이 던지는 이 질문은 단순한 푸념이 아니다. 그 안에는 공부가 멈춰 선 상태에서 던지는 구조 요청이 담겨 있다. 지금 우리 교육 현장에 필요한 것은 더 잘하게 만드는 기술이 아니라 멈춰 선 공부를 다시 움직이게 할 이유를 함께 찾는 관계적 기술, 즉 학습코칭이다.

학습자들이 공부가 힘든 진짜 이유는 지루하거나 어렵기 때문만은 아니다. 왜 이걸 해야 하는지 모르겠는 상태 바로 그 이유 없음이 공부를 정지 상태로 만든다. 눈앞의 문제집을 펼쳐도 손이 가지 않는 이유, 집중이 흐트러지고 쉽게 포기하게 되는 이유도 결국 여기에 있다. 이유 없는 공부는 시동이 꺼진 엔진처럼 쉽게 멈춘다. 그렇다면 반대로 질문해 보자.

"이걸 배우고 있는 이유는 뭐야?"

"이 공부가 너를 어디로 움직이게 할까?"

"이 배움이 네가 되고 싶은 사람과 어떻게 연결될까?"

이 질문은 단순한 철학이 아니라 공부 엔진을 다시 움직이게 만드는 점화 장치다. 공부에 이유가 붙는 순간 감정이 반응하고 감정은 에너지를 만든다. "왜 공부해야 하죠?"라는 질문에 답을 가진 학습자는 멈추더라도 다시 움직일 수 있다. 왜냐하면 그들에게는 돌아갈 방향이 있기 때문이다.

교육과 학습에서의 이유 찾기는 단순히 배우는 것이 아니라 배움이 나를 어떻게 움직이게 하는가를 인식하는 과정이다. "내 삶에서 이 공부는 어떤 역할을 할까?", "이 배움이 나를 어떤 선택으로 이끌까?" 학습코치는 이런 질문을 통해 학습자 자신과 학습의 움직임을 연결하도록 돕는다. 수업 시간에 정보는 들어오지만, 이유가 없으면 공부는 앞으로 나아가지 못한 채 제자리에 머문다.

이유를 찾는 과정은 경험이나 지식을 스스로 해석하고 개인적 동력으로 전환하는 일이다. 이유가 생기면 배움은 더 이상 외부에서 밀어야 하는 대상이 아니라 스스로 굴러가기 시작하는 힘이 된다. 정보를 받아들이고, 해석하고, 자기화한 뒤 실천으로 이어지도록 하는 이유의 사슬이 필요하다. 즉, 파편화된 정보와 경험이 학습자의 삶, 가치, 감정과 유기적으로 맞물리며 '이것이 내가 움직여야 할 진짜 이유'라고 스스로 선포하는 주체적인 지점이다.

헬스장에서 무작정 반복하는 운동보다 어느 근육을 단련하는지 알고 하는 운동이 몸을 더 움직이게 만드는 것과 같다. 같은 스쿼트라도 어떤 근육을 키우고 있는지 알 때 몸은 더 깊이 반응한다. 공부도 마찬가지다. 그냥 해야 하니까 하는 공부는 자주 멈추지만, 이 공부가 나를 어떤 방향으로 움직이게 하는지 알게 되는 순간 같은 문제집도 전혀 다르게 작동한다.

공부를 움직이는 이유는 처음부터 존재하지 않는다. 그것은 끊임없이 의미를 부여하고 가치를 발견하며 매일의 반복 속에서 스스로 증명해 나가는 과정이다. 학습자가 보고 있는 수학 문제 한 장에도, 영어 지문 한 줄에도, 과학 개념 하나에도 그들만의 삶의 추진력이 숨어 있을 수 있다. 그 이유는 누군가 대신 만들어 줄 수 없다. 학습자 스스로 발견해야 한다. 그리고 그 발견을 돕는 것이 학습코치의 역할이다.

학습자가 책상 앞에 앉지 못하는 진짜 이유가 의지가 약해서가 아니라 공부를 다시 움직이게 할 이유를 잊었기 때문이라면 접근은 달라져야 한다. 이유 없이 시작한 공부는 몇 번의 실패만으로도 쉽게 멈춘다. 하지만 이유가 붙는 순간 같은 공부가 다시 흐르기 시작한다. 학습코칭에서 말하는 의도적 선택의 힘은 바로 여기서 나온다. 스스로 이유를 찾은 학습은 내재적 동기를 회복하고, 자기 결정성 이론에서 말하는 자율성을 되찾게 한다.

학습코칭은 단순한 동기부여가 아니다. 학습자가 왜 이 공부를 다시 움직이고 싶은지 말할 수 있도록 돕는 과정이다. 코치의 질문은 학습자의 머릿속 개념을 가슴속 추진력으로 바꾼다. 배운 것을 외부 정보로만 두지 않고 자기 삶과 신념, 선택과 연결해 실제 행동으로 이어지게 만드는 과정이어야 한다.

'이건 이래서 중요해요, 이걸 배우면서 내가 달라졌어요, 이걸 알게 된 후 행동이 바뀌었어요.'와 같이 말로 설명되는 순간 이유는 완성된다. 모든 학습자는 자신만의 언어로 배운 것을 말할 수 있을 때 비로소 다시 움직인다. 그들에게 필요한 것은 더 많은 정보가 아니라, 공부를 다시 작동시키는 질문이다. "이건 시험에 나와."라는 외부 압력에서 벗어나 '이건 나를 다음 단계로 도약하게 할 진짜 내 공부야.'라는 내부 동력으로 전환되는 여정이다.

왜 어떤 공부는 쉽게 멈추고 어떤 공부는 오래 지속될까? 그 차이는 분명하다. 공부를 움직이게 하는 이유가 있었는가 없었는가다. 이유를 가진 배움은 기억 속에 남을 뿐 아니라 행동을 계속해서 발생시킨다. 1975년 크레이크와 털빙은 정보를 단순히 암기하는 것보다 그 의미를 고민하고 개인적으로 연결할 때 기억이 훨씬 오래 지속된다는 사실을 밝혔다. 1978년 슬라메카와 그라프 역시 정보를 수동적으로 받는 것보다 스스로 의미를 생성할 때 학습 효과가 극대화된다는 것을 증명했다. 나와 연결된 이유를 가진 정보는 기억의 심층 구조로 들어가며 행동을 다시 움직이게 만든다. 이처럼 이유를 가진 학습자는 배움의 소비자가 아니라 자기 삶을 움직이는 주체가 된다.

 **코칭 가이드 :** **의미 근육을 단련시키는 3가지 코칭 전략**

첫째, 외부 정보를 내부 이야기로 전환하자. 코치의 핵심 역할은 외부의 지식과 학습자의 내면을 잇는 다리를 놓는 것이다. 오늘 배운 내용 중 자기 경험이나 생각과 가장 비슷하다고 느낀 부분이 어디인지 묻는 것은 학습자가 지식을 더 이상 남의 이야기가 아닌 자기 이야기로 받아들이게 만든다. 정보가 학습자의 삶과 연결되는 순간 비로소 의미가 탄생한다.

둘째, 수동적 수용이 아닌 능동적 생성으로 이끌자. 학습자가 스스로 의미를 생성할 때 학습 효과는 극대화된다. 이 개념을 "너만의 단어로 다시 설명해 볼래?”라거나 “오늘 배운 내용으로 짧은 이야기를 만든다면 어떤 내용일까?”라고 질문해야 한다. 학습자가 지식의 소비자에서 창조자가 되도록 돕는 이러한 과정이 진짜 배움을 완성한다.

셋째, 결과가 아닌 의미 중심으로 성장을 측정하자. 코칭 대화의 무게 중심을 성과에서 의미로 옮겨야 한다. “이번 주에 몇 시간 공부했니?”라는 질문 대신 “이번 주 공부를 통해 너 자신에 대해 새롭게 발견한 것은 무엇이니?”와 같이 의미를 물어야 한다. 공부의 양보다 다시 시작할 힘이 중요하다. 이 공부가 자신이 되고 싶은 사람과 어떤 관련이 있을지 끊임없이 질문하며 공부의 과정을 정체성 성장의 여정으로 리프레이밍해 주어야 한다.

의미는 처음부터 존재하는 것이 아니다. 배움의 조각들을 자신의 가치관과 연결하여 나만의 문장으로 완성하고, 그 가치를 매일의 일상 속에 뿌리내리게 해야 한다. 학습코치는 학습자를 지식의 빈 그릇으로 보지 않고 그 안에 이미 존재하는 학습의 내적 이유를 비춰주는 거울이 되어야 한다. “지금 배우는 공부가 너에게 어떤 의미가 되면 좋겠니?”라는 질문은 아이의 정체성과 방향성을 회복시키는 가장 본질적인 대화다.

의미 근육은 하루아침에 생기지 않는다. 작은 의미라도 자주 발견하고 꾸준히 붙이는 반복을 통해 단련된다. 지치지 않고 끝까지 나아가는 힘은 결국 의미에서 나온다. 공부는 단순히 정보를 습득하는 일이 아니라, 자신만의 의미를 발견해 가는 과정이다. 오늘 던진 “네가 하고 있는 공부는 너에게 어떤 의미가 있니?”라는 질문 하나가 아이를 움직이는 강력한 내면의 힘이 될 것이다.

1. 기억에 남는 배움 : 최근 한 달간 유독 기억에 오래 남는 배움이나 지식이 있다면 무엇인가요? (사소한 것이라도 좋습니다.)

➡ ______________________________________

2. 의미의 발견 : 그 배움이 왜 유독 기억에 남았을까요? 어떤 경험, 감정, 생각과 연결되었기 때문일까요?

➡ ______________________________________

3. 현재 공부와 연결하기 : 지금 공부하고 있는 과목 중 하나를 골라, 자기 삶이나 관심사와 연결할 수 있는 의미의 고리를 하나 찾아보세요. (예 : 역사 속 인물의 선택에서 나의 고민을 본다.)

➡ ______________________________________

4. 나만의 언어로 정의하기 : 그 의미의 고리를 바탕으로, 지금 하는 공부를 나만의 한 문장으로 새롭게 정의해 본다면? (예 : 수학 공부는 내 논리력을 단련시키는 두뇌 트레이닝이다.)

➡ ______________________________________

5. 미래의 의미 설계하기 : 이 공부를 통해 얻은 지식과 깨달음이, 앞으로 내가 되고 싶은 모습에 어떤 긍정적인 영향을 줄 것으로 생각하나요?

➡ ______________________________________

8

3단 콤보 : 질문-실행-습관

좋은 질문은 행동의 시동을 걸고 작은 행동은 습관의 길을 내며,
단단한 습관은 의지력이 필요 없는 자동 주행을 가능하게 한다.
학습코칭은 학습자의 의지력을 탓하는 것이 아니라,
이 질문-실행-습관의 3단 콤보를 함께 설계하는 것이다.

운동선수가 경기력을 끌어올리는 과정은 단순한 반복이 아니다. 좋은 루틴을 만들기 위한 과학적 훈련이다. 그 시작은 질문이다. "오늘 어디를 강화할 것인가?", "내 약점은 무엇인가?", "지금, 이 훈련이 경기력 향상에 어떤 의미가 있는가?" 이 질문들은 단순한 호기심이 아니다. 행동을 선택하고, 집중력을 강화하고, 실행력을 지속하게 만드는 시동 버튼이다.

학습도 마찬가지다. 좋은 학습은 좋은 질문에서 시작한다. 좋은 질문은 행동으로 이어진다. 행동은 루틴이 되고 루틴은 습관이 된다. 이 모든 흐름이 바로 학습력을 키우는 3단 콤보 훈련이다.

1단 콤보는 질문으로 시동을 거는 것이다. 학습자의 학습 엔진은 질문을 통해 시동이 걸린다. "왜 이걸 배우지?", "이 개념은 어떻게 쓰이지?", "내가 이걸 이해 못 하는 이유는 뭘까?" 학습코칭은 학습자의 머릿속에 이와 같은 질문을 통해 학습이 출발하도록 돕는다. 학습코치는 학습자의 자기 관찰과 방향 설정을 돕는다. 즉, 학습자의 내면에 질문을 일으킨다. 질문은 학습의 엔진이고 실행은 연료다. 좋은 질문은 학습자의 사고를 흔들고 실행으로 이끄는 동기가 된다. "오늘 공부해서 얻고 싶은 건 뭐야?", "지금 막힌 부분은 뭐라고 생각해?", "한 문제를 풀었을 때 기분은 어땠어?" 이런 질문은 자각을 돕고 학습자가 스스로 학습의 목적과 방향을 설정하도록 만든다. 질문 없는 학습은 목표 없는 운동과 같다. 그저 힘든 반복일 뿐이다. 질문은 정답을 유도하는 것이 아니라, 생각을 할 수 있도록 학습코치가 동행하는 것이다. 질문은 구체적일수록 실행으로 연결된다.

2단 콤보는 실행으로 흐름을 만드는 것이다. 질문만 많고 실행이 없다면 그것은 생각 많은 사람일 뿐이다. 학습코칭에서 중요한 것은 작은 행동의 시작을 만드는 지점을 학습자가 출발할 수 있도록 구체화하는 과정이다. 좋은 질문이 나왔다면 다음은 작은 실행이다. 행동이 빠를수록 루틴은 쉽게 잡힌다. 학습자가 "어디서부터 시작할지 모르겠어요."라며 트랙 위에 멈춰 서 있을 때, 학습코치는 아이의 시야를 '거대한 목표'에서 '발밑의 한 걸음'으로 좁힐 수 있도록 도와야 한다. "완벽하게 끝내는 것 말고, '맛보기'로 문제 딱 두 개만 골라본다면 어떤 게 가장 만만해 보여?", "컵라면 익는 시간(3분) 동안만 집중해 본다면 지금 당장 무엇을 공부하고 싶니?"라고 질문하자. 끝이 보이지 않는 공부의 공포에서 학습자 스스로 '이 정도면 할 수 있어.'라고 선언할 수 있도록 해야 한다.

운동선수도 처음엔 하루 10분 스트레칭에서 시작한다. 공부 습관이 잘 안 된 학습자는 처음엔 오늘은 문제 2개만 풀기에서 출발해도 좋다. 실행은 결심이 아니라 리듬이다. 한 번의 실행은 두 번째 실행을 부르고 그 반복은 자신감을 만든다. 그래서 실행은 습관의 씨앗이다. 작은 실행은 부담

없이 시도할 수 있고 시도는 학습 경험을 하게 한다. 그 경험은 반복을 가능하게 한다. 하지만 주의해야 할 점은 결과보다 시도에 주목하게 하고, 실행이 안 되었을 때, 비난보다 탐색할 수 있도록 해야 한다.

3단 콤보는 습관으로 완성하기다. 결국 학습자는 스스로 반복하는 존재가 되어야 한다. 하루하루 쌓이는 루틴은 결국 자기효능감이 된다. 학습 루틴은 이렇게 구조화될 수 있다. '질문 → 계획 → 실행 → 점검 → 조정 → 반복'.

학습력이란 결국 공부를 매일 하는 사람이 되는 과정과 다르지 않다. '질문–실행–습관'으로 이어지는 3단 루틴이 몸에 배면 더 이상 거창한 의지는 필요하지 않게 된다. "해야지."라는 무거운 결심 대신 "그냥 하니까 한다."라는 자연스러운 실행이 앞서기 때문이다. 이러한 습관의 반복은 학습자의 자기효능감을 비약적으로 높여 준다. 매일 단 한 줄이라도 핵심을 요약하고, 단 한 문제라도 스스로 풀어보는 학생은 결국 "나는 스스로 공부할 수 있는 사람이다."라는 강력한 믿음을 갖게 된다. 그 믿음이 곧 단단한 학습 자존감이 되며 비로소 공부가 타인의 강요가 아닌 온전한 자신의 것이 되는 기적 같은 순간을 맞이하게 되는 것이다.

 **코칭 가이드 : 3단 콤보(질문–실행–습관)를 설계하는 코치의 역할**

첫째, 정답이 아닌 생각을 깨우는 질문을 던지자. 코치의 첫 역할은 학습자의 머릿속에 호기심의 엔진을 켜는 것이다. "오늘 공부가 끝나고 책상을 떠날 때, 네 마음엔 어떤 배움의 조각이 남겨져 있으면 좋겠어?"처럼 학습의 목적을 묻고, "이 문제를 해결하기 위해 네가 가진 공부 도구 중 어떤 것을 꺼내 쓰면 좋을 것 같아?"처럼 자기 관찰을 탐색하며, "공부를 끝냈을 때, 네 내면에서 들려오는 진짜 목소리는 뭐였니?"처럼 감정을 연결하는

질문을 해야 한다. 학습코치는 정답을 알려주는 사람이 아니라 학습자가 스스로 생각하게 만드는 질문의 파트너다.

둘째, 결심이 아닌 리듬을 만드는 실행이 될 수 있도록 하자. 좋은 질문이 나왔다면 학습코치는 그것이 거창한 결심으로 끝나지 않도록 도와야 한다. "좋아, 그 목표를 위해 오늘 해볼 수 있는 건 뭘까?"라고 질문하여 실패할 수 없을 만큼 작은 첫걸음을 내딛게 해야 한다. 실행이 안 되었을 때 비난하는 대신 "이번 시도를 통해 무엇을 알게 됐어?"라고 물으며 탐색의 기회로 만들어 주는 것이 핵심이다.

셋째, 의지가 아닌 시스템으로 완성시킬 수 있도록 하자. 학습코치는 학습자가 의지력에 기대지 않도록 지속 가능한 시스템을 함께 설계해야 한다. 운동선수가 운동일지를 쓰듯 학습자가 자신의 '질문 – 실행 – 점검 – 조정'의 과정을 기록하도록 돕는다. "이 루틴을 계속 지키기 위해 어떤 장치가 필요할까?", "네가 만든 이 시스템에 멋진 이름을 붙여 본다면?"이라고 물으며 습관 만들기를 하나의 재미있는 프로젝트로 만들어 주어야 한다.

학습코치는 학습의 결정적 지점을 만들어 내기 위해 질문–실행–습관으로 이어지는 3단 콤보 루틴의 설계자가 되어야 한다. 운동선수가 매일 훈련 일지를 쓰며 자기 몸을 점검하듯 학습자에게도 학습 일지나 셀프 다이어리는 필수적인 도구다. 이 3단 루틴은 학습자의 의식적인 노력을 무의식적인 자동화로 연결하는 단단한 다리가 된다. 학습이든 운동이든 결국 마지막에 남는 것은 의지가 아니라 습관이다. 질문으로 시작해 실행으로 연결하고 마침내 습관으로 완성하는 과정이 코칭의 핵심이다.

학습의 본질은 머리가 아니라 몸에 있다. 질문은 머리에서 시작되지만, 실행은 반드시 몸을 움직여 구현되어야 하기 때문이다. 의지에만 의존하는 공부는 금방 한계에 부딪히지만 3단 콤보 루틴이 몸에 배면 공부는 비로소 일상이 된다. 학습코치의 역할은 학습자가 자신만의 목표를 설정하고 스스로 루틴을 설계할 수 있도록 끊임없이 질문을 던지는 것이다. 이러한 작은 성공의 반복이야말로 무너진 학습자의 자존감을 회복시키는 유일한 길이다.

이때 학습코치가 반드시 멈추어야 할 행동들이 있다. 계획을 대신 세워주거나 실패를 즉각 바로잡아 주고, 해답을 미리 알려주는 일이다. 과도한 피드백으로 학습자에게 심리적 부담을 주는 것 역시 경계해야 한다. 대신 질문으로 방향을 잡고 학습자의 감정과 생각을 경청하며, 실행 가능성을 함께 점검해야 한다. 학습자가 반복할 수 있는 구조를 스스로 세팅할 수 있도록 질문으로 조력하는 것이 코칭의 본질이다.

좋은 학습은 질문으로 시작해 행동으로 연결되고 습관으로 완성된다. 학습코치는 단순히 답을 주는 사람이 아니라 습관의 구조를 함께 만드는 사람이다. 학습자의 루틴을 함께 설계하고, 작게 실행하게 도우며, 그 반복의 과정을 진심으로 격려해야 한다. 질문—실행—습관으로 이어지는 3단 콤보 훈련이야말로 학습자의 자기 주도성과 평생 학습력을 동시에 길러주는 가장 강력한 실천 철학이다. 결국 학습은 고된 노동이 아니라 즐거운 훈련이다. 매일 질문하고 실행하고 습관화하는 이 과정이 학습자를 당당한 평생 학습자로 만든다.

---

1. 1단계, 나만의 시동 질문 만들기 : 오늘 공부를 통해 자신이 얻고 싶은 단 한 가지는 무엇인가요? (이 질문이 당신의 엔진을 켭니다.)

➡ ____

2. 2단계, 실패 불가능한 첫 행동 설계하기 : 그 질문에 대한 답을 얻기 위해 지금 당장 할 수 있는 가장 작고 구체적인 행동은 무엇인가요? (예 : 교과서 한 페이지 소리 내어 읽기, 단어 3개 노트에 적기)

➡ ____

3. 3단계, 자동 실행 스위치 만들기 : 그 행동을 언제, 어디서, 무엇 직후에 할 것인지 구체적으로 약속하여, 습관 스위치를 켜보세요. (예 : 저녁 먹고 양치한 직후, 내 방 책상에서)

➡ ____

4. 루틴에 이름 붙여주기 : 내가 만든 이 '질문 – 실행–습관' 시스템에 멋진 이름을 붙여준다면 무엇일까요? (예 : 매일 성장 5분 챌린지, 지식 탐험가의 첫걸음)

➡ ____

5. 기대 효과 예측하기 : 이 3단 콤보 루틴이 성공적으로 작동했을 때 일주일 뒤 자기 모습은 무엇이 달라져 있을까요?

➡ ____

9

공부는 WHY에서 시작된다

최고의 동기부여는 무엇을 할지 어떻게 할지의 문제가 아니라

나는 어떤 사람으로 살고 싶은지 존재의 중심에서 시작된다.

학습코칭은 학습 계획을 관리하는 일이 아니라,

학습자가 자신의 삶을 관통하는 WHY를 발견하도록 돕는 동반자이다.

"왜 공부를 해야 하는가?"라는 질문은 학습자들이 던지는 가장 간절한 조난 신호이자 어른들이 가장 쉽게 지나쳐 버리는 물음이다. 성적을 올리기 위해서나 좋은 대학에 가기 위해서라는 대답은 논리적으로는 맞아 보일지 몰라도 아이의 삶 깊숙한 곳까지 닿지는 못한다. 그렇게 시작한 공부는 결국 해야 하는 일로 남고 남이 시킨 과제가 된다. 스스로 선택하지 않은 공부는 흥미를 잃게 만들고 흥미를 잃은 공부는 아이의 자존감을 서서히 갉아먹는다.

우리는 흔히 아이를 움직이기 위해 거래를 시도한다. 성적이 오르면 원하는 물건을 사주겠다거나 이번 시험만 잘 보면 자유 시간을 주겠다는 식의 외적 보상은 당장 눈앞의 변화를 만들어 내는 것처럼 보인다. 하지만 보상을 매개로 한 거래와 밀당은 보상이 사라지거나 더 큰 대가가 주어지지 않는 순간 신기루처럼 무너지고 만다. 지속 가능한 학습은 외부의 유혹이 아니라 내면의 열망에서 비롯된다. 무엇을 어떻게 공부하는지에만 매몰되어 '왜'라는 본질을 잃어버린 전략은 결코 오래갈 수 없다. 거래와 협박은 더 큰 비용을 요구할 뿐 아이의 자발적인 자립을 방해하게 된다. 지속 가능한 학습은 외부 조건이 아니라 '나는 어떤 사람으로 살고 싶지?'라는 질문에서 나온다. 무엇을 어떻게 공부할지는 WHY가 분명해진 이후의 문제다.

진정한 배움의 에너지는 사이먼 사이넥이 제안한 행동 동기 모델인 골든 서클(Golden Circle)의 가장 안쪽, 즉 왜(Why)라는 지점에서 시작된다. 골든 서클은 무엇을(What), 어떻게(How) 보다 중심에 있는 왜(Why)에서 시작할 때 인간이 가장 강력하게 움직인다는 원리를 보여준다. 여기서 "왜"는 공부의 목적이자 대의이며 자신을 정의하는 신념을 의미한다. "나는 왜 오늘 책상 앞에 앉는가, 이 배움이 나의 삶을 어떻게 완성해 가는가?"라는 질문에 스스로 답할 수 있을 때 인간은 비로소 주체적으로 움직이기 시작한다. 소비자가 제품의 기능이 아닌 브랜드의 철학에 마음을 열듯 공부 또한 단순한 지식의 나열이 아닌 신념이 담길 때 몰입의 깊이가 달라진다.

"왜 공부해야 해요?"라는 아이의 질문은 투정이 아니다. 그것은 자기 삶과 배움이 아직 연결되지 않았다는 신호다. 시험과 성적, 어른의 기대에 밀려 공부하는 아이들은 결국 방향을 잃는다. 그래서 학습코칭은 질문의 방향을 바꾼다. 외부 기준에서 내부 기준으로 타인의 기대에서 자기 신념으로 이동시킨다. 이 공부를 통해 어떤 사람이 되고 싶은지, 이 배움이 누구에게 어떤 영향을 주고 싶은지, 나의 삶에서 공부는 어떤 위치에 놓이고 싶은지 묻는 이유가 여기에 있다.

학습자가 자신의 WHY를 발견하는 순간 공부는 더 이상 압박이 아니라 선택이 된다. 무엇을 얼마나 했는지가 아니라 왜 이 길을 선택했는지가 중심이 된다. 자신의 이유를 가진 학습자는 쉽게 무너지지 않는다. 성과가 흔들려도 방향은 흔들리지 않기 때문이다. 그들에게 공부는 점수를 얻기 위한 수단이 아니라 '나'라는 존재를 성장시키는 과정이 된다.

학습코칭은 그래서 계획표를 먼저 묻지 않는다. 대신 존재를 묻는다. 이 공부가 네 삶에서 어떤 의미를 갖기를 바라는지, 이 배움이 네가 중요하게 여기는 가치와 어떻게 연결되는지 질문한다. 공부의 내용은 시간이 지나면 바뀔 수 있지만 WHY는 삶의 여러 선택을 관통하며 반복해서 작동한다. 한 번 발견된 WHY는 과목이 바뀌고 환경이 달라져도 학습자를 다시 중심으로 돌아오게 만든다.

 ### 코칭 가이드 : WHY를 깨우는 3가지 코칭 전략

첫째, 대화의 방향을 안에서 밖으로(Inside-Out) 전환하자. 대부분의 대화는 오늘 무슨 공부를 했느냐는 질문으로 시작되는 법이다. 하지만 학습코치는 의식적으로 이 흐름을 거슬러 올라가야 한다. 공부를 통해 이루고 싶은 가장 소중한 가치가 무엇인지, 즉 아이의 왜(Why)를 먼저 물어야 한다. 자신의 신념과 존재 이유를 충분히 이야기하게 한 뒤 그 목적을 위해 오늘 우리가 무엇을 해볼 수 있을지 연결하는 방식이다. 존재 이유가 선명해지면 무엇을 어떻게 할지는 자연스럽게 뒤따라오기 마련이다.

둘째, 단기적인 거래가 아닌 숭고한 영감으로 동기를 부여하자. 성적이 오르면 보상을 주겠다는 약속은 일시적인 효과만 거두는 거래에 불과하다. 진정한 코칭은 거래가 아닌 영감을 주어야 한다. 아이가 자신의 왜를 내뱉었다면 그 신념을 더 큰 세상의 가치나 숭고한 목적과 연결해 주어야 한다. "네가 가진 그 마음은 세상을 더 이롭게 만들려 했던 누군가의 열정과 닮아 있구나."라는 연결은 아이의 내면적 이유에 자부심과 무게감을 더해주는 강력한 동력이 된다.

셋째, 학습 관리자가 아닌 의미 탐색의 파트너가 되어 주자. 코치의 역할은 계획의 이행 여부를 감시하고 점검하는 데 있지 않다. 학습자가 자신의 사소한 행동 하나에서도 깊은 의미를 찾도록 돕는 파트너가 되어야 한다. 작은 실천을 마친 아이에게 단순히 계획대로 했다는 사실을 확인하기보다 이 작은 행동이 처음에 말했던 학습자의 멋진 '왜'에 어떻게 이바지했는지 질문해야 한다. 이러한 대화는 모든 실천을 자신의 존재 이유와 연결 짓는 습관을 만들고 공부를 가장 나다운 행동으로 인식하게 만든다.

억지로 해왔던 공부가 내가 좋아하는 일과 연결된다고 느끼는 순간 더 깊이 몰입하게 되었다는 학생의 고백은 이를 잘 보여준다. 학습코칭은 바로 이 지점을 함께 발견하는 여정이다. 목표를 설정하는 데서 멈추지 않고 그 목표 뒤에 있는 삶의 방향을 묻는 과정이다. 단기적인 성취보다 장기적인 성장에 집중해야 하는 이유도 여기에 있다.

공부는 특정 학년이나 시험으로 끝나는 프로젝트가 아니다. 변화가 빠른 시대에 배움은 일시적인 기술이 아니라 평생 이어지는 태도다. 이제 사회는 시키는 일을 잘하는 사람보다 스스로 배우는 이유를 아는 사람을 요구한다. 공부를 삶의 중심 가치와 연결한 학습자는 환경이 바뀌어도 배움을 멈추지 않는다. 그래서 학습코칭은 공부 방법보다 공부를 대하는 관점과 태도를 먼저 다룬다.

많은 학생과 부모는 무엇을 공부하는지, 어디서 공부하는지에 집중한다. 그러나 진짜 중요한 질문은 "왜 이 공부를 선택했는가?"다. 학습코칭은 성적을 올리는 기술이 아니라, 이유를 세우는 대화다. 학습코치는 성적표보다 먼저 학습자의 WHY를 묻는다. 공부를 통해 어떤 사람이 되고 싶은지 어떤 삶을 살고 싶은지 묻는 것은 스스로 학습을 삶의 축으로 세우게 한다.

스스로 발견한 WHY에서 시작된 배움은 외부 보상이 없어도 지속된다. 코칭은 성적표에는 드러나지 않지만, 아이의 내면에서 조용히 작동하는 이 힘을 키우는 일이다. 적절한 질문은 학습의 주도권을 아이에게 되돌려주고 공부를 가장 나다운 선택으로 인식하게 만든다.

학습코칭의 최종 목표는 점수의 향상이 아니다. 공부를 통해 자신의 삶을 설계하고 세상에 이바지하는 존재로 성장하도록 돕는 것이다. 이때 중심이 되는 WHY는 가장 강력한 나침반이 된다. 교사와 부모는 학습 관리자가 아니라 아이가 자신의 WHY를 잃지 않도록 곁에서 방향을 확인해 주는 동행자가 되어야 한다.

이제 질문은 이것이다. 당신은 왜 공부하는가. 무엇을 배우고 어떤 길을 가든 당신만의 이유는 분명 존재한다. 그 이유는 흔들릴 때마다 다시 중심으로 돌아오게 만드는 힘이다. 지금, 이 순간, 나만의 WHY를 다시 묻는 것이 성장의 출발점이다. 내가 왜 이 길을 걷고 있는지 아는 사람은 길을 잃지 않는다.

공부 PT 퀘스트 : 골든 서클 완성하기

1. WHY(나는 왜 공부하는가?) : 점수와 대학이라는 울타리를 넘어 당신의 존재가 세상에 기여하고 싶은 고귀한 목적이자 삶의 근원적인 동기인 'WHY'를 가슴 깊은 곳에서 찾아보세요.

➡ ____

2. HOW(나는 어떻게 공부하는가?) : 그 목적을 현실로 꽃피우기 위해 배움을 대하는 나만의 특별한 태도와 구체적인 행동 철학인 'HOW'를 당신만의 흔들리지 않는 원칙으로 설계해 보세요.

➡ ____

3. WHAT(나는 무엇을 공부하는가?) : WHY를 실현하고 HOW를 실천하기 위해, 현재 내가 하고 있는 구체적인 공부는 무엇인가요? (예 : 사람의 마음을 이해하기 위해 심리학과 문학 작품을 읽고 있다.)

➡ ____

4. 골든 서클 선언하기 : 위 내용을 바탕으로, 자신의 골든 서클을 '나는 [WHY]를 위해, [HOW]의 방식으로, [WHAT]을 공부합니다.'의 형태로 완성하고 선언해 보세요.

➡ ____

5. 선언 후의 느낌 : 자신만의 골든 서클을 완성하고 나니 지금 어떤 기분이나 생각이 드나요?

➡ ____

10

공부 기여 설계도 만들기

"내가 배우는 이것이 누군가에게 도움이 될 수 있을까?" 이 질문이 던져 지는 순간 공부는 외로운 섬에서 벗어나 세상과 연결되기 시작한다. 학습 자들이 던지는 "왜 공부를 해야 하는가?"라는 질문은 단순히 공부가 하기 싫어서 내뱉는 푸념이 아니다. 그 안에는 매일의 배움이 자기 삶 그리고 타 인의 삶과 이어지지 못하는 데서 오는 깊은 단절감이 담겨 있다. 이 질문은 혼란스러운 마음의 표현인 동시에 자신의 공부가 어떤 가치를 지니는지 묻 는 가장 진지한 물음이다. 이 물음에 스스로 답을 내리지 못한 채 시작한 공부는 목적지 없이 헤매는 여행과 다르지 않다.

점수를 올리기 위해서 혹은 어른이 시키니까 하는 공부는 결코 오래가지 못한다. 외부의 압박에 의한 배움은 금세 동력을 잃고 마음의 엔진이 꺼진 채 억지로 달리는 자동차처럼 우리를 지치게 한다. 반면 스스로 몰입하게 되는 진짜 공부는 왜 해야 하는가에 대한 자기만의 답을 찾는 순간 비로소 시작된다. 학습코칭은 학습자의 시선을 점수가 아닌 자기 삶의 방향으로 옮기게 함으로써 공부와 삶을 연결하는 통로를 열어준다. 이는 단순히 대학이나 직장이라는 현실적 요소를 넘어, 공부가 세상에 이바지할 힘을 키우는 일이라는 새로운 시각을 제시하는 과정이다.

공부는 나만을 위한 무기가 아니라 누군가에게 설명해 주고 함께 나누며 도움을 주려는 도구다. 인지심리학자 김경일 교수는 대한민국 상위 0.1% 학습자들의 공통점으로 이타성을 꼽는다. 그들은 자신이 공부한 내용을 스스로 강의하듯 설명하며 배운다. 상위권 학습자들의 방 한쪽에 칠판이 붙어 있는 이유는 남에게 설명하는 순간에 진짜 배움이 일어난다고 믿기 때문이다. 이러한 이타성과 기여감은 지식을 머릿속에 집어넣는 입력 중심의 공부에서 밖으로 꺼내는 출력 기반 학습으로의 전환을 이끈다.

나만을 위한 공부에서 우리를 위한 공부로 시선을 옮기는 순간 학습의 본질적인 방향이 바뀐다. 입력만으로는 학습이 완성되지 않으며 스스로 내용을 구성해 밖으로 내뱉는 출력이 있어야 진짜 내 것이 된다. 그리고 가장 효과적인 출력 방식은 바로 누군가를 돕는 마음으로 설명하는 일이다. 내 공부가 누군가에게 도움이 될 수 있다는 믿음은 학습자에게 강력한 생명력을 불어넣는다. 그 순간 동기는 살아나고 공부는 나를 넘어 세상과 연결되는 숭고한 행위로 거듭난다.

공부의 판을 바꾸는 것은 더 다양한 지식을 채우는 기술이 아니라 내가 배운 것으로 무엇을 할 것인가를 고민하는 태도에 있다. 타인에게 이바지하고자 하는 마음은 학습의 깊이를 더하고 지속하게 만드는 가장 강력한 연료가 된다. 학습코칭은 학생이 지식의 소비자에 머물지 않고 배운 것을 나누는 창조자로 성장하도록 돕는 여정이다. 배움이 나눔이 되고 나눔이 다시 성장의 동력이 되는 선순환이야말로 우리가 아이에게 전해주어야 할 진짜 공부의 의미다.

 **코칭 가이드 : 이바지하는 공부를 끌어내는 3가지 질문 전략**

첫째, 지식의 목적지를 상상하게 하는 질문을 하자. 학습코치는 학습자가 배우는 지식의 쓸모와 그 지식이 도달할 종착지를 구체적으로 그려보게 도와야 한다. 수학 공식 하나를 외우는 것에만 갇혀 있던 시선을 이 원리를 이해했을 때 미래에 어떤 현실적인 문제를 해결할 수 있을지 더 넓은 세상으로 이끌어 주는 식이다. 지식의 목적지를 스스로 상상하는 순간 공부는 점수를 얻기 위한 단순한 노동이 아니라 자신의 미래를 위한 정교한 준비 과정으로 탈바꿈한다.

둘째, 배움의 수혜자를 구체적으로 떠올리게 하자. 공부를 나만을 위한 고립된 투쟁으로 인식하면 동기는 금세 고갈되기 마련이다. 학습코치는 오늘 배운 내용을 동생에게 설명해 주거나, 이 지식이 꼭 필요한 친구를 돕는 장면을 상상하게 해야 한다. 나의 배움이 누군가에게 실질적인 도움이 될 수 있다는 기여감은 인간이 느낄 수 있는 가장 강력하고 숭고한 내적 동기 중 하나다. 나를 위한 공부가 우리를 위한 힘으로 확장될 때 학생은 지치지 않는 학습의 에너지를 얻는다.

셋째, 얼마나 담았느냐는 입력이 아닌 무엇을 내뱉었느냐는 출력을 중심으로 대화하자. 학습코치는 학생의 지식을 검열하는 감시자가 아니라, 학생의 배움이 세상으로 나오는 첫 길목을 지켜주는 가장 든든한 청중과 같다. 오늘 얼마나 많은 시간을 공부했는지 묻는 평범한 질문에서 벗어나야 한다. 대신 오늘 배운 내용 중 가장 핵심적인 부분을 3분만 설명해 볼 수 있도록 말의 장을 마련해 주어야 한다. 누군가에게 설명하는 찰나에 비로소 지식이 자신의 것이 되고 진짜 배움이 완성된다는 사실을 학습자가 몸소 경험하게 하는 것이 핵심이다. 이때 학습코치는 학생의 지식을 평가하는 심사관이 아니라, 아이가 세상에 내놓는 첫 번째 설명을 진심으로 들어주고 그 가치를 인정해 주는 역할을 수행해야 한다.

학습코칭은 출력 중심의 학습이라는 철학을 그 중심에 둔다. 학생이 왜 공부해야 하는지를 스스로 찾고, 그 이유가 자기 삶과 유기적으로 연결되도록 돕는 핵심 도구는 바로 질문이다. 이 공부를 어디에 쓰고 싶은지, 그 배움이 누구에게 도움이 될 수 있을지, 오늘 배운 내용을 설명해 줄 수 있는 사람이 주변에 누가 있는지 묻는 과정은 학습자의 동기를 성적 중심에서 기여 중심으로 이동시킨다. 지식이 나를 넘어 타인을 위해 사용될 수 있다는 가능성을 발견하는 순간, 공부는 단순한 노동을 넘어 의미 있는 활동으로 전환된다.

공부는 기여라는 말은 단순한 구호가 아니다. 공부의 이유를 개인의 성취에서 타인과 사회로 확장하는 근본적인 인식의 전환이다. 이는 단순한 기술이나 루틴을 넘어 학습의 본질적인 동기를 자극하는 강력한 코칭 접근이다. 많은 교사와 학습코치가 '왜 공부해야 하는가?'라는 질문 앞에서 당황하곤 하지만, 이 물음을 회피하지 않고 정면으로 마주하는 것이 코칭의 시작이다. 학습자가 그 답을 찾아가는 과정에서 배움은 삶과 연결되고 나아가 누군가에게 도움이 되는 일이라는 확신을 얻게 된다. 그때 학습자는 내면의 동기를 회복하고 공부의 의미를 새롭게 정의한다.

전통적인 교육은 많이 듣고 외우는 입력에만 집중해 왔다. 하지만 학습코칭은 밖으로 내뱉는 출력을 중심에 둔다. 이 지식을 누구에게 설명하고 어떻게 나눌 수 있을지 고민하는 질문은 학습자를 외적 동기에서 내적 동기로 이동시키는 통로가 된다. 이러한 질문은 학습자 안에 '지금 나는 나의 가치를 만들어 가고 있다.'는 귀한 확신을 심어준다. 학습코치는 학습자의 공부를 결과나 점수로만 판단하지 말고, 그 안에 담긴 성장의 가능성과 의미의 흔적을 세밀하게 읽어주어야 한다.

이번 시험에서 몇 점을 받고 싶은지 묻기보다 공부하면서 내면의 어떤 변화가 있었는지 물어야 한다. 왜 공부하느냐는 추궁 대신 너의 공부가 누구에게 어떤 도움이 되었으면 좋겠느냐고 묻는 것이 코칭의 언어다. 학습코칭은 결코 성과를 압박하는 기술이 아니다. 공부하는 학생의 여정을 진심으로 응원하며 그 여정이 삶과 연결되어 있다는 믿음을 나누는 따뜻한 관계의 기술이다. 학습자 스스로 나의 공부는 의미 있다고 느끼는 순간 멈춰있던 배움은 다시 살아 움직이기 시작한다.

우리가 바꾸고자 하는 것은 결국 공부의 의미다. 공부는 점수가 아니라 삶을 위한 것이고 입시가 아니라 연결이며 경쟁이 아니라 기여여야 한다. 학습자가 공부해서 도와주고 싶은 사람이 있는지, 지금 배우는 지식이 누구에게 힘이 될 수 있는지 묻는 것 하나가 학습자의 공부 방향을 완전히 바꾸게 된다. 공부는 결국 배워서 남 주는 것이라는 본질을 깨닫는 순간, 배움은 나를 넘어 누군가와 연결되는 숭고한 사건이 된다. 바로 그 지점에서 진짜 공부가 시작된다.

💡 공부 PT 퀘스트 : 공부 기여도 설계하기

1. 작은 기여 경험 : 최근 내가 아는 것을 나누거나 설명해 주어서 누군가에게 도움이 되었던 작은 경험이 있다면 떠올려 보세요. (예 : 친구에게 문제 푸는 법을 알려주었다, 동생의 질문에 답해주었다.)

➡ ____

2. 기여의 감정 돌아보기 : 그때 어떤 기분이나 감정이 들었나요? 그 경험이 나에게 어떤 의미로 남았나요? (예 : 뿌듯했다, 내가 꽤 잘 알고 있다는 자신감이 생겼다.)

➡ ____

3. 오늘의 설명 대상 찾기 : 지금 배우고 있는 내용 중에서, 딱 한 가지만 골라 누군가에게 설명해 준다면 누구에게, 무엇을 설명해 주고 싶나요?

➡ ____

4. 기여 시나리오 상상하기 : 그 사람이 당신의 설명을 듣고 어떤 반응을 보일 것 같나요? 당신에게 어떤 말을 해줄까요? (예 : 덕분에 이해가 잘 됐어, 고마워!, 오, 너 그런 것도 알아? 대단하다!)

➡ ____

5. 미래의 기여 다짐하기 : 이 공부를 꾸준히 해서, 미래에 어떤 방식으로 세상이나 다른 사람들에게 이바지하고 싶은지 자유롭게 상상하고 적어보세요.

➡ ____

집중은 기술이 아니라 상태였다

그 학생은 집중하는 방법을 잘 알고 있었다. 타이머를 맞추고, 책상 위를 정리하고, 휴대폰을 보이지 않는 곳에 두는 일까지 빠짐없이 해냈다. 우리가 흔히 말하는 집중을 잘하는 학생의 조건을 거의 다 갖추고 있었다. 그래서 오히려 더 혼란스러웠다. 이렇게까지 준비했는데도 집중하지 못하는 이유를 쉽게 설명할 수 없었다.

늘 하던 질문을 던졌다. "집중이 안 될 때 머릿속은 어때? 그 머릿속을 고성능 CCTV로 생중계한다면, 지금 화면에는 어떤 장면들이 지나가고 있니?" 학생은 잠시 생각하더니 이렇게 말했다. "시끄러워요. 여러 생각이 동시에 떠올라요." 그 말은 공부 방법을 몰라서 생긴 문제라기보다 마음이 정리되지 않은 상태를 그대로 보여주는 표현처럼 들렸다.

학생의 하루를 천천히 따라가 보았다. 집중이 유독 잘되지 않았던 날에는 늘 비슷한 장면이 숨어 있었다. 누군가와 비교를 당했거나, 기대했던 만큼 결과가 나오지 않았거나, 잘해보려 애쓰다가 실수했던 날들이었다. 그런 날의 공부는 시작하기도 전부터 이미 무거웠다. 책을 펼치기도 전에 몸이 먼저 굳고 문제를 읽기도 전에 마음이 조급해졌기 때문이다. 집중은 의지만으로 끌어올 수 있는 대상이 아니었다. 오히려 무거운 감정들에 자리를 내어준 채 자연스럽게 뒷전으로 물러나 있는 상태에 가까웠다.

우리는 흔히 집중을 켜는 것이라고 말하며, 마치 버튼만 누르면 즉각 작동되는 기능처럼 대하곤 한다. 하지만 그 학생에게 집중은 버튼이 아니었다. 숨이 조금 느려지고 마음이 가라앉고 몸이 준비되었을 때 비로소 찾아오는 고요한 손님과 같았다.

그래서 학생에게 더 많은 문제를 풀자고 다그치지 않았다. 대신 공부를 시작하기 전에 지금의 상태를 말로 먼저 표현해 보자고 제안했다. 오늘은 몸이 어떤지, 마음은 어디쯤 와 있는지, 조급한지 여유로운지 그저 있는 그대로의 상태를 명명하게 한 것이다.

처음에는 학생도 자신의 마음을 들여다보는 일을 어색해했다. 하지만 반복되는 코칭 속에서 아이는 점차 몸과 마음이 보내는 미세한 신호들을 알아차리기 시작했다. 긴장하면 어깨부터 딱딱하게 굳는다는 것, 마음이 급해지면 문제를 서둘러 넘기려 한다는 것, 누군가와 비교당한 날에는 아예 시작할 엄두조차 나지 않는다는 것. 이러한 신호들을 스스로 인지하자 억지로 끌어올리려 애써도 잘 안 되던 집중력이 신기하게도 조금씩 돌아왔다. 비록 그 시간이 길지는 않았지만 괜찮았다. 단 몇 분이라도 공부라는 필드 위에 온전히 머무는 감각을 익힌 것, 그 짧은 성공의 기억만으로도 아이에게는 충분한 도약의 발판이 되었다.

락커룸에서 우리는 자신에게 다시 질문했다. 학생들에게 집중하는 방법을 너무 빨리 안내하고 있지는 않았을까. 집중하기 전에 필요한 준비를 묻기보다 이미 준비된 사람처럼 결과부터 요구하고 있지는 않았을까.

이제 우리는 안다. 집중은 훈련해야 할 기술이기 전에 머무를 수 있는 상태인 것을. 몸과 마음이 준비되지 않은 상태에서 몰입은 오래가지 않는다. 먼저 자리를 만들고 그 위에 기술을 올려야 한다. 이제 본 운동으로 들어간다.

다음 Step 3에서는 잘못된 루틴을 의심하고 시간을 재정비하고 의식적인 연습과 몰입의 순간을 설계하며 뇌와 사고의 구조까지 다루게 될 것이다. 하지만 이 모든 훈련은 한 가지 전제 위에서만 가능하다. 집중할 준비가 된 상태, 공부가 잠시라도 머물 수 있는 자리가 마련되었을 때 비로소 기술은 폭력이 아니라 힘이 된다.

이제, 공부 몰입이라는 본 운동을 시작할 시간이다.

본 운동 존 : 공부 몰입

1

학습된 근면성 : 매일 PR을 경신하는 힘

학습코칭은 의지의 채찍질이 아니라,

노력의 즐거움을 경험하게 하는 작은 성취의 설계다.

성장은 시험지가 아닌, 포기하고 싶은 순간 넘긴 한 페이지에 있다.

우리는 결과보다 과정 속 작은 승리(PR)를 찾아내는 성장의 탐정이다.

운동을 해본 사람은 안다. 헬스장에서 5kg 덤벨을 열 번 드는 것보다, 오늘도 운동장에 가겠다는 마음을 지키는 것이 훨씬 더 어렵다는 사실을 말이다. 처음에는 체력보다 마음이 먼저 지친다. 근력은 단순히 근육의 힘만으로 만들어지지 않는다. 습관처럼 반복된 작은 의지의 실행이 쌓여 어느 날 놀랍게도 버티는 힘으로 변한다. 공부의 마음 근력도 이와 같다. 처음부터 단단한 마음을 가진 사람은 없다. 다만 포기하지 않고 끈기 있게 반복하며 어제의 나를 넘어서는 경험을 한 사람이 있을 뿐이다.

노력 자체가 보상되는 뇌의 비밀 긍정심리학의 마틴 셀리그먼이 반복된 실패로 인한 학습된 무기력을 경고했다면, 심리학자 로버트 아이젠버거(Robert Eisenberger)는 그 반대의 가능성, 바로 '학습된 근면성(Learned

Industry)'에 주목했다. 그는 쥐 실험과 아동 실험을 통해 힘든 노력 끝에 보상을 경험한 개체는 이후 다른 어려운 과제를 마주했을 때도 쉽게 포기하지 않고 더 높은 열의를 보인다는 사실을 증명했다(1992). 이는 '열심히 했더니 해냈다.'라는 성취감이 뇌에 각인되면, 뇌는 노력하는 행동 자체를 긍정적으로 인식하고 그 습관을 유지하려 한다는 이론이다. 즉, 근면함은 타고난 성격이 아니라 작은 성공의 반복을 통해 학습된 태도인 것이다. 이 태도가 형성되면 사람들은 통제 불가능한 상황에서도 일단 해보자는 자기조절 능력을 발휘하게 되는 것이다.

학습된 근면성이 꾸준히 하는 힘이라면, 그 힘을 바탕으로 도달해야 할 곳은 바로 PR(Personal Record) 경신이다. 헬스장에서 지난주보다 1kg 더 무거운 덤벨을 들어 올릴 때 느끼는 짜릿한 쾌감처럼 공부에서도 매일 자신의 기록을 깨 나가는 과정이 필요하다. "어제보다 단어 3개를 더 외웠어.", "지난번엔 틀렸던 유형을 오늘은 스스로 풀어냈어." 이런 작은 진전들이 바로 공부의 PR이다. 성장은 거창한 시험 점수나 결과물에서 오는 것이 아니다. 매일의 미세한 도전, 반복되는 실패 속에서도 포기하지 않고 다시 시도하는 그 작은 움직임에서 온다. 성장은 어제의 나보다 0.1%라도 더 나아지려는 태도에서 온다. 헬스장에서 근육이 찢어지고 회복하며 단단해지듯 공부 근육 역시 '아, 모르겠다.' 싶은 순간을 견디고, 한 문제 더 풀어내려는 그 끈질긴 몰입의 순간에 성장한다. 어제의 나를 넘어서는 성장의 증거, 이것이 매일의 PR 경신이다.

결국 공부 몰입은 학습된 근면성이라는 기초체력 위에 매일의 PR 경신이라는 기술을 얹는 과정이다. 스스로 사소한 시작부터 끝까지 완주해 본 경험(근면성)은 "나는 할 수 있다."라는 자기효능감을 만든다. 그리고 이 믿음을 바탕으로 자신의 한계를 조금씩 밀어붙일 때(PR 경신) 학습자는 비로소 몰입의 기쁨을 맛보게 된다. 위대한 학습코치는 결과를 칭찬하는 사람이 아니다. 학습자가 포기하고 싶은 순간 넘긴 책의 한 페이지, 끝까지 붙들고 늘어진 수학 문제 하나를 발견해 주는 성장 탐정이다. "너는 성장하고 있어. 어제의 너보다 조금 더 강해졌어."라는 이 메시지가 학습자의 뇌를 춤추게 하고, 공부를 고된 노동이 아닌 즐거운 훈련으로 변화시킨다. 근면성이라는 시작이 성장의 과정을 통해 몰입의 선순환을 만드는 것이다.

 **코칭 가이드 : 성장 감각을 깨우는 3가지 코칭 전략**

첫째, 성공 경험을 최소 단위로 설계하여 오늘의 PR을 정의하자. 학습된 근면성은 노력−성취의 연결 고리에서 시작된다. 학습코치는 학습자가 실패할 수 없을 만큼 작은 단위의 성공을 설계해야 한다. 막연히 "열심히 해."가 아니라 "오늘 네가 스스로 성장했다고 느낄 수 있는 가장 작은 행동은 무엇일까?", "어제의 나와 비교했을 때 조금만 더 해볼 수 있는 한 가지는 무엇일까?"처럼 측정할 수 있으면서도 선택권이 학습자에게 있는 질문으로 오늘의 PR을 정의하도록 돕자. 이 작고 확실한 성공이 쌓여야 뇌는 노력을 즐거움으로 착각하기 시작한다.

둘째, 결과가 아닌 노력의 과정을 발견하고 증폭시켜 주자. 학습자는 자신의 미세한 성장을 스스로 보지 못할 때가 많다. 이때 코치는 학습자가 기울인 노력의 과정을 구체적으로 포착해 주어야 한다. "지난주엔 바로 포기했던 문제인데 오늘은 식을 세워봤네! 이건 엄청난 발전이야."라고 말해주자. 결과 점수보다 포기하지 않고 시도한 태도 자체를 인정해 줄 때, 학습자는 결과에 대한 두려움을 내려놓고 과정 자체에 몰입하게 된다.

셋째, 실패를 성장의 데이터로 재해석하여 정체성을 찾게 하자. 학습자가 "이거밖에 못 했어요."라고 말할 때가 코칭의 결정적 순간이다. 이때 "아니야, 이만큼이나 해낸 거지. 오늘의 경험으로 내일은 뭘 다르게 해볼 수 있을까?”라고 질문을 던져, 성장형 마인드셋으로 재해석하게 해보자. 나아가 이러한 꾸준함을 학습자의 정체성으로 연결하자. “너는 매일 자신의 기록을 경신하는 사람이야.”라는 코치의 선언은 학습자로 하여금 스스로 성장하는 존재로 인식하게 만드는 가장 강력한 주문이 된다.

　학습된 근면성을 강화하기 위해서는 학습자가 스스로 자신의 정체성을 자각하도록 도와야 한다. 여기서 중요한 건 자신을 바라보는 태도, 마음가짐이다. 학습코치는 다음과 같은 질문으로 학습자가 스스로 생각해 볼 수 있는 공간을 만들어 주어야 한다. 나는 성장하는 존재인가? 나는 매일의 작은 기록 경신을 바라보며 미소 지을 줄 아는 사람인가? 나아가 자신의 가치나 꿈, 신념과 연결해야 한다. 내가 왜 이 선택을 했고 약속을 지키고 있는지, 이 모습을 누군가 본다면 어떤 영향을 받을지 고민하게 함으로써 근면한 행동을 내면의 철학으로 확장하게 된다.

　학습된 근면성은 단순히 열심히 하는 성격을 넘어 자기조절 능력과 회복 탄력성, 자기효능감의 집합체다. 타고난 성격이 아니라 노력에 대한 보상을 경험할 때 형성되는 태도다. 진짜 근면한 학습자는 작은 시작을 가볍게 실행하는 민감성과 실패를 끝이 아닌 성장의 과정으로 전환하는 탄력성, 스스로 의미를 부여하는 내면화 기술을 갖추고 있다. 이는 단순한 습관을 넘어선 학습된 자기 신뢰다. 이 신뢰가 쌓일 때 평범한 목표는 비범한 결과로 이어진다. 즉, 근면성은 개인의 의지력에만 기댄 결과가 아니라 성취를 맛볼 수 있는 정교한 환경 설계의 산물이다.

　고등학교 1학년 내내 너무 놀았다며 2학년 때는 정말 열심히 공부하고 싶다고 찾아온 친구가 있었다. 겨울방학 동안 집중할 과목을 국어로 결정하고 매일 어떻게 할지 스스로 공부 계획을 세웠다. 이 과정에서 내가 개입한 건 목표를 구체화하는 개념과 방법이었다. 국어 공부에 집중하기 위해 공부를 시작하기 전에 동네 한 바퀴를 뛰겠다는 행동 신호를 정했고, 매일 지문 한 개씩을 더 풀어보겠다고 자신과 약속했다. 또한 매일의 결과를 나에게 인증하고 싶다고 말했다. 매일 성실히 자신과의 약속을 지켜온 이 친구는 일주일 후 진행된 코칭에서, 지문을 읽는 속도가 눈에 띄게 빨라졌다는 자신의 큰 PR을 상기된 목소리로 전했다. 이는 예상하지 못했던 성장의 지점이었고, 이 친구에게는 소중한 성공 경험으로 남았다. 더 나아가 앞으로의 진로에서도 든든한 뿌리가 될 경험으로 작동하리라는 믿음이 생겼다. 이 친구의 PR은 거창하지 않았다. 그러나 그 결과는 상상 이상이었다.

코칭을 배우며 분명해진 사실이 하나 있다. 성장은 어떤 목표를 달성하는 게 아니라, 매 순간 존재하는 방식 그 자체라는 것이다. 나는 나를 어떻게 바라보는가? 나는 내 가능성을 믿는가? 나는 매일의 작은 성취를 축하하며, 내일은 오늘보다 조금 더 나은 나를 만날 준비가 되어 있는가? 공부든, 운동이든, 관계든, 결국 학습자의 성장은 자신의 작은 PR 경신의 반복이다. 그리고 그 경신의 과정에서 느끼는 '나는 성장 중이다!'라는 감정이 학습자의 삶을 조금 더 단단하고 조금 더 강하게 그리고 조금 더 행복하게 만들어 준다.

학습코칭의 진정한 목표는 공부를 다그치는 것이 아니라, 학습자가 내가 정한 약속을 지킬 수 있다는 경험을 통해 구조를 만드는 데 있다. 코칭의 질문은 시간 관리를 넘어 자기효능감을 확장하는 방향으로 바뀌어야 한다. 내일의 작은 성장을 위해 지금 어떤 준비를 할 수 있는지 묻는 것은 학습자를 수동적인 수행자에서 자기 삶의 주도적인 설계자로 변화시킨다.

몰입은 결코 우연히 찾아오지 않는다. 계획하고, 준비하고, 마음을 다잡을 때 찾아온다. 운동으로 치면 본격적인 세트에 들어가기 전 몸과 마음을 워밍업하는 과정이다. 덤벨을 들기 전 심호흡 한 번, 손에 땀을 닦고 잡은 그립의 위치를 확인하는 것처럼 공부 몰입에 들어가기 전에도 자신의 상태를 점검해야 한다. '나는 오늘 무엇을 배우고 싶은가?', '지금 내 에너지는 어떤가?', '오늘 내 공부 목표는 무엇인가?', '집중이 안 될 때 나는 어떤 선택을 할 것인가?' 이런 질문들이 바로 학습자의 공부 루틴 세팅이다. 그리고 이 준비가 끝났다면, 이제 본격적으로 학습자만의 공부 PR 경신에 도전할 차례다.

공부는 매일 자신을 단련하는 훈련이다. 근육은 미세한 찢김과 회복을 반복하며 자라듯, 공부 실력도 도전과 시도 그리고 작은 성공을 반복하며 성장한다. 어제보다 한 페이지라도 더, 어제보다 한 줄이라도 더 그 작은 차이를 쌓아 가는 과정이 바로 성장이다. 학습된 근면성으로 매일의 PR을 경신해 보게 하자.

💡 공부 PT 퀘스트 : 매일 PR 경신을 위한 재발견

1. 학습된 근면성 발견 : 최근 스스로 꾸준히 했던 아주 작은 행동은 무엇인가요? (예 : 매일 아침 이불 정리하기, 하루 10분 독서)

➡ ____

2. 오늘의 PR 설정 : 어제의 나를 넘어서기 위해 딱 하나 도전해 볼 수 있는 '오늘의 PR'은 무엇인가요? (예 : 영어 지문 1개 더 분석하기, 집중 시간 10분 늘리기)

➡ ____

3. 포기하고 싶은 순간의 대처법 : 공부하다가 그만하고 싶다는 생각이 들 때, 나를 다시 책상 앞에 앉히기 위해 어떤 혼잣말이나 행동을 할 건가요?

➡ ____

4. 경험의 보상과 축하 : 오늘의 목표(PR)를 달성했을 때, 나 자신에게 어떤 보상(칭찬, 휴식, 간식 등)을 선물하며 '노력은 즐거운 것'이라는 메시지를 남기고 싶나요?

➡ ____

5. 새로운 정체성 선언 : 이 과정을 통해 나는 어떤 사람으로 기억되고 싶나요? '나는 OOO 사람이다.' 형태로 당신의 새로운 정체성을 선언해 보세요.

➡ ____

2

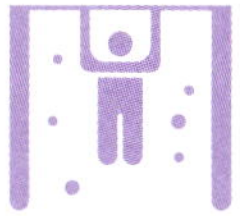

시간 세트 재정비

오늘부터 학습자에게 "시간 없다는 핑계 대지 마!"라고 말하는 것을 멈춰라.
학습코칭은 학습자의 빈틈을 채워 넣는 시간 관리가 아니라,
공부를 하루의 중심에 놓는 시간 설계를 돕는 것이다.

"공부할 시간이 없어요." 이 말 속에는 어떤 의미가 내포되어 있을까? 정말 다른 해야 할 일 때문에 공부할 시간이 없는 걸까. 아니면 열심히 하고 있음에도 늘 시간이 부족하다고 느끼는 상태일까. 혹은 시간을 쓰고는 있지만 정작 공부가 하루의 중심에 놓이지 못한 건 아닐까.

헬스장에서 운동을 시작한 사람은 곧 깨닫게 된다. "운동은 시간과의 싸움이 아니라, 시간과의 협업이다." 처음에는 의욕이 앞선다. 마음 내키는 요일에, 비어 있는 시간마다 찾아가, 눈에 띄는 기구를 무작정 들어보는 식이다. 하지만 며칠 지나면 이상한 피로감이 몰려온다. 근육통이 풀리지 않고, 무작정 했던 운동이 헷갈리기 시작한다. 결국 "운동은 나랑 안 맞아."라는 말과 함께 발걸음을 멈추게 된다. 하지만 이것은 운동이 힘들어서라기보다 운동을 지탱해 줄 시간 루틴이 부족했기 때문이다.

전문 트레이너는 훈련을 시작하기 전 가장 먼저 체계적인 시간표부터 설계한다. 월요일은 등, 화요일은 하체, 수요일은 유산소 운동으로 부위와 강도를 전략적으로 배분하는 식이다. 운동량과 부위는 시간에 따라 달라진다. 운동 효과를 높이는 것은 의지가 아니라 반복할 수 있는 시간 루틴이다. 이것이 바로 시간 세트의 재정비다.

진짜 실력자는 운동의 강도보다, 운동을 계획한 시간에 꾸준히 도달하는 사람이다. 매일 같은 시간에, 같은 루틴을 지키며, 같은 마음가짐으로 몸을 부른다. 그 반복 속에서 근육은 기억한다. "아, 지금은 성장할 시간이다." 이렇게 축적된 반복이 몸을 바꾸고, 결국 삶의 리듬까지 바꾼다.

체형 변화는 하루 만에 일어나지 않는다. 체중 변화는 일주일 만에, 눈에 띄지 않는다. 하지만 3주, 6주, 3개월이 지나면 자신도 믿기 힘든 변화가 거울 앞에 나타난다. 이 모든 성과는 시간을 정비한 사람에게만 찾아온다. 다른 말로 하면 시간을 잊지 않는 사람이 근육을 얻는다. 몸이 기억하는 건 고통이 아니라 반복의 리듬이다. 그래서 우리는 오늘의 1회를 신뢰해야 한다.

시간 세트 없이 운동하는 사람은 늘 그날의 감정에 따라 운동한다. 기분 좋을 때는 열심히 하지만 피곤하면 건너뛴다. 비가 오면 쉬고, 친구 약속이 생기면 미룬다. 어느새 "내일부터 할게요."가 입버릇이 된다. 그러나 시간이 고정되면 감정은 덜 개입된다. 이것이 바로 루틴의 힘이다. 마치 수업 시간이 정해져 있듯, 운동도 정해진 시간에 나를 초대하는 것이다. 헬스장에서 배우는 중요한 교훈이 있다. 몸은 내가 지켜낸 시간에 반응한다.

운동은 나를 순간적으로 움직이게 하는 도구가 아니다. 시간을 설계하며 나를 단련하는 루틴의 축이다. 오늘부터라도 하루 중 운동이 예약된 시간을 정해보자. 그것이 헬스장을 오래 다니는 가장 현실적이고 강력한 전략이다. 운동의 성과는 의지보다도 시간 루틴에서 나온다.

공부도 마찬가지다. 공부력 역시 지켜낸 루틴에 반응한다. 지속 가능한 루틴 없이 공부를 시작하면 얼마 못 가 지친다. 그리고 이렇게 말한다. "난 공부랑 안 맞아." 하지만 사실 안 맞는 건 공부가 아니라, 시간 세팅이다. 기존의 시간 관리 개념은 '시간을 쪼개서 더 많이, 더 효율적으로 써라.'였다. 하지만 진짜 중요한 건 '시간을 나에게 맞게 설계하라.'이다. 이것은 단순한 시간 관리가 아니라, 시간을 재조립하고 공부 중심의 삶으로 루틴을 전환하는 작업이다.

시간 세트 재정비가 필요한 이유를 몇 가지 들어보자. 먼저, 많은 학습자가 학교 정규 수업, 학원, 과외, 숙제 사이에서 틈을 찾아 공부하려 한다. 하지만 공부는 틈에서 하는 활동이 아니라, 하루의 중심축으로 먼저 고정되어야 할 일이다. 운동으로 치면 하루가 끝나고 남는 에너지로 스쿼트를 하겠다는 말과 같다. 그러면 늘 '내일부터'가 된다.

다음으로 아침형 인간, 저녁형 인간 구분은 괜한 게 아니다. 머리가 맑을 때는 개념 정리를 하고, 집중이 흐려질 때는 복습이나 반복을 배치하는 식으로 시간 세트를 재정비하면 공부가 몸에 맞게 피팅 된다. 운동도 체형과 목적에 맞게 루틴을 바꾸듯, 공부도 역시 개인 맞춤형 루틴이 필요하다.

마지막으로 하루를 시간 단위로 나누어 공부한 과목, 집중도, 감정 상태 등을 간단히 기록해 보자. 이는 단순한 스케줄러가 아니다. 자기 루틴을 찾는 자기 연결의 도구다. 학습코치는 이 기록을 통해 학습자의 몰입 패턴, 방해 요소, 루틴이 흔들리는 원인까지도 학습자가 스스로 분석할 수 있도록 도울 수 있다.

 **코칭 가이드 : 시간 세트를 재정비하는 3가지 코칭 전략**

첫째, 시간이 아닌 사람을 먼저 보자. 효과적인 시간 설계는 시간표에서

시작되지 않는다. 학습자에 대한 이해에서 출발한다. 학습코치는 시간표를 짜기 전에 "하루 중 언제가 가장 기분 좋아?", "가장 집중이 잘 되는 황금 시간대는 언제야?"처럼 자기 인식 기반 질문부터 시작해야 한다. 학습자의 에너지 흐름과 감정 상태를 무시한 시간표는 지켜질 수 없는 계획에 불과하다. 시간은 도구일 뿐, 코칭의 핵심은 학습자의 주도성이다.

둘째, 완벽한 계획이 아니라 일관된 루틴을 추구하자. 학습코치는 계획 실행률 100%라는 강박에서 학습자를 해방해야 한다. 계획을 못 지켰을 때 "왜 못했지?"라고 추궁하는 대신, "괜찮아, 그럴 수 있어. 이번 경험을 통해 너의 시간 패턴에 대해 무엇을 알게 됐어?" 실패는 통제의 대상이 아니라 해석의 재료다. 완벽한 계획보다 중요한 것은 무너졌을 때 다시 돌아올 수 있는 루틴 감각이다.

셋째, 성적이 아니라 성장과 시간을 연결하자. 시간 재정비가 단기적인 성적 향상 전략으로만 제한하면 학습자는 쉽게 지친다. 학습코치는 시간과 정체성을 연결하는 질문을 던져야 한다. "지금 네가 꾸준히 지켜가는 이 시간이 1년 뒤 너를 어떤 사람으로 만들어 줄까?", "너의 시간 근육이 점점 단단해지고 있다는 걸 느껴?" 지켜낸 시간이 자신의 성장과 연결되는 순간 학습자는 시간을 관리하는 사람이 아니라 시간의 주인이 된다.

시간을 재정비하는 코칭의 핵심은 더 촘촘한 계획을 만드는 데 있지 않다. 그것은 학습자가 자신의 하루를 어떻게 대하고 있는지를 다시 바라보게 하는 일이다. 시간을 관리의 대상으로만 두는 순간 공부는 또 하나의 부담이 된다. 반대로 지켜낸 시간을 성장의 증거로 인식하기 시작할 때 학습자는 비로소 시간의 주인이 된다. 중요한 것은 하루를 얼마나 완벽하게 채웠느냐가 아니라, 그 시간 속에서 자신이 어떤 사람으로 살아냈는가이다. 학습코칭은 이 지점을 놓치지 않는다. 공부를 잘하게 만드는 것이 아니라,

공부를 삶의 중심에 둘 수 있는 시간 감각을 회복하게 돕는 일이다. 그렇게 지켜낸 시간은 서서히 학습자의 정체성이 되고, 그 정체성은 어느 순간 성적이라는 결과로 자연스럽게 이어진다. 시간이 바뀌면 루틴이 바뀌고, 루틴이 바뀌면 삶의 방향도 함께 움직이기 시작한다.

💡 공부 PT 퀘스트 : 시간 세트 재설계하기

1. 황금 시간대 발견하기 : 하루 중 자신의 두뇌가 가장 맑고 에너지가 넘치는 황금 시간대는 언제인가요? (예 : 아침 7~8시, 오후 4~시, 밤 10~12시)

➡ ____

2. 고정석 예약하기 : 그 황금 시간대에 어떤 공부를 고정석으로 예약하시겠습니까? (과목과 시간 명시) (예 : 아침 7~8시는 수학 개념 공부 시간으로 예약!)

➡ ____

3. 자투리 시간 활용 : 자신의 자투리 시간을 찾아보고, 그 시간에 할 1분짜리 공부를 하나 정해보세요. (예 : 버스에서 영어 단어 앱 켜기, 쉬는 시간에 어제 푼 오답 노트 1개 훑어보기)

➡ ____

4. 방해 요소 차단 계획 : 공부 시간을 가장 많이 빼앗아 가는 방해 요소를 차단하기 위한 나만의 규칙을 하나 만들어 보세요. (예 : 공부 시간에는 스마트폰을 다른 방에 둔다.)

➡ ____

5. 새로운 시간표에 이름 붙여주기 : 새롭게 설계한 이 시간표에 당신의 목표와 정체성을 담은 멋진 이름을 붙여준다면 무엇일까요? (예 : 매일 성장하는 나의 시간 루틴, 미래를 위한 투자 시간표)

➡ ____

3

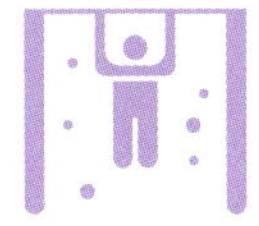

의식적인 연습

진짜 성장은 단순히 시간을 투입하는 노동에서 오는 것이 아니라,
자신의 약점을 정확히 조준하고 개선하려는 의식적인 연습에서 비롯된다.
학습코칭은 학습자의 공부 시간을 늘려주는 것이 아니라,
같은 시간을 전혀 다른 밀도로 쓰게 만드는 설계자가 되도록 돕는 것이다.

헬스장에서 단순히 매일 한 시간 운동한다는 사실보다 더 중요한 것은 어떤 근육을 어떤 방식으로, 어떤 목표를 갖고 반복하느냐에 있다. 상체 근력을 기르고 싶다면 중량을 세밀하게 조절하고 횟수와 세트를 기록하며 주 단위로 강도를 조절해야 한다. 이때 운동은 단순한 움직임을 넘어 목표 지향적 강화 훈련이 된다. 의식적인 연습은 잘하는 것만 반복하지 않는다. 오히려 어렵고 잘 안 되는 부분을 직면하고 보완하는 과정이다. 스쿼트 자세가 무너지면 코어 근육을 보충하고, 통증이 생기면 각도를 교정하며 정확한 패턴을 익히는 불편함을 견뎌야 한다. 근육은 지루함과 고통을 견디는 정신적 그릿 속에서, 그리고 세밀한 성찰이 동반된 반복 속에서 비로소 효율적으로 자란다.

많은 이들이 공부는 타고난 머리와 유전에 좌우된다고 믿으며 노력해도 안 되는 영역이 있다고 체념하곤 한다. 하지만 앤절라 더크워스는 성공을 결정짓는 핵심이 결코 타고난 재능이 아니라, 목표를 향해 끈질기게 나아가는 힘인 "그릿(Grit)"임을 단언한다. 성공 신화를 쓴 인물들을 살펴보면 그들은 이미 최고의 전문성에 도달했음에도 끊임없이 더 잘하고 싶다는 강력한 욕구를 내비친다. 인지심리학자 안데르스 에릭슨은 이를 의식적인 연습이라는 개념으로 설명한다. 아무리 많은 책을 읽고 매일 글을 써도 실력이 늘지 않는다면, 그것은 향상하고 싶은 구체적인 지점이 명확하지 않기 때문이다. 단순히 시간을 채우는 것에 만족하는 태도는 현재 수준을 유지하는 데 머물 뿐이다. 진정한 성장을 원한다면 도전적인 목표를 설정하고, 기술의 아주 작은 요소 하나까지도 의식적으로 다루어야 한다. 읽은 내용을 세 문장으로 요약하거나 매일 페이지 수를 기록하며 이전 기록을 넘어서려는 명확한 기준을 세우는 노력이 필요하다.

벤저민 프랭클린 역시 의식적인 연습을 통해 자신의 글쓰기 실력을 혁신적으로 향상한 인물이다. 그는 단순히 글을 많이 쓰는 데 만족하지 않고, 당대 최고의 잡지였던『스펙테이터』의 글 중 가장 뛰어난 문장들을 골라 그 핵심 내용을 짧게 메모한 뒤, 며칠이 지나 원문을 보지 않고 자신의 메모만으로 다시 글을 써 내려갔다. 이후 자신이 쓴 글과 원문을 대조하며 문장력과 논리 전개의 차이를 꼼꼼히 분석했다. 이 과정에서 그는 단어 선택의 문제인지, 문장 배열의 흐름인지 등 자신의 약점을 정확히 특정하고 그 지점만 반복 훈련했다. 막연히 잘하고 싶다는 기대 대신, 자신의 부족함을 직면하고 보완할 수 있는 정교한 훈련 설계를 선택한 것이다.

의식적인 연습은 결코 즐거운 과정이 아니다. 올림픽 금메달리스트 로디 게인즈는 8년 동안 지구 한 바퀴에 달하는 거리를 수영하면서 단 한 번도 즐거운 마음으로 연습장에 간 적이 없다고 고백했다. 새벽 4시의 추위와 가시지 않는 통증 속에서 매번 '이럴 가치가 있는가?'를 자문하면서도 그가 멈추지 않았던 이유는 단 하나였다. 자신이 하는 일의 의미를 분명히 알고 있었기 때문이다. 훈련의 성과, 동료들과의 연대, 수영에 대한 깊은 애정이 그를 다시 물속으로 밀어 넣었다. 우리 역시 매일 수많은 유혹과 싸우며 책상 앞에 앉는다. 의식적인 연습은 지루하며 고통스럽고, 때로는 아무런 발전이 없어 보이기도 한다. 하지만 그릿은 단순히 즐거워서 계속하는 것이 아니라, 의미를 알기에 멈출 수 없는 태도다. 이 반복이 진짜 나의 실력이 되는 순간을 믿으며 묵묵히 나아가는 것, 그것이 바로 공부의 판을 바꾸는 의식적인 연습의 본질이다.

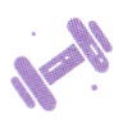 **코칭 가이드 : 의식적인 연습을 설계하는 3가지 코칭 접근**

첫째, 막연한 노력을 도전적인 목표로 구체화하자. 학습자가 독서를 열심히 하겠다고 말할 때 학습코치는 좋은 목표라는 격려에서 멈추면 안 된다. 에릭슨의 이론처럼 전체 기술을 작게 쪼개어 세분된 특정 지점에 몰입하도록 도와야 한다. 예를 들어 "책을 읽겠다."가 아니라, "이번 장에서 작가가 제시한 세 가지 핵심 키워드를 찾아내겠다."라거나 "어려운 단어 다섯 개의 뜻과 문맥을 통해 추론해 보겠다."라는 식의 구체적인 목표를 설정해 주는 것이다.

둘째, 성공이 아닌 피드백을 중심으로 대화하자. 의식적인 연습의 핵심은 피드백을 통한 즉각적인 교정이다. 학습코치는 학습자의 실천 결과를 두고 잘했다 혹은 못했다를 판단하는 심판이 되어서는 안 된다. 대신 "요약하면서 가장 막혔던 지점은 어디였어?", "다음에는 그 부분을 어떻게 바꿔볼 수 있을까?"와 같은 질문을 통해 학습자가 자신의 수행을 분석하고 개선점을 찾도록 돕는 거울이 되어야 한다.

셋째, 즐거움이 아닌 의미를 연결하여 동기를 강화하자. 의식적인 연습은 필연적으로 고통스럽다. 학습코치는 재미있게 해보라는 공허한 조언 대신 그 고통을 견디게 할 의미를 연결해 주어야 한다. 이 지루한 요약 훈련이 네가 그토록 원하던 논리적으로 말 잘하는 사람이 되는 데 어떤 디딤돌이 될 것인지 묻는 과정은 고통스러운 연습을 의미 있는 성장으로 재해석하게 만든다.

유튜브에 올라온 영상 하나는 단 3분이면 끝나지만 그 3분을 만들기 위한 시간은 보이지 않는다. 아이디어를 구상하고 자료를 찾고 수십 번을 편집하며 연습한 흔적은 영상 뒤편에 감춰져 있다. 학습자가 책상 앞에 앉았다고 해서 그 자체가 곧 집중을 의미하지는 않는다. 진짜 집중은 의식적으로 설계된 세트 속에서 만들어진다. 집중과 휴식, 그리고 다시 집중으로 이어지는 패턴을 꾸준히 반복해야 한다. 시험지 위의 점수만 본다면 과정은 보이지 않는다. 하지만 그 점수 뒤에는 앉고 몰입하고 실패하며 다시 시작했던 수많은 의식적인 연습 세트가 존재한다.

공부는 근육이다. 하루에 무작정 3시간을 몰입하는 것이 아니라 매일 의식적으로 훈련하는 30분이 쌓여 진짜 실력이 된다. 공부와 글쓰기 연습, 진로와 아이의 미래까지도 결국 세트 반복이라는 구조 속에서 성장한다. 누군가는 재능이 없어서 안 된다고 말하지만, 재능의 유무는 알 수 없어도 연습은 반드시 기록된다. 의식적인 연습이야말로 집중력을 훈련하는 최고의 방법이며 학습자를 진짜 성장하게 만드는 가장 현실적인 출발점이다.

당신이 학생이든, 학부모든, 교사든, 성인 학습자든 상관없다. 지금 달성하고 싶은 목표가 있다면 의식적인 연습을 위한 연습부터 시작해야 한다. 연습하는 도중 좌절감을 느낄 수도 있고, 더 잘하고 싶은데 뜻대로 되지 않는 순간도 찾아올 것이다. 힘들지 않은 연습은 없으며 지루하지 않은 연습 또한 없다. 아무것도 하지 않고 악기를 연주할 수 없듯이 우리에게는 단지 정교한 훈련과 끈질긴 연습이 필요할 뿐이다.

💡 공부 PT 퀘스트 : 의식적인 연습 세트 설계하기

1. 성장 목표 설정하기 : 지금 가장 분명하게 성장시키고 싶은 구체적인 능력 하나는 무엇인 가요? (예 : 영어 독해 속도, 수학 심화 문제 해결 능력, 논리적인 글쓰기)

➡ ____

2. 집중 훈련 영역 정하기 : 그 능력을 키우기 위해 이번 주에 딱 하나만 집중적으로 훈련할 가장 작은 연습 단위는 무엇인가요? (예 : 수학 문제의 풀이 과정 꼼꼼히 쓰기)

➡ ____

3. 피드백 시스템 만들기 : 이 연습이 잘되고 있는지, 막히고 있는지를 스스로 점검하기 위해 어떤 방식으로 피드백을 남기겠습니까? (예 : 문제 옆에 막힌 이유 한 줄 메모하기)

➡ ____

4. 고통을 견디게 할 의미 부여하기 : 이 연습이 지루하거나 힘들게 느껴질 때 다시 책상 앞 으로 돌아오게 만들 이 훈련의 궁극적인 의미는 무엇인가요?

➡ ____

5. 첫 세트 약속하기 : 오늘 설계한 이 의식적인 연습의 첫 세트를 언제, 어디서, 몇 분 동안 실행하시겠습니까?

➡ ____

4

아하! 인사이트 스트레칭

지식은 암기할 때가 아니라, 흩어져 있던 점들이 하나의 그림으로 연결되는
바로 그 깨달음의 순간에 진짜 내 것이 된다.
학습코칭은 더 다양한 지식을 주입하는 것이 아니라,
학습자의 머릿속에 유레카의 섬광이 '일어나도록' 돕는 섬세한 과정이다.

헬스장에서 스트레칭을 건너뛰는 사람은 없다. 부상을 막는 목적도 있지만 진짜 이유는 운동 효과의 극대화에 있다. 경직된 근육은 가동 범위를 제한하고, 결국 무게를 실어도 제대로 된 운동이 되지 않게 만든다. 준비가 전부라는 트레이너의 말처럼 공부와 삶에서도 본격적으로 뛰기 전 사고의 유연성을 확보하는 스트레칭이 선행되어야 한다. 생각의 스트레칭이 깊어질수록 문득 찾아오는 '아하!'의 순간은 더욱 자주 그리고 깊게 찾아온다.

스트레칭 없이 시작하는 공부는 일시적인 성취는 가능케 할지 몰라도 그 이상의 성장을 끌어내기는 어렵다. 통찰력이라는 사고의 근육이 굳어 있기 때문이다. 통찰은 번개처럼 우연히 떠오르는 것이 아니라 생각을 반복하고 정리하는 과정에서 축적된 훈련의 결과물이다. 스트레칭을 할수록 근육이 늘어나듯 사고의 범위도 조금씩 확장된다. 몰랐던 것을 알게 되는 것이 아니라 이미 알고 있는 것을 다르게 연결하는 것이 통찰의 본질이다. '아하!'의 순간은 생각이 부드럽게 확장되며 무언가가 '딸깍'하고 맞아떨어질 때 찾아온다. 하지만 문제 풀이와 개념 암기라는 본 운동에만 매몰되면 생각은 경직되고 새로운 연결은 일어나기 어렵다.

학습코칭에서는 이러한 유연성을 기르는 활동을 인사이트 스트레칭이라 부른다. 이는 단순히 지식을 받아들이는 수준을 넘어 스스로 의미를 찾고 관점을 전환하는 사고의 유연성을 의미한다. 문제는 다 맞지만 깊이 이해하지 못하는 학습자, 성적은 나쁘지 않지만 왜 배우는지 몰라 지쳐 있는 학습자에게 필요한 것은 더 많은 문제 풀이가 아니다. 그것은 바로 사고의 가동 범위를 넓혀주는 훈련이다. 처음에는 뻣뻣하고 불편하지만, 하루 1분이라도 "왜, 어떻게, 무엇과 연결될까?"라는 질문 루틴을 반복하면 사고 근육은 놀라울 정도로 부드럽고 강해진다.

학습은 정보의 축적이 아니라 의미의 재구성이다. 그 전환의 정점에 '아하!' 경험이 존재한다. '아하!' 경험은 학습자가 문제나 상황을 새로운 시각으로 이해하게 되는 인지적 전환의 순간을 의미한다. 이는 단순히 정보를 이해하는 수준을 넘어 기존의 인식 체계가 재구성되며 새로운 의미를 부여되는 경험이다. 학습코칭은 이러한 '아하!'를 우연에 맡기지 않고 의도적으로 설계하는 대화의 맥락이다. 내가 왜 공부가 안 되는지 깨닫는 순간은 단순한 문제 해결을 넘어 자아 인식의 확장으로 이어진다. 결과 중심의 피드백이 가로막고 있던 '아하!'의 시간을 확보해 주고, 학습자의 관점을 흔들고 뒤집어 다시 보게 하는 힘을 제공하는 것이 학습코칭의 핵심이다.

 **코칭 가이드 : '아하!' 경험을 설계하는 3가지 코칭 루트**

첫째, 거울 질문으로 학습자가 자신을 객관적으로 보게 하자. 학습코치는 학습자에게 즉각적인 답을 주는 대신 학습자 자신을 비추는 거울이 되어야 한다. "그것이 어렵다고 느껴진 진짜 이유는 무엇이었을까? 이 사실을 알게 된 후에 생각이 어떻게 달라졌을까?"와 같은 거울 질문은 학습자가 자기 생각과 감정을 관찰하게 만든다. 이러한 성찰은 스스로 문제의 본질을 깨닫는 '아하!'의 순간으로 이끄는 강력한 통로가 된다.

둘째, 의외의 시선으로 생각의 틀을 흔들게 하자. 학습자가 자신의 문제에 갇혀 진전이 없을 때 학습코치는 낯선 질문으로 정체된 관점을 깨트려야 한다. "지금 공부 배터리는 몇 퍼센트쯤 될까?"와 같은 메타포를 활용하거나, "이 상황을 1년 뒤의 네가 본다면 무엇이라고 말해줄까?"라는 시간적 거리두기 질문은 굳어 있던 사고에 균열을 만든다. 이처럼 평소와 다른 낯선 시선은 '아하!'의 스위치를 켜는 역할을 한다.

셋째, 학습자 주도의 재구성 활동을 설계하자. '아하!'의 순간은 단순히 정보를 수동적으로 들을 때보다 능동적으로 다시 만들어 볼 때 훨씬 깊게 찾아온다. 오늘 배운 내용으로 자신만의 암기 비법 노트를 만들거나, 시행착오를 바탕으로 후배들에게 전할 공부 팁 영상을 기획하게 하는 활동은 학습자가 지식을 자신의 언어와 방식으로 재구성하게 만든다. 이 창조적 과정에서 가장 깊은 깨달음이 일어난다.

'아하!' 경험은 단순한 깨달음의 순간이 아니라 학습자가 기존의 인식 구조를 흔들고 새롭게 재구성하는 결정적 전환의 순간이다. 이는 무언가를 이해했다는 느낌을 넘어 자신이 몰랐다는 사실조차 몰랐던 상태를 인식하게 되는 고차원적인 성찰을 의미한다. 이러한 경험은 학습의 분기점이자 자기 인식의 지평이 확장되는 지점에서 일어난다. 예를 들어 수학 시간마다 무력감을 느끼며 자신을 수학에 약한 사람이라 단정 지었던 학습자가 있다고 가정해 보자. 코칭 대화에서 수학 시간에 느끼는 가장 큰 감정이 무엇인지 묻고, 학습자가 그 정체가 사실은 실력 부족이 아니라 두려움이었다는 사실을 자각하는 순간, 그것이 바로 '아하!'의 경험이다. 이후 학습자는 자신을 수학 실력이 부족한 사람이 아니라 불안을 관리하는 연습이 필요한 존재로 새롭게 정의하기 시작한다.

이러한 변화는 교육자에게도 동일하게 요구된다. 교사 스스로가 설명을 잘하는 전문가라는 정체성에서 벗어나 정답을 주는 사람이 아니라 함께 탐색하는 동행자로 자신을 재구성할 때 비로소 진짜 성찰이 일어난다. 학습자에게 '아하!'를 선물하기 위해 교육자 자신이 먼저 자신의 사고를 유연하게 늘릴 수 있어야 하는 이유다.

'아하!' 경험은 표면적 이해를 깊은 학습으로 전환하는 핵심 기제다. 암기한 지식은 쉽게 사라지지만, 지식의 언어로 재구성된 지식은 학습자의 내부에 오래 남는다. 이 경험은 강력한 내적 동기를 촉발한다. 외부의 보상보다 "아, 내가 이렇게 생각할 수도 있구나."라는 깨달음이 더 큰 에너지를 만들기 때문이다. 무엇보다 '아하!' 경험은 정체성을 바꾸는 출발점이 된다. "나는 영어를 못한다."라는 고정된 신념이 "단어 연결 연습을 거의 해본 적이 없었구나."라는 구체적 해석으로 바뀌는 순간, 학습자는 자신에 대한 정의를 다시 쓰기 시작한다.

코칭 관계 속에서 일어나는 '아하!' 경험은 심리적 안전감을 기반으로 완성된다. 판단이나 가르침이 아닌 존중과 수용이 전제된 관계 안에서 학습자는 비로소 회피하던 약점과 왜곡된 인식을 솔직하게 드러낼 수 있다. 비난의 가능성이 사라질 때 학습자는 자신을 객관적으로 마주하는 정직한 성찰을 시작한다. 이 성찰은 자기효능감을 비약적으로 끌어올리는 강력한 동력이 된다.

스스로 내면의 자원을 발견한 학습자는 자신을 바라보는 렌즈를 바꾸고, 학습 환경 자체를 능동적으로 설계하기 시작한다. '아하!' 경험이 없는 배움은 파편화된 정보로 남지만, 깨달음이 동반된 학습은 자각과 전환을 거쳐 진정한 성장으로 이어진다. 결국 학습코칭은 질문을 통해 사고의 지평을 넓히고, 학습자가 자기 자신을 탐색하게 만드는 촉매제다. 그리고 그 여정의 한가운데에는 언제나 '아하!'라는 한 줄기 빛이 존재한다.

 학습코칭, 이제 공부 PT로 시작하자

공부 PT 퀘스트 : '아하!' 순간 탐험하기

1. 과거의 '아하!' 경험 소환하기 : 최근 공부나 일상에서 "아! 이거였구나!" 하고 무릎을 '탁' 쳤던 깨달음의 순간이 있다면 떠올려 보세요.

➡ ____

2. '아하!'의 재료 분석하기 : 그 깨달음은 어떤 생각, 질문, 경험, 혹은 대화로부터 시작되었나요? '아하!'가 터지기 직전의 상황과 마음 상태를 최대한 구체적으로 묘사해 보세요.

➡ ____

3. '아하!' 이후의 변화 : 그 깨달음 이후 자신의 생각이나 행동, 감정 중 무엇이 달라졌나요? 아주 작은 변화라도 좋습니다.

➡ ____

4. 미래의 '아하!' 설계하기 : 지금 당신을 가장 답답하게 만드는 공부 문제 하나를 정해 보세요. 그 문제를 해결할 '아하!'를 만나기 위해 자신에게 던져보고 싶은 '의외의 질문'을 만들어 보세요.

➡ ____

5. '아하!'를 만났을 때의 나 상상하기 : 그 질문을 통해 새로운 깨달음을 얻게 된 나는 어떤 기분과 표정, 어떤 태도를 지니고 있을까요? 그 순간을 장면처럼 생생하게 상상하고 묘사해 보세요.

➡ ____

5

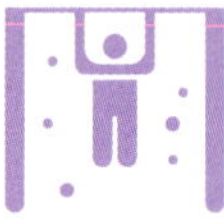

플로우 존 진입 : 몰입의 순간을 경험하다

> 학습의 가장 큰 보상은 100점이 아니라 시간이 사라지는 경험 그 자체이다.
> 우리는 지식을 주입하는 기술자가 아니라, 학습자가 자기 안의 잠재력과
> 만나 행복을 느끼는 플로우 존으로 가는 문을 열어주는 안내자이다.
> 우리의 목표는 더 많이 외우게 하는 것이 아니라,
> 더 깊이 빠져들게 하는 것이다.

헬스장에서 운동하다 보면 문득 이런 순간이 찾아온다. 처음에는 근육이 뻐근하고 숨이 차오르던 동작들이 어느새 리듬을 타기 시작한다. 호흡과 움직임이 하나로 어우러지고, 주변의 소음도, 시계의 초침도, 심지어 고통조차 의식에서 사라지는 순간이 온다. 바로 운동의 '몰입 존'에 진입한 것이다.

공부도 마찬가지다. 학습코치의 궁극적인 목표는 바로 학습자가 이 몰입 존에 진입하는 경험을 하도록 돕는 것이다. 딱딱한 문제집과 지겨운 필기, 처음에는 버겁게만 느껴지는 공부가 어느 순간부터는 재미있게 느껴지고, 시간이 훌쩍 사라지는 마법 같은 순간이 있다. 우리는 이것을 몰입(Flow)이라고 부른다.

미국의 심리학자인 칙센트미하이는 Flow(몰입) 개념의 창시자로, 『몰입의 즐거움(Flow : The Psychology of Optimal Experience)』을 통해 이 개념을 대중에게 널리 알렸다. 그는 몰입을 물이 흐르는 것처럼 편안한 기분, 즉 행복, 즐거움과 비슷한 느낌으로 설명했다. 칙센트미하이는 사람들이 최적의 경험을 통해 깊은 만족감과 성취감을 느끼는지를 밝히며, 플로우 상태에 진입하는 조건과 이를 유지하는 요인을 체계적으로 제시했다.

Flow의 사전적 의미는 이렇다. 어떤 행위에 깊이 몰입하여 시간의 흐름이나 공간의 이동, 더 나아가 자기 자신조차 잊게 되는 경지에 이른 상태로 완전한 심리적 몰입 상태를 말한다. 우리말의 '삼매경'과 매우 유사한 개념이다.

몰입은 단순히 집중이 아니다. 몰입은 나라는 존재의 에너지가 한곳으로 모여드는 특별한 순간이며, 잠자고 있던 능력을 깨우는 시간이다. 신경 가소성(Neuroplasticity)에 관한 연구에 따르면, 인간의 유전자 중 실제로 발휘되는 재능의 비율은 고작 7~9%에 불과하다고 한다. 그렇다면 나머지 90%는 무엇일까? 바로 아직 깨어나지 않을 가능성이다. 그리고 이 가능성은 몰입이라는 열쇠를 통해 활성화된다. 몰입의 순간에는 종종 세렌디피티(Serendipity), 즉 전혀 예상치 못했던 깨달음과 영감이 함께 찾아온다. 불운 속에서도 기회를 발견하고, 실패를 성장의 발판으로 전환하는 힘 역시 몰입 속에서 탄생한다. 몰입은 우연처럼 보이지만, 사실은 깊은 집중과 의미 있는 목표가 만나 만들어진 필연적인 결과다.

몰입은 한마디로 행복의 상태다. 시간을 잊고, 자신도 잊고, 오직 그 순간에 완전히 빠져드는 경험이다. 하버드대학교에서 행복학을 강의하는 숀 아처 교수는 행복을 이렇게 정의했다. "행복은 자신의 잠재력을 찾아 발휘하는 과정에서 느끼는 감정이다." 그렇다. 우리는 행복을 막연히 기다리거나 주어지는 것으로 생각하지만, 사실 행복은 내 안에 잠든 가능성을 발견하고, 성장의 여정을 스스로 만들어 가는 과정에서 비롯된다. 그 순간 우리는 최고의 나를 만나고, 어떤 환경에서도 자신의 삶을 창조해 내는 힘을 발휘할 수 있게 된다.

칙센트미하이 교수의 『몰입의 즐거움』에서 몰입을 이루는 8가지 조건을 설명한다. 그중 공부와 가장 깊이 연결되는 조건은 명확한 목표다. 몰입은 결코 우연히 찾아오지 않는다. 명확한 목표가 있어야 한다. "왜 이걸 해야 하지?"라는 질문에 자신의 마음속 대답이 있어야 하고, 그 대답이 분명하게 느껴질 때 비로소 몰입의 문이 열린다.

대학교 3학년 때 중국에서 어학연수를 하며 마지막 두 달 동안 HSK 자격증 시험을 준비한 경험이 있다. HSK 등급이라는 분명한 목표가 있었기에 하루에 거의 18시간을 책상 앞에서 보내도 힘들다는 생각이 들지 않았다. 그 시간 동안 다른 잡념은 들어올 틈이 없었고, 그 시간이 나에겐 최고의 몰입 경험이었다. 그 몰입의 순간을 만든 가장 큰 이유는 분명한 목표였고, 그때의 몰입이 지금도 나를 지탱해 주는 행복의 기억으로 남아 있다.

그래서 학습자들에게도 이 몰입의 경험을 선물해 주고 싶다. 단순히 문제를 풀고 성적을 올리는 공부가 아니다. 내 안에 잠든 가능성을 깨우고 '나는 누구인가?'라는 질문에 답을 찾아가는 여정을 경험하게 하고 싶다. 스스로 목표를 세우고, 그 목표를 향해 한 걸음씩 나아가며 성장의 기쁨을 느끼는 시간, 그것이 바로 진짜 공부가 아닐까?

아직 목표가 없거나, 목표가 무엇인지 조자 모르는 학습자들에게 필요한 것은 자기 탐색의 시간이다. 이 과정은 절대 짧지 않고, 깊은 몰입과 성찰을 요구한다. 그러나 현실의 입시 중심 교육환경에서는 간과하고 있는 큰 부분이다. 이 지점에서 현장의 교사, 강사, 그리고 학습코치의 역할은 무엇보다 중요해진다.

몰입은 학습자에게 줄 수 있는 가장 강력한 성장의 선물이다. 잠자고 있던 능력을 깨우는 시간이며, 우연히 찾아온 세렌디피티의 순간을 잡는 기회다. 몰입은 결코 먼 곳에 있지 않다. 작은 목표에서 시작해도 좋다. 하루에 30분, 한 장의 책, 단 하나의 문제라도 충분하다. 몰입은 자신과의 작은 약속에서 시작되고, 그 약속을 지켜나가는 과정에서 우리는 비로소 행복이라는 이름의 플로우 존에 진입한다. 그 작은 몰입의 순간들이 쌓여 최고의 나로 이끌어 줄 것이다.

혼자서 이 여정을 찾아가기란 쉽지 않다. 학습자에게 가장 가까운 자원은 친구 다음으로 교사이며, 조금 더 나아가 강사, 그리고 코치다. 학습코치는 학습자가 자신의 몰입 순간을 발견하고, 그 경험이 평생의 자산이 되도록 돕는 안내자이다.

 ### 코칭 가이드 : 몰입 존으로 안내하는 3가지 조건

첫째, 의미 있는 목표를 함께 발견해 보자. 몰입의 첫 조건은 명확한 목표이다. 학습코치는 "네 목표가 뭐야?"라고 묻는 것을 넘어, "이 공부가 너에게 어떤 의미가 있어?", "이걸 해냈을 때, 너의 어떤 모습이 가장 기대돼?"와 같은 질문을 통해 학습자 내면의 동기와 목표를 연결해 주어야 한다. 학습자 스스로 '아, 그래서 내가 이걸 해야 하는구나!'라고 느끼는 순간, 몰입의 엔진에 시동이 걸린다.

둘째, 실력과 과제의 균형을 정교하게 조율하자. 몰입은 너무 쉬워도(지루함), 너무 어려워도(불안함) 찾아오지 않는다. 학습코치는 학습자의 현재 실력을 정확히 진단하고, 살짝 어려운 도전 과제를 제시하는 PT 트레이너와 같아야 한다. "지금 너의 실력이라면, 이 문제집의 B 단계까지는 충분히 도전해 볼 수 있어. 어때?" 같이, 불안과 지루함 사이의 그 아슬아슬한 스위트 스폿(Sweet Spot)을 찾아주는 것이 코치의 전문성이다.

셋째, 즉각적이고 구체적인 피드백으로 과정을 비춰주자. 학습자는 자신이 제대로 가고 있는지 알 때 몰입을 유지할 수 있다. 학습코치는 정답이라는 결과 피드백을 넘어, "방금 그 부분에서 집중하는 모습, 그게 바로 몰입으로 들어가는 신호야!", "지난번보다 문제에 접근하는 방식이 훨씬 논리적으로 변했어."와 같이 과정에 대한 구체적인 피드백을 제공해야 한다. 이는 학습자가 자신의 성장과 몰입 상태를 스스로 인지하게 돕는 거울이 된다.

이러한 이유로 학습의 여정에는 혼자 버티게 하는 관리자가 아니라, 함께 몰입을 설계해 주는 파트너, 즉 학습코치가 필요하다. 학습코치는 정답을 알려주는 사람이 아니라 학습자가 스스로 몰입의 순간을 발견하도록 질문을 건네는 사람이다.

그래서 오늘, 학습자에게 이렇게 물어보는 것은 어떨까?

"너는 언제 마지막으로 시간도 잊고, 자신도 잊고, 그저 그 순간에 몰입했니?"

"너를 위해 무엇에 몰입해 보고 싶니?"

공부 PT 퀘스트 : 몰입 순간 탐색하기

1. 공부의 의미를 찾아서 : 공부는 어떤 의미인가요? 단순히 해야 하는 일? 아니면 그 안에서 나만의 가치나 즐거움을 찾고 있나요? 공부하면서 가장 신나고 시간이 빠르게 흘렀던 순간은 언제였나요?

   ➡ ____

2. 나의 몰입 DNA 발견하기 : 공부 이외에 무언가에 완전히 빠져 있었던 경험은 언제, 무엇이었나요? 그때 그 상황(환경)은 어떠했나요? 무엇이 당신의 몰입을 도왔다고 생각하나요?

   ➡ ____

3. '나는 원래 못해.'라는 생각과 작별하기 : 나의 마음속에 있는 '나는 원래 못해.'라는 생각은 무엇인가요? 그 생각을 바꾸기 위해 오늘 당장 시도해 볼 수 있는 가장 작은 행동은 무엇인가요?

   ➡ ____

4. 나를 위한 진짜 몰입 : 자기 자신을 위해 진정으로 무엇에 몰입해 보고 싶은 것은 무엇인가요? 그 몰입을 통해 나는 어떤 사람으로 성장하고 싶나요?

   ➡ ____

5. 나만의 몰입 목표 선언하기 : 앞으로 나만의 공부를 위한 분명한 몰입 목표를 정해볼까요? 이 목표를 향해 나아가는 자신의 모습을 한 문장으로 정의한다면 무엇인가요?

   ➡ ____

6

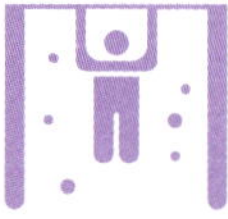

데일리 트레이닝 로그 : 평범한 매일이 만드는 힘

성장은 특별한 하루가 아닌, 평범한 매일이 만든다.

학습코치는 큰 결심을 요구하는 것이 아니라,

사소한 반복의 가치를 아는 사람이다.

우리는 학습자의 하루를 극적으로 바꾸는 마법사가 아니라,

평범한 하루를 성실함으로 채우도록 돕는 시스템의 설계자다.

헬스장에서 운동을 시작하면 트레이너가 꼭 하는 말이 있다. "무게보다 중요한 건 꾸준함입니다. 매일 조금씩, 자주 하세요." 처음엔 이 말이 잘 이해되지 않을 수도 있다. 무겁게 들면 근육이 더 빨리 붙고, 하루라도 더 빨리 집중적으로 시간을 투자해서 근육을 만들어야 한다고 생각하기 쉽다. 하지만 근육은 단기간에 만들어지지 않는다. 하루 100개를 한 번 하는 것보다, 10개씩 10일을 반복할 때 더 견고하게 자리 잡는다. 운동은 자주 반복할수록 근육이 적응하고 성장한다. 매일 조금씩 자주 반복하며 몸의 감각을 깨우고 근육에 작은 자극을 주는 것, 이것이 곧 근성장의 비결이다.

공부도 마찬가지다. 특별한 재능이나 엄청난 집중력이 성적을 만드는 것

이 아니다. 매일 같은 시간, 같은 장소에서 책을 펼치는 그 단순한 반복이 공부 근육을 만든다. 이 근육이 지치지 않도록 의도적으로 매일 조금씩 움직여 주는 힘, 그것이 바로 루틴이다.

많은 학습자가 '루틴'이라고 하면 새벽 기상이나 고강도 학습을 떠올리며 부담을 느낀다. 하지만 루틴의 핵심은 단순함이다. 아침에 눈 뜨자마자 물 한 잔 마시기, 공부 시작 전 5분 스트레칭, 공부가 끝난 뒤 배운 것 한 줄 메모하기처럼 별것 아닌 행동들이 하루의 리듬을 만든다. 루틴이 정착되면 뇌는 무엇을 할까? 고민과 선택의 피로에서 해방되어, 오직 성장에만 에너지를 집중한다. 루틴은 몰입으로 들어가는 가장 현실적인 연료다. 오늘의 작은 루틴 하나가 내일의 몰입을 더 쉽게 만들고, 그 몰입의 반복이 성장이라는 멋진 근육을 키운다.

반복 또한 단순함만큼 중요하다. 한 번 잘했다고 해서 뿌듯해하고 끝내면 안 된다. 오늘의 루틴이 내일도 그대로 이어지도록 설계하는 것이 매우 중요하다. 왜? 자주 할수록 그 감각이 유지되기 때문이다. 이제는 학습자가 루틴의 힘을 느끼고 깨닫도록 우리가 도울 시간이다. 처음에는 '아, 이거 정말 지겹다.'라는 생각이 들 수도 있다. 매일 똑같은 공부, 운동, 글쓰기 루틴이지만 그 반복이 나를 바꾸는 훈련장이라는 걸 알게 된 순간 지겹다는 감정은 사라질 것이다. 오히려 매일 루틴을 채우는 일이 생각과 감정, 태도를 조금씩 단단하게 만드는 과정임을 알게 된다.

준비된 습관은 몰입의 문을 여는 열쇠다. 운동장에서 준비 운동을 마친 선수는 '오늘은 어디서부터 해야 하지?'를 고민하지 않는다. 자기 루틴에 따라 몸을 풀고, 기초 동작을 하고, 무게를 올리고, 마무리 스트레칭까지 자연스럽게 이어진다. 루틴이 있을 때 머뭇거림은 사라지고, 몰입은 바로 시작된다.

학습자를 성장시키는 루틴은 거창할 필요가 없다. 매일 단어 10개 외우기, 문제집 한 장 풀기, 30분 독서하기, 5분 글쓰기처럼 소소해도 충분하다. 중요한 것은 단순함과 반복성, 그리고 의도성이다. 학습자의 성장은 한 번의 대단한 성공이 아니라 매일의 작은 성취에서 비롯된다. 자주 할수록 시작은 쉬워진다.

루틴을 만드는 과정은 내 삶을 '남이 정한 하루'에서 '나를 위한 하루'로 바꾸는 작업이다. 해야 할 일과 하고 싶은 일 사이의 공간이 타인의 요구로 채워지면 정작 자기 일은 하지 못하게 된다. 하루 중 황금 같은 시간은 자신을 위해 써야 한다. 나를 위한 시간을 확보하지 못하면 남의 일만 하다 하루가 끝나버릴 수 있다. 공부 루틴을 만들고 싶다면 먼저 자신을 위한 시간을 확보하고 아주 작은 시도부터 시작하면 된다. 어제보다 1% 나아진 오늘을 만드는 것, 그것이면 충분하다. 매일의 기록이 쌓이면 불안은 줄고 자신감은 차오른다.

 **코칭 가이드 : 데일리 트레이닝 로그를 코칭하는 3가지 단계**

첫째, 가장 쉬운 도미노 하나부터 시작하게 하자. 학습자가 공부 트레이닝에 부담을 느낀다면 공부와 직접 관련 없는 가장 작은 성공부터 설계해야 한다. 이 첫 번째 도미노가 넘어가는 순간 학습자는 '나도 무언가를 꾸준히 할 수 있는 사람이구나.'라는 자기효능감을 얻게 된다.

둘째, 해야 할 일이 아닌 나를 위한 시간으로 재정의하게 하자. 학습코치는 하루의 과제를 의무나 숙제로 여기는 프레임을 전환해야 한다. "이 30분은 누구를 위한 것도 아니고, 오직 너의 성장을 위한 황금시간이야. 이 시간을 어떻게 사용하면 가장 뿌듯할까?" 이 질문은 행동의 주체를 의무감에서 나의 의지로 바꾼다. 자기 결정권이 부여될 때, 일상적 행동은 지속될 힘을 얻는다.

셋째, 운동일지처럼 기록하고 피드백하게 하자. '데일리 트레이닝 로그'는 단순한 계획표가 아니라, 성장을 추적하는 운동일지이다. 학습코치는 플래너를 보며 "이번 주에 ○○○ 미션을 5번이나 해냈네. 어땠어? 이걸 통해 뭘 느꼈니?"라고 질문해야 한다. 잘한 것은 구체적으로 칭찬하여 강화하고, 잘 안 된 것은 "어떻게 하면 다음 주에는 한 번 더 성공할 수 있을까?"라며 개선점을 찾도록 도와주자. 이 과정은 학습자가 수동적인 계획 수행자에서 능동적인 자기 성장 관찰자로 변화하게 한다.

자신을 게으른 사람이라고 규정하던 한 학습자가 있었다. 계획은 의미 없다며 무기력을 보였고, 쉬는 날이면 집에만 머문다고 했다. 코칭에서 그는 아주 단순한 행동 패턴을 정했다. 기상 후 즉시 이불 정리하기, 저녁 식사 후 바로 샤워하기. 일주일 뒤 이 학습자는 마치 100% 성공한 표정으로 나를 찾아왔다. 7일 중 5일 성공했고 이렇게 정해놓은 행동 패턴을 해본 건 처음이라고 했다. 남들이 보면 별거 아닌 간단한 것이지만 자신은 이 단순한 것을 통해 또 다른 습관이 시작됐다고 했다. 그 작은 루틴은 자연스럽게 다음 행동으로 이어졌다. 샤워 후 영어 단어를 외우기 시작한 것이다. 샤워를 자기 전에 하지 않고 저녁 먹고 하니 샤워 후 무언가 할 수 있는 시간이 보였다고 했다. 또 샤워하는 동안 자신에게 오로지 생각을 집중할 수 있게 되면서 하루도 정리하고 무엇을 해야 하는가를 생각하게 되었다고 했다. 이것이 바로 단순함과 반복이 만들어 낸 루틴의 힘이다. 작은 루틴 성공이 다음 단계의 공부 도전을 가능하게 만들었다.

인생은 단 한 번의 결심이 아니라 매일의 수많은 선택으로 만들어진다. 매일의 작은 할 일 목록(To do list)은 절대 사소하지 않다. 성실히 쌓인 데일리 트레이닝은 결국 자신을 더 큰 무대로 이끈다. 데일리 트레이닝이라고 해서 매일 빠짐없이 해야 하는 건 아니다. 리프레시가 필요할 땐 쉬어가는 것도 하나의 과정이다. 학습자가 공부 과정에 잠시 쉴 수 있는 자신만의 공간과 시간을 확보하도록 도와주자. 단 5분의 호흡, 잠시 눈을 감는 시간조차 회복의 훈련이다. 그 5분이 자신을 회복시키고 다시 나아갈 힘을 준다.

데일리 트레이닝은 매일 조금씩 나만의 리듬을 찾아가며 만들어 가는 것이다. 하루의 작은 약속이자 나를 성장시키는 가장 현실적인 도구로 완벽하지 않아도 괜찮다. 작게 시작하고 자주 하고, 내 몸에 맞춰서 수정하고 나만의 길을 찾아가는 과정이 바로 데일리 트레이닝의 힘이다.

오늘도 작은 실천을 통해 어제의 나를 넘어서고 있다면 당신은 이미 성장 중이다. 지속 가능한 성장을 위해 '데일리 트레이닝 로그' 작성을 함께 설계해 보자. 계획은 작성하고 체크하고 돌아볼 때 비로소 힘을 가진다. 트레이닝 로그는 학습자의 공부 근육을 키우는 운동일지다.

성장의 한 걸음을 내딛도록 학습자에게 이렇게 말하자. "루틴은 매일의 작은 선택이야. 오늘 1%라도 성장하고 싶다면 딱 하나의 작은 약속부터 시작해 보는 건 어때? 오늘 바로 시작할 수 있는 '데일리 트레이닝 로그'의 한 꼭지를 만들어 본다면 무엇이 있을까?" 처음이라 잘 모르겠다면 누군가의 것을 따라 해도 좋다. 따라쟁이로 시작하는 것이다. 다음의 예시를 참고해도 좋다.

데일리 트레이닝 로그 (공부 PT 버전)

시간대	트레이닝 항목	목표(시간/량)	완료 체크	피드백
오전 훈련	영단어 20개 암기	30분	☐	외운 후 간단 문장 만들기
집중 훈련1	수학 문제집 2장	60분	☐	어려웠던 문제 번호 기록
집중 훈련2	독서 + 필사	40분	☐	인상 깊은 문장 표시
오후 훈련	오늘 공부 복습	20분	☐	헷갈린 개념 다시 확인
성장 훈련	오늘 배운 점 쓰기	10분	☐	오늘 성장한 부분 적기
정리 훈련	스트레칭+호흡 5분	5분	☐	집중한 나에게 칭찬!

💡 공부 PT 퀘스트 : 데일리 트레이닝 설계하기

1. 공부 근육 진단하기 : 공부 근육 중 가장 보완이 필요하다고 느끼는 부위는 어디인가요?
(예 : 집중력, 계획 세우기, 꾸준함, 복습, 이해력 등)

➡ ____

2. 최적의 공부 환경 찾기 : 가장 집중이 잘되었던 순간을 떠올려 보세요. 언제, 어디였나요?
공부를 시작하기 전 나만의 준비 루틴이 있다면 무엇인가요? 그 루틴은 당신에게 어떤 도
움을 주나요?

➡ 시간대 : ____________________ 장소 : ____________________

➡ ____

3. 원하는 나를 위한 오늘의 약속 : '이 정도면 해볼 만하다.'라고 느껴지는 수준으로, 오늘 반드
시 지키고 싶은 공부 약속 한 가지를 정해 보세요. (시간, 분량, 행동이 드러나게 써 보세요.)

➡ ____

4. 방해 요인 찾기 : 이 약속을 실천하려 할 때, 가장 흔들리게 만드는 방해 요소는 무엇인가
요? 그것이 왜 당신에게 방해로 느껴지는지 솔직하게 적어 보세요.

➡ ____

5. 방해 요소를 이기는 전략 : 그 방해가 나타났을 때 포기하지 않고 약속을 지키기 위해 시
도해 볼 수 있는 방법은 무엇인가요? 이 전략을 통해 당신은 어떤 변화를 기대하나요?

➡ ____

7

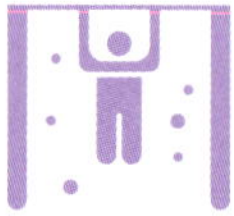

진짜 공부는 생각하는 힘이다

정답을 주는 건 쉽지만, 질문은 어렵다.
정답이 마침표라면 질문은 시작점이다.
우리는 지식의 창고가 아닌, 생각의 발전소에 시동을 거는 사람이다.
우리의 핵심은 정답을 주는 것이 아니라,
스스로 길을 찾게 하는 질문을 던지는 것이다.

헬스장에서 본 운동이란, 단순히 기계를 쓰는 시간 그 이상이다. 근육에 자극을 주고 유산소와 무산소 운동을 조합하며, 세트 사이 휴식까지 고려해 체계적으로 구성된 루틴이다. 마찬가지로 진짜 공부의 본 운동도 단순히 책상 앞에 앉아 있는 시간과는 다르다. 가장 중요한 건 생각하는 힘, 즉 사고력이다.

많은 학습자가 공부는 암기라고 착각한다. 시험에 나올 것들을 빠르게 외우고 그 순간 기억하고 있으면 된다고 생각한다. 또 문제를 푸는 기술에 집중한다. 정답을 맞히는 요령과 암기 방법, 시험 전략에 몰두한다. 하지만 이것은 폼만 그럴싸한 운동 기구 세팅과 같다. 무게를 들고 실제로 근육을 움직이지 않으면 아무 소용이 없다. 생각이라는 뇌의 근육을 사용하지 않으면 진짜 공부는 일어나지 않는다. 진짜 공부는 기억력 게임이 아니라 생각하는 힘을 기르는 훈련이다.

생각하는 힘은 루틴처럼 단순한 반복으로는 자라지 않는다. 이 힘은 마치 복합 근력운동처럼 다양한 지식과 개념을 연결하고 질문하고 스스로 정리하는 과정에서 커진다. 이 챕터에서는 공부 근육을 암기가 아닌 사고 근육으로 훈련해야 함을 이야기하려 한다.

생각하게 만드는 힘은 무엇일까? 그것은 질문이다. 질문은 무조건 뇌를 'ON' 시키기 때문이다. "왜 그렇지?", "그래서 뭐?", "다르게 보면?" 이런 질문이야말로 진짜 공부를 시작하게 만드는 스위치이다. 무의식적으로라도 질문받으면 우리는 생각을 시작한다. 그 질문에 대해 다양한 루트로 뇌가 작동하며 답을 찾는다. 예를 들어 "넌 왜 이걸 외워야 해?"라는 질문은 단순한 정보 입력이 아니라, 학습의 맥락을 되묻는 사고의 촉발 장치다. 이것이 바로 뇌의 본 운동이다.

질문은 공부의 코어 근육이다. 자주 쓸수록 강해지고 생각의 범위를 깊고 넓게 확장한다. 코칭에서 가장 강력한 도구는 질문이다. 질문은 뇌에 자극을 준다. 생각은 훈련될 수 있다. 그냥 떠오르는 아이디어가 아니라 깊이와 넓이를 갖춘 고차원적 사고로 발전할 수 있다. 운동도 처음엔 맨몸으로 시작해 점차 무게를 늘리듯 생각도 처음엔 단순한 질문에서 시작해 점점 복잡하고 비판적인 사고로 성장한다. 아인슈타인은 "삶에서 가장 중요한 것은 질문을 멈추지 않는 것이다."라고 하며 사고력 확장을 위한 질문의 중요성을 강조하였다. 공부하면서 가장 중요한 질문 역시 이것이다. "나는 이걸 진짜 이해했는가?" 이 질문이 바로 메타인지의 출발점이다. 메타인지는 내 생각을 바라보는 힘이다. 운동으로 치면 거울을 보며 자세를 교정하는 것과 같다. 빠르게 훑어보고 외우는 공부는 무게만 들고 자세 망치는 운동과 다르지 않다. 공부도 처음엔 가볍고 정확하게 그리고 깊게 하는 것이 중요하다. 정확한 자세로 10kg을 반복하는 사람이 대충 50kg을 들고 잘못된 자세로 부상을 입는 사람보다 훨씬 오래간다.

생각하는 힘은 타고나는 것이 아니라 의도적으로 길러지는 능력이다. 실제로 사고의 구조는 훈련을 통해 정교해진다. 조직화, 범주화, 구체화, 정교화 이 네 가지는 사고력의 핵심 근육이다. 이 과정이 반복될수록 학습자는 생각하는 힘을 축적하게 된다. 이는 마치 헬스장에서 복근과 하체, 등 근육을 각각 자극하는 루틴처럼 사고력을 다양한 방향에서 단련하는 것이다.

이스라엘의 교육심리학자 포이에르스타인 박사는 이렇게 말했다. "Just a moment! Let me think!" 모든 상황에서 잠시 멈추고 생각하는 공간을 만들어라. 우리 역시 학습자에게 즉각적인 정답 대신 생각할 여백을 제공해야 한다. 문제를 만났을 때 곧바로 답을 요구하지 않고 잠시 생각할 시간과 공간을 주는 것, 그 자체가 학습의 본 운동이다.

입력 – 정교화 – 출력의 학습 사이클을 완성하려면 학습코치의 질문과 학습자의 자기 사고 시간이 필요하다. 이러한 구조는 중재학습(Mediated Learning), 연결학습(Bridging Learning) 등의 형태로 실천되고 있다. 전문코치인 나도 실제 관련 프로젝트에 참여하여 학습자와 코치 모두가 생각의 본 운동을 수행하는 과정을 경험했다. 활동지를 설계할 때도 단순한 정답 유도형이 아니라 스스로 생각을 확장할 수 있도록 구성한다. 코치로서도 무척 도전적인 작업이지만, 마치 강도 높은 PT 세션 뒤에 오는 뿌듯함처럼 질 높은 코칭은 양쪽 모두를 성장시킨다. 『옥스퍼드는 어떻게 답을 찾는가』는 옥스퍼드 출신 인재들의 공통점을 '자기 머리로 생각하고 전달하는 힘'이라고 정의한다. 그들은 학창 시절부터 정답 없는 문제를 대화로 탐색하며 생각의 폭과 깊이를 넓히는 훈련을 한다. 이 책에서 소개하는 튜토리얼(정답이 없는 질문에 대한 탐구), T 자형 사고(한 분야에 깊게 파고든 후, 다른 영역으로 확장), 로지컬 씽킹(복잡한 개념을 단순하게 정리), 마인드맵(비언어적 사고의 시각화)과 같은 사고법과 세렌디피티(우연에서 기회를 찾는 인식력), 스트레스 컨트롤(사고의 유연성 유지), 브레이크스루(내면의 벽을 넘는 도전 정신) 같은 습관은 학습자의 정신적 코어 근육을 강화하는 훌륭한 루틴이 될 수 있다.

다니엘 카너먼의 『생각에 관한 생각(Thinking, Fast and Slow)』에서 인간의 사고를 시스템 1(빠르고 직관적인 사고)과 시스템 2(느리지만 논리적인 사고)로 구분했다. 공부는 시스템 2를 호출하는 반복 훈련이다. 우리는 학습자에게 생각할 틈 없이 정답을 요구하는 것이, 워밍업 없이 데드리프트 100kg을 들게 하는 것과 같음을 알아야 한다. 진짜 공부는 시스템 2를 작동시키는 루틴을 일상에 포함하는 것이다. 그렇기에 공부 몰입의 핵심은 단순 반복이 아니라 깊은 사고를 끌어내는 구조화된 연습이다.

헬스장에서 트레이너가 "지금 호흡하세요!", "그 동작은 손목이 꺾이지 않게 수직이 되어야 합니다!"라고 피드백을 주듯, 코치의 질문은 사고의 흐름을 조율해 주는 역할을 한다. "왜 그렇게 생각했어?", "다른 관점에서 보면 어떨까?", "이 경험은 어떤 의미가 있을까?" 이 질문들은 뇌의 특정 부위를 자극하며, 스스로 깊이 파고들도록 돕는다. 그 결과 단순한 지식이 아니라 내재화된 지혜가 형성된다. 코치의 질문은 생각의 스팟 훈련이다.

 **코칭 가이드 : 사고 근육을 단련시키는 코치의 3가지 질문**

첫째, '왜?'라고 물어 생각의 깊이를 더하게 하자. 가장 단순하지만 가장 강력한 질문이다. 학습자가 어떤 사실을 말할 때, "왜 그게 중요하다고 생각해?", "왜 그런 결론이 나왔을까?"라고 물어야 한다. 이 질문은 학습자를 무엇이라는 지식의 표면에서 '왜'라는 이해의 심층부로 이끈다. 한 번의 질

문으로 끝나지 말고 학습자가 답하면 그 답에 대해 "또 다른 이유는 없을까?"라며 한 단계 더 깊이 파고드는 질문을 해보자.

둘째, '만약 ~라면?'이라고 물어 생각의 넓이를 확장하게 하자. 고정관념을 깨고 창의적인 사고를 자극하는 가장 효과적인 방법이다. "만약 네가 이 소설의 주인공이었다면 어떻게 했을까?", "만약 중력의 법칙이 지금과 달랐다면 세상은 어떻게 변했을까?"와 같은 가정 질문은 학습자를 주어진 정보의 틀 밖으로 나오게 한다. 이는 지식을 다양한 상황에 적용하고 비판적으로 사고하는 유연한 근육을 길러준다.

셋째, "그래서, 이게 너에게 어떤 의미야?"라고 물어 연결고리를 만들어주자. 학습의 최종 목표는 지식의 내재화다. 아무리 많은 것을 알아도 자신과 연결되지 않으면 지식은 흩어진다. "오늘 배운 내용이 너의 꿈과 어떤 관련이 있을까?", "이 역사적 사건을 통해 네가 배운 점은 무엇이고, 앞으로 어떻게 살고 싶어졌어?" 이 질문은 추상적인 지식을 학습자의 삶이라는 구체적인 맥락과 연결하게 되고, 이 연결의 순간, 지식은 비로소 지혜가 된다.

실제 코칭 현장에서 우리는 이런 말을 많이 듣는다. "한 번도 생각해 보지 못했는데, 코치님의 질문을 받고 생각이 났어요!", "그 질문을 듣는 순간, 아…. 이렇게 생각해 볼 수도 있겠구나 싶었어요." 스스로 생각할 수 있는 시간과 공간을 주는 질문은 그동안 생각하지 못했던 것을 깨닫게 한다. 바로 이것이 사고력 확장의 과정이다.

생각하는 힘은 단기간에 생기지 않는다. 그러나 질문 앞에서 멈추고, 스스로 연결해 보려는 경험이 반복되면 변화는 분명히 쌓인다. 어느 순간 문제를 대하는 태도가 달라지고 말과 글에 힘이 생기며 학습자는 정답을 기다리는 사람이 아니라 스스로 길을 찾는 사람으로 이동한다. 이것이 바로 사고력이 자라는 과정이며, 진짜 공부가 시작되는 지점이다.

💡 공부 PT 퀘스트 : 생각 근육 단련하기

1. 가장 궁금했던 '왜?' 찾기 : 오늘 공부한 내용 중, "왜 그런 걸까?" 하고 가장 마음에 걸렸던 부분은 무엇이었나요? 그 질문에 대해 지금 떠오르는 자신의 첫 번째 생각은 무엇인가요?

➡ ____

2. 나만의 언어로 지식 번역하기 : 그 궁금증을 다른 사람에게 설명한다면, 당신의 말로 어떻게 풀어낼 수 있을까요? 전혀 모르는 친구에게 알려준다고 생각하고, 사용할 수 있는 비유나 예시를 떠올려 보세요.

➡ ____

3. 생각의 가지 뻗기 : 이 문제나 개념을 다른 방식으로 접근해 볼 수 있을까요? 처음에는 보이지 않았지만, 곰곰이 생각해 보니 새롭게 깨달은 점은 무엇이었나요?

➡ ____

4. 나만의 방식으로 표현하기 : 지금까지 이해한 내용을 글, 그림, 도식 중 하나로 표현해 본다면 어떻게 나타낼 수 있나요? 이 표현 과정을 통해 머릿속에서 어떤 새로운 연결이 만들어졌나요?

➡ ____

5. 생각 근육 점검하기 : 오늘의 생각 훈련을 통해 사고 근육은 얼마나 단단해질까요? 앞으로 생각하는 힘을 키우기 위해 자신에게 자주 던지고 싶은 질문은 무엇인가요?

➡ ____

8

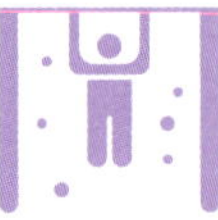

집중력 설계 : 뇌의 필터링 이해하기

집중력 부족은 의지의 실패가 아니라, 뇌 회로 설계의 부재이다.
'정신 차려!'라고 외치는 것은 코칭이 아니다. 우리는 의지력 트레이너가 아니라,
몰입의 보상 회로를 함께 설계하는 파트너이다.
우리의 역할은 뇌가 스스로 움직이도록 길을 만들어 주는 것이다.

공부가 안 될 때 우리는 흔히 이렇게 말하며 자신을 탓한다. "나는 집중력이 너무 약해.", "공부하려고 앉기만 하면 딴생각이 나고 딴짓만 늘어가.", "산만해서 글자만 봐도 머리가 아파." 이런 학습자들에게 학습코치는 어떻게 반응해야 할까? 많은 학습자가 집중력 때문에 고민한다. 하지만 생각해 보자. 처음부터 집중력이 뛰어난 사람이 있을까?

헬스장에서 운동할 때를 떠올려 보자. 음악 소리와 덤벨 부딪치는 소음이 가득해도 트레이너가 내 이름을 부르거나 "등 펴세요!"라고 지적하면 귀신같이 그 소리만 들린다. 이를 '칵테일파티 효과(Cocktail Party Effect)'라고 한다. 우리 뇌는 시끄러운 파티장 같은 상황에서도 자신에게 의미 있는 정보(내 이름, 내 관심사)만 선택적으로 받아들이는 고도의 필터링 능력을 갖

추고 있다. 교실은 거대한 칵테일 파티장과 같다. 선생님의 설명, 친구들의 잡담, 책 속의 텍스트가 뒤섞여 있다. 아이들이 집중하지 못하는 이유는 산만해서가 아니다. 그 정보들 속에서 "이건 내 이야기야!"라고 느낄 만한 연결 고리를 발견하지 못했기 때문이다. 뇌는 자신과 상관없다고 판단된 정보를 배경음악처럼 흘려보낸다. 즉, 집중력의 시작은 의지가 아니라 '이 공부가 나를 부르고 있다.'라는 의미의 발견에 있다.

의미를 발견해 뇌의 필터가 열렸다면 그다음은 그 상태를 유지하는 회로(Circuit)가 필요하다. 우리는 게임이나 유튜브에는 무섭게 몰입한다. 뇌의 도파민 보상 회로가 그쪽에 강력하게 연결되어 있기 때문이다. 도파민은 우리가 무언가를 기대하고 시도하고 반복하게 만드는 뇌 속 신경전달물질이다. 즐거움과 보상이 예상되는 행동에는 도파민이 분비되며 뇌는 그 행동을 다시 하도록 유도한다. 게임을 하면 레벨 업, 보상, 시각효과, 경쟁 등 도파민을 자극하는 요소들이 가득하기에 도파민은 계속 쏟아지게 되고 몰입은 깊어지게 된다. 집중력이 뛰어난 게 아니라 회로가 잘 짜인 것이다. 공부 집중력도 마찬가지다. 정신력으로 버티는 게 아니라, 생각 근육을 써서 뇌가 몰입할 수밖에 없는 구조를 만들어야 한다. 작은 성취, 명확한 피드백, 흥미로운 질문, 스스로 만드는 미션이 있다면 공부도 충분히 몰입의 대상으로 전환될 수 있다. 이제 집중력 뇌 회로를 재정비해 보자. 운동선수가 근육을 키우듯, 우리도 뇌 속에 있는 생각 근육을 훈련하면 누구나 집중력을 키울 수 있다. 결국 집중력이란 타고난 성향이 아니라 의미를 포착하고 생각 근육을 작동시키는 구조의 문제다. 그 집중력 구조는 네 가지 생각 근육으로 이루어져 있다.

❶ 조직화 근육 : 조직화 근육은 흩어진 정보를 정리하고 구조화하는 힘이다. 수업 시간에 선생님께서 설명한 내용을 글머리 표로 정리하거나 그림으로 정리하는 것이다. 노트를 목차─요점─예시의 구조로 정리하거나,

한 단원의 내용을 한 장 그림(마인드맵)으로 정리하는 것으로 훈련할 수 있다. 예를 들어 역사 시간에 배운 조선시대의 정치 구조를 '왕 → 관직 → 신하 → 백성'으로 흐름도처럼 정리해 보면 이해도 쉽고, 복습도 훨씬 빨라진다.

❷ 범주화 근육 : 범주화 근육은 비슷한 것과 다른 것을 구분하는 힘이다. 공부하다 보면 정보가 뒤섞이기 쉬운데 이 근육이 발달하면 이건 핵심 개념이고, 이건 예시구나 하며 스스로 구분할 수 있다. 공부할 때 개념 옆에 핵심/배경/예시를 문자나 기호 또는 색으로 표시하는 것이 훈련 방법이다. 예를 들어 영어 단어를 외울 때, 동사/형용사/명사로 나누어서 외우면 더 오래 기억된다. 이건 범주화 근육이 작동한 것이다.

❸ 구체화 근육 : 구체화 근육은 개념을 실제 상황과 연결하는 힘이다. 함수라는 개념을 배울 때 "아, 이건 카페에서 가격 계산할 때 쓰는 원리구나!" 하고 생활 속 예시로 연결하면 기억이 훨씬 잘된다. 또 삼권분립을 배우면서 '우리나라에는 국회, 법원, 정부가 각각 역할을 나눠 갖고 있지.'라고 떠올리는 것도 구체화 훈련이다. 이와 같이 개념 하나를 배웠을 때, '이게 실제로 어디에 쓰이지?' 하고 생각해 보거나 내가 경험한 사례와 연결 지어보는 것으로 훈련할 수 있다.

❹ 정교화 근육 : 정교화 근육은 내용을 더 깊고 풍부하게 연결하는 힘이다. 왜 그럴까? 다른 단원과는 어떻게 연결될까? 같은 질문을 스스로에게 해보면 기억이 단순한 암기에서 벗어나 사고력으로 바뀐다. 예를 들어 도파민이라는 개념을 배웠다면 '아~ 그래서 내가 게임을 할 땐 시간 가는 줄 모르고 빠지는 거구나!' 하고 자기 경험과 연결해 보는 것이다. 이렇게 수업 시간에 배운 내용을 뉴스, 유튜브 영상, 책 등과 연결해 보는 것이 훈련 방법이다.

코칭 가이드 : 집중력 설계를 위한 코치의 3가지 스위치

첫째, 정보가 아닌 의미를 질문하여 뇌의 필터를 켜자. "오늘 배운 내용 중에 너의 마음을 툭 건드린 단어가 있니?" 학습자가 공부 내용을 남의 지식이 아니라 나의 이야기로 받아들이게 돕는 질문이다. 지식에 자기만의 이름표를 붙이고, 별명을 지어주는 활동은 뇌의 주의 집중 필터를 즉각적으로 활성화한다. 코치는 억지로 연결을 강요하기보다, 학습자 스스로 "어? 이거 내 얘기 같은데?"라고 발견할 여백을 만들어 주어야 한다.

둘째, 4가지 생각 근육을 사용할 수 있는 질문을 하자. 수동적인 듣기는 집중력을 흩트린다. 코치는 질문을 통해 학습자의 생각 근육 스위치를 켜야 한다. "이 내용을 그림 하나로 정리한다면 어떻게 될까?"(조직화), "이 개념을 네 친구가 겪은 일에 비유한다면?"(구체화). 이런 질문들은 학습자를 정보의 구경꾼에서 능동적인 건축가로 변모시킨다. 사고가 작동하는 순간, 딴생각은 들어올 틈이 없다.

셋째, 보상 회로를 해킹하여 작은 성공을 맛보게 하자. 뇌는 즉각적인 보상에 반응한다. 거창한 목표 대신 25분 집중 후 좋아하는 노래 한 곡 듣기처럼 작고 확실한 보상 루틴을 설계해 주자. 또한 학습자가 목표를 달성한 그 순간, 코치가 "와, 이 어려운 걸 정리해 냈네!"라고 외쳐주는 인정과 환호는 학습자의 뇌에 도파민을 쏟아붓는 가장 강력한 기폭제다. 이 맛을 본 뇌는 다시 책상 앞에 앉고 싶어 한다.

헬스장에서 근력운동을 하듯 집중력 훈련도 루틴이 있어야 한다. 한 번 몰입을 경험한 뇌는 그 기억을 다시 찾고 싶어 한다. 앞서 말한 작은 질문 → 사고의 근육 훈련 → 집중 → 성취 → 도파민이 선순환 루프를 만들기 위해서는 반복이 가능한 몰입 환경을 구축하는 것이 중요하다. 몰입이 일어나는 환경을 스스로 만들어야 한다. 집중력을 높이는 5가지 습관은 다음과 같다.

공부 전, 질문 던지기	▶ 오늘 이 과목에서 제일 중요한 건 뭘까? ▶ 뇌는 질문을 받으면 자동으로 집중 모드에 들어간다!
25분 집중+5분 휴식 (뽀모도로 타이머)	▶ 뇌가 피로해지기 전, 짧게 몰입해서 도파민이 생기도록 루틴 짜기
작은 목표 설정	▶ 오늘 문제집 3쪽! 말고, 오늘은 7번 문제 정확히 이해하고 설명하기 처럼 작고 구체적으로!
성취 시각화	▶ 스스로 해냈다! 라고 기록하고, 스티커, 스탬프 찍기 등으로 성취감 을 시각화 ▶ 도파민이 터지면 다시 그 행동을 하고 싶어진다!
딴짓 차단 환경 만들기	▶ 핸드폰 끄고, 공부 앱 타이머 켜기 ▶ 책상 위를 정리하고, 집중 음악 틀기

공부를 게임처럼 느끼게 돕는 것이 코치의 역할이다. 재미없는 과제를 미션으로 바꾸고, 질문 → 성취 → 도파민의 선순환 루프를 만들도록 도와야 한다. 진짜 집중력은 칵테일파티 효과로 의미를 포착하고, 생각 근육으로 그 의미를 구조화하는 역동적인 과정이다. 멍하니 앉아 있는 것은 결코 공부가 아니다.

몰입은 타고나는 재능이 아니라 훈련된 습관이다. 학습자가 게임에서 느꼈던 몰입의 회로를 공부로 연결하기만 하면 된다. 의지력 대신 정교한 루틴과 환경을 설계할 때 도파민은 최고의 학습 도우미가 된다. 코치는 학습자가 스스로 몰입 시스템을 만들도록 돕는 설계자가 되어야 한다. 기억하자. 집중력은 정신력이 아니라 잘 짜인 구조에서 나온다.

공부 PT 퀘스트 : 집중력 회로 설계하기

1. 나를 부른 한마디 찾기 : 오늘 공부한 내용 중에서, 유독 자신의 눈길이나 마음을 사로잡았던 단어나 문장, 혹은 개념은 무엇이었나요?

➡ ____

2. 나와 연결고리 만들기 : 그 부분이 왜 특별하게 느껴졌을까요? 자신의 경험, 고민, 혹은 평소 호기심과는 어떻게 연결되나요?

➡ ____

3. 생각 근육으로 요리하기 : 오늘 배운 내용 중 가장 중요한 것 하나를 선택해, 친구에게 설명해 준다고 상상하고 나만의 언어로 쉽고 짧게 다시 써보세요.

➡ ____

4. 방해 요소 차단 & 보상 설계 : 내 집중력을 끊는 방해꾼(스마트폰 등)을 어떻게 차단할 것인가요? 그리고 오늘의 공부 미션을 완수한 나에게 어떤 즉각적인 보상(간식, 휴식 등)을 줄 것인가요?

➡ ____

5. 변화에 대한 기대 : 위의 과정들을 거치며 공부했을 때 나의 머릿속 느낌은 멍하니 있을 때와 무엇이 다를까요? 긍정적인 변화를 미리 상상해서 적어보세요.

➡ ____

9

학습 과학으로 증명된 트레이닝

> 최고의 컨디션에서 최고의 퍼포먼스가 나온다.
> 우리는 머리만 코칭하는 사람이 아니라, 몸과 뇌 전체를 관리하는 트레이너다.
> 목표는 책상에 오래 앉히는 것이 아니다.
> 최상의 집중력을 발휘할 최적의 상태를 설계해 주는 것이
> 우리의 진짜 역할이다.

운동을 쉬면 근육이 빠지듯 공부를 쉬면 집중력이 떨어진다. 우리는 공부가 정신적인 일이라고 생각하지만, 사실 공부는 매우 신체적인 일이다. 특히 집중력은 뇌의 에너지 소비와 체력 상태에 밀접하게 연결되어 있다. 마치 근력운동을 할 때 몸의 에너지가 떨어지면 자세가 무너지고 효율이 떨어지듯 뇌도 피곤하거나 준비가 되지 않으면 공부에 몰입하기 어렵다. 그래서 이 챕터에서는 학습자의 공부 체력을 기르는 방법을 이야기해 보려한다. 이건 그냥 많이 앉아 있기나 오래 버티기가 아니다. 진짜 집중이 되는 시간, 몰입하는 경험, 그리고 기억이 남는 학습을 만들기 위한 뇌과학 기반의 루틴 구성법이다.

우리 뇌는 끊임없이 정보를 받아들이고 이미 학습된 것과의 연결을 추구한다. 그중 의미 있는 학습으로 연결되는 정보는 주의가 머무는 것뿐이다. 즉, 뇌가 집중하지 않은 공부는 근육이 움직이지 않는 헬스와 같다. 아무리 학습 시간을 늘려도 집중이 되지 않으면 성과는 제로에 가깝다. 하지만 희망적인 뉴스가 있다. 집중력도 체력처럼 훈련으로 강화될 수 있다는 사실이다. 짧고 강한 루틴으로 시작하는 게 중요하다. 뇌의 집중 지속 시간은 평균적으로 15~25분, 특히 청소년은 8분에서 12분 사이다. 그래서 학습자들에게 이렇게 질문할 수 있다. "25분만 집중해 보는 건 어때? 그다음 5분은 멍때려도 돼." 이건 유명한 포모도로 기법이지만 뇌과학적으로도 설득력이 있다. 집중−이완의 리듬이 뇌에 휴식 중 강화를 만들어 주기 때문이다. 학습 후 가만히 있는 시간에도 뇌는 정보를 정리하고 연결하고 강화한다. 이건 헬스장에서 세트 사이에 숨 고르며 근육에 자극을 주는 과정과 똑같다.

수면은 뇌와 신체를 회복하기 위해 할 수 있는 가장 효과적인 방법이다(Walker, 2017). 운동을 하고 나면 근육은 잠을 자며 회복한다. 공부도 마찬가지다. 배운 내용은 수면 중 단기기억(해마)에서 장기기억(신피질)으로 저장된다. 즉, 공부의 완성은 자는 동안 이루어진다. 특히 주목할 점은 잠들기 전 마지막으로 떠올린 정보가 높은 우선순위를 차지하며 기억에 더 오래 남는다는 사실이다. 자기 전에 오늘 가장 중요했던 내용을 떠올리면 뇌는 그걸 중요한 정보라고 판단해서 잘 기억할 것이다.

또한 낮잠도 훌륭한 학습 전략이다. 연구에 따르면(Maas & Robbins, 2011) 깨어난 지 약 8시간 뒤에 자는 낮잠이 밤에 20~30분을 더 자는 것보다 훨씬 더 많은 것을 해준다는 것이 증명되었다. 단, 20분 또는 90분 이내로 조절해야 한다. 45~75분의 낮잠은 뇌가 깊은 수면 상태에 있을 때 깨어남으로 정신이 혼미하고 효율적으로 기능할 수 없게 할 수도 있기 때문이다. 낮잠을 잘 수 없는 환경에서는 학습 후 잠시 깨어있는 휴식(wakeful rest)을 취

함으로써 기억력이 향상될 수 있다(Dewar et al., 2012). 특히 오후 3시 전후에 20분 정도 눈을 감고 쉬는 습관은 피로 해소뿐만 아니라 기억력 강화에도 효과가 있다.

이러한 과학적 사실에 비추어 볼 때 학교에서 학생들이 쉬는 시간에 쉬고(깨어 있는 휴식), 7시쯤 기상을 전제로 하교 후 3시쯤엔 낮잠을 자는 것은 매우 이상적인 학습 리듬이다. 학교의 시간표가 참으로 과학적으로 짜인 것이다.

모든 사람은 보통 7~9시간의 충분한 잠을 자야 한다. 10대들은 9~10시간이 필요하기도 하다. 일부 사람들은 6시간 정도의 수면만으로도 충분하다고 생각할 수 있지만, 6시간의 수면으로 잘 기능하는 유전자는 0.3%, 나머지는 6시간으로 줄이는 것이 쉽지 않다고 한다(He et al., 2009). 펜실베니아 대학교 연구원들이 실험을 하였다. 지원자들에게 2주 동안 6시간 미만의 수면을 요구한 후 그 결과를 측정하였다. 2주 후 지원자들은 잠이 조금 늘어난 것 외에는 모두 정상이라고 생각했다. 그러나 인지검사 결과 점수는 낮아지고 반응 시간도 2주간 계속 감소하였다. 이들은 이틀 동안 잠을 자지 않은 참가자들만큼 제 기능을 하지 못했다(Hans P.A. van Dongen et al., 2003).

하루나 이틀 밤의 수면 부족은 하룻밤 푹 잠으로써 회복이 가능하지만, 반복적이고 일상적인 수면 부족은 학습과 기억에 해로울 뿐 아니라 직접적으로 우리의 모든 면에 영향을 준다. 사람마다 자기만의 수면 패턴이 있기에 자신의 수면 패턴을 확인하는 것이 중요하다. 수면 중의 뇌는 해마에서 불필요한 정보를 제거하여 다음 날 새로운 정보를 배울 준비를 하며 수면 중에 기억이 만들어진다는 사실을 기억하자.

운동 전에 스트레칭이나 워밍업을 하듯 공부 전에 뇌를 깨우는 활동을 넣는 것도 효과적이다. 뇌는 움직이는 몸에 반응한다. 유산소 운동은 집중력과 기분, 동기와 자기 조절력을 강화하며, 특히 학습 후 4시간 이내의 운동은 기억을 장기화하는 데 큰 도움이 된다. 하지만 학습자들에게 가장 간단하고도 실천할 수 있는 건 공부 시작 전에 가볍게 뛰거나 걷기, 팔벌려뛰기, 줄넘기 2분이다. 이건 뇌에게 "이제 시작이야!"라고 말해주는 일종의 신호탄이다.

헬스장에서 기구를 바꿔가며 근육을 자극하듯 뇌도 다양한 감각을 활용할수록 학습 효과가 높아진다. 시각, 청각, 촉각이 동시에 작동하면 뇌는 이건 중요하다고 판단하고 기억을 강화한다. 예를 들어 개념을 말로 설명하고 마인드맵으로 시각화한 뒤 손으로 직접 써보게 하면 기억에 훨씬 오래 남는다. 이건 단순히 외우기보다 패턴 인식과 감각 통합을 통해 뇌를 활성화하는 방식이다.

 **코칭 가이드 : 공부 체력을 길러주는 3가지 코칭 처방전**

첫째, 에너지 리듬을 설계하게 하자(집중&휴식 사이클). 학습코치는 포모도로 기법을 단순히 25분 공부, 5분 휴식으로 제시하는 데서 멈추지 않는다. 대신 학습자에게 "네가 가장 몰입이 잘됐던 시간은 보통 몇 분쯤이었어?", "20분과 30분 중, 네 몸과 뇌가 덜 지치는 쪽은 어느 쪽일까?"와 같은 질문을 던지며 자신에게 맞는 집중 리듬을 탐색하도록 돕는다. 또한 휴식은 게으름이 아니라 뇌가 정보를 정리하고 강화하는 적극적인 학습 과정임을 함께 이해하게 해야 한다. 죄책감 없이 쉬고, 다시 집중으로 돌아올 수 있을 때 비로소 학습 리듬은 지속된다.

둘째, 기억의 골든타임을 활용하게 하자(수면과 운동). 학습코치는 학습자의 생활을 통제하는 관리자가 아니라, 삶의 리듬을 함께 읽어주는 트레이너여야 한다. "잠을 충분히 잤던 날과 그렇지 않았던 날, 공부할 때 느낌은 어떻게 달랐어?”, “잠들기 전의 시간이 다음 날 집중력에 어떤 영향을 주는 것 같아?”와 같은 질문을 통해 학습자가 자신의 수면 패턴을 스스로 자각하도록 돕자. 이어서 잠자는 동안 학습이 완성된다는 뇌과학적 원리를 설명하며 수면의 가치를 이해하게 한다. 더 나아가 “공부를 시작하기 전에 뇌를 깨우기 위해 네가 지금 당장 실천할 수 있는 가장 가벼운 움직임은 뭐가 있을까?”와 같이 학습자 스스로 선택한 브레인 워밍업 루틴을 설계하도록 돕는 것이 핵심이다.

셋째, 오감을 총동원하게 하자(다중 감각 학습법). 집중력이 떨어질 때 학습코치는 방법을 지시하는 사람이 아니라 선택지를 열어주는 안내자가 되어야 한다. “이 개념을 눈으로만 볼 때와 소리 내어 설명할 때 중 어느 쪽이 더 잘 남는 것 같아?”, “이 내용을 몸을 써서 기억한다면 어떤 방식이 가장 자연스러울까?”와 같은 질문을 통해 학습자가 자신에게 맞는 감각 조합을 찾도록 돕는다. 시각, 청각, 촉각을 함께 사용하는 학습은 단순한 변주가 아니라 뇌의 참여도를 높이고 기억을 강화하는 과학적인 전략임을 이해시키는 것이 중요하다.

집중력은 체력이다. 체력은 훈련으로 길러진다. 단순히 책상에 오래 앉아 있는 것만으로는 얻을 수 없으며 뇌도 근육처럼 단련해야 한다. 짧고 강한 루틴으로 뇌의 주의력을 끌어 학습을 시작해야 한다. 충분한 수면과 낮잠은 기억을 정리하고, 신체 활동은 잠든 뇌를 깨운다. 여기에 감각을 다양하게 활용할 때 몰입은 오래 유지된다. 제대로 운동하고, 제대로 쉬고, 제대로 자는 이 모든 과정이 합쳐질 때 비로소 진정한 몰입이라는 본 운동이 효과를 발휘한다. 코치로서 우리는 이 내용을 기억하고 학습자들이 뇌를 위한 종합적인 훈련을 통해 최고의 집중력을 발휘하도록 이끌어 주어야 한다. 아래의 루틴 요약을 참고하자.

루틴	설명
시작 루틴	25분 공부 → 5분 휴식 (3세트 반복)
브레인 워밍업	공부 시작 전 2~5분 운동 (팔벌려뛰기, 제자리 걷기)
낮잠 루틴	오후 3시 전후 20분 눈 감고 쉬기
자기 전 루틴	오늘 배운 핵심 내용 3가지를 떠올리며 잠들기
감각 루틴	소리 내어 읽기 + 마인드맵 그리기 + 손으로 쓰기

몸을 움직이며 근육을 만드는 것처럼 공부도 루틴을 통해 집중력을 훈련할 수 있다. 그 루틴은 피곤할수록 더 중요하고, 반복될수록 더 강해진다. 학습자가 공부를 시작할 때 "좋아, 뇌야. 오늘도 같이 운동하자!"라고 말할 수 있도록 코칭해 보자.

💡 공부 PT 퀘스트 : 나의 공부 체력 진단하기

1. 뇌 휴식법 찾기 : 자신의 뇌가 가장 잘 쉬는 느낌이 들 때 어떤 활동을 하고 있나요? (예 : 산책, 음악 듣기, 좋아하는 영상 보기)

➡ ____

2. 집중력 한계점 파악하기 : 가장 집중이 잘되는 시간은 몇 분 정도인가요?

➡ ____

3. 수면 환경 알아차리기 : 최근에 수면 시간과 수면의 질은 어땠나요? 피곤함이 공부에 어떤 영향을 주나요?

➡ ____

4. 수면 전 긍정적 메시지 보내기 : 자기 전, 나의 뇌에 어떤 메시지를 남기고 싶은가요? (예 : 오늘도 잘했어, 내일은 더 잘할 수 있어.)

➡ ____

5. 지속 가능한 루틴 만들기 : 가장 나답고 실천이 가능한 루틴을 만든다면 어떤 모습일까요? 앞으로 3일 동안 이것을 직접 실험해 본다면, 무엇을 시도해 보고 싶나요?

➡ ____

10

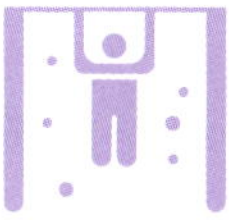

생각의 거울 앞에 서다 :
메타인지로 공부 폼(Form) 리셋

운동을 막 시작한 사람들이 가장 많이 하는 실수가 있다. 무작정 열심히만 하는 것이다. 자세도 안 잡고 루틴도 없이 어제는 하체, 오늘은 등 그리고 내일은 아무 생각 없이…. 그러다 결국 체력도, 의욕도, 몸도 망가진다. 운동은 생각하며 움직이는 훈련이다. 공부도 마찬가지다. 학습자들은 스스로에게 질문을 던질 필요가 있다. "내가 하고 있는 공부와 공부법은 지속 가능한가?", "나는 무엇을 얻고자 하는가?", "나의 공부법에 필살기는 무엇인가?" 어쩌면 아직은 준비 운동 단계에 있는 자신을 발견할 수도 있다. 본 운동 존인데 준비 운동이라고? 그러나 괜찮다. 자신의 현재 위치를 발견하고 인지했다면 이것이 바로 메타인지가 잘 작동된 것이다. 운동을 지속하려면 내 폼을 스스로 알고 있어야 하고, 그 폼이 나에게 맞는지 끊임없이 점검하고 리셋하는 메타인지가 필요하다.

코칭 현장에서 우리는 "코치님, 저는 그냥 열심히만 했는데 또 틀렸어요.", "집중해서 풀었는데 왜 이게 답이 아닌지 모르겠어요."라는 학습자의 말을 듣곤 한다. 이 말 속에는 자신의 공부를 점검하는 눈, 즉 메타인지의 부재를 볼 수 있다. 이런 학습자들은 마치 헬스장에 와서 트레이너 없이 혼자 덤벨만 드는 초보자와 같다. 자세가 무너지고 무게에 눌리고, 어느 순간 '내가 못 하는 사람이구나.'라는 자기 낙인까지 찍는다. 문제는 그들이 열심히 안 한 게 아니라 어떻게 공부하는지를 모르는 것이다.

Metacognition, 즉 메타인지는 생각에 대한 생각, 배움에 대한 자각이다. 쉽게 말해 내가 지금 무엇을 알고 있는지 무엇을 모르고 있는지 그리고 그걸 어떻게 점검하고 조정할 수 있을지를 스스로 모니터링하고 조절하는 능력이다. 뇌과학자들은 이 메타인지 능력이야말로 고차원적 학습과 문제 해결 능력의 핵심이라고 말한다. 메타인지는 공부의 자세를 교정하는 거울과 같다. 학습자들은 종종 열심히 하고 있다는 착각에 빠진다. 수업 시간도, 혼공 시간도 다양한 콘텐츠를 쏟아내며 열심히 하고 있다고 착각하지만, 그 방식이 지속 가능한 설계인지 자신의 관점에서 유효한 자극인지는 잘 모른다.

공부는 단순한 정보 입력이 아니다. 자신의 상태를 파악하고, 전략을 세우고 조정해 나가는 끊임없는 자기 피드백의 과정이다. 메타인지가 부족한 학습자는 잘못된 방법을 고치지 못하고 쉬운 것만 반복하며 막히는 순간 '나는 못해요.'라고 포기한다. 반대로 메타인지가 있는 학습자는 공부 계획을 주체적으로 세우고, 실수에서 학습 포인트를 찾고, 더 빠르게 자기 루틴을 개선한다. 결국 메타인지가 깨어난다는 것은 공부의 주도권을 쥐는 일이다. 이것이 학습자들에게 메타인지가 필요한 이유이다.

운동에선 폼(자세)이 무너지면 결국 부상을 입는다. 학습에서도 운동에서도 그리고 인간관계에서도 생각 없이 반복하는 루틴은 부상의 지름길이다. 무엇보다 의미를 잃는 순간 우리는 금세 지쳐버린다. 그래서 우리는 학습자가 자기 생각을 스스로 디자인하도록 도와야 한다. 학습코치는 학습자가 메타인지를 기를 수 있도록 다음의 3단계 훈련법을 안내할 수 있다.

1단계. 공부 전, '생각 준비 스트레칭' 수업을 시작하기 전 공부 관성을 깨워주는 질문을 던져보자.

- 오늘, 이 공부에서 내가 알고 싶은 건 무엇일까?

- 내가 지금 막히고 있는 부분은 어디인가?

- 이 공부가 끝나면 어떤 상태가 되면 좋을까?

이 짧은 질문만으로도 학습자는 '선택해서 배우는 공부'로 전환된다. 모든 학습에는 준비 운동이 필요하다. 이 질문이 바로 그 준비 운동이 된다.

2단계. 공부 중, '중간 점검 re-포지션' 공부 중에도 자기 생각을 되돌아보는 훈련이 필요하다.

- 지금 이 문제를 왜 이렇게 풀고 있는가?

- 이 개념이 앞에서 배운 것과 어떻게 연결되는가?

- 설명하라면 설명할 수 있는가?

이런 질문은 무작정 달리기를 멈추고, 자세를 점검하며 호흡을 고르는 쉼표다. 교사는 수업 중 '중간 멈춤 질문 타임'을 만들고 학생이 자신만의 생각 말풍선을 공책 여백에 적어보게 할 수 있다.

3단계. 공부 후, '공부 폼 피드백 & 리셋' 공부가 끝난 후 간단한 자기 피드백 공간을 만들어 보자.

- 오늘의 목표에 도달했는가?

- 집중 상태는 어땠는가?

- 내가 배운 내용을 스스로 설명할 수 있는가?

- 다음에는 무엇을 바꿔보면 좋을까?

이 피드백은 하루의 공부를 경험에서 데이터로 전환해 주는 메타인지 훈련이 된다. (예시 참조)

예시 : 메타인지 훈련을 위한 피드백

점검 항목	내 점수 (1~5점)	개선 아이디어
집중도	3점	핸드폰 멀리 두고 공부
이해도	4점	개념 설명 써 보니 대체로 이해
루틴 적절성	2점	순서 바꿔 먼저 쉬운 문제 풀기

 코칭 가이드 : 메타인지 스위치를 켜는 코치의 3가지 질문법

첫째, "어땠어?"라고 물어 과정을 복기하게 하자. 공부 후 결과가 아닌 과정에 대해 질문하자. "이번 공부에서 가장 집중이 잘된 순간은 언제였니?", "어떤 부분이 가장 막혔어?" 이 질문은 학습자의 시선을 점수에서 공부의 과정으로 돌리는 첫걸음이다.

둘째, "왜?"라고 물어 전략을 분석하게 하자. "왜 그 방법으로 풀었어?", "왜 그 순서대로 공부했니?"와 같은 질문으로 학습자가 자신의 학습 전략을 객관적으로 보게 만들자. 자신의 전략을 언어로 설명하는 순간 메타인지는 활성화된다.

셋째, "어떻게?"라고 물어 대안을 설계하게 하자. 문제를 분석했다면, 학습자 스스로 해결책을 찾게 하자. "다음번엔 어떻게 다르게 해보고 싶어?", "더 좋은 방법은 또 뭐가 있을까?" 학습코치는 정답이 아닌 학습자 스스로 더 나은 방법을 설계하도록 돕는 파트너이다.

메타인지는 단지 머릿속 기능이 아니라 훈련을 통해 강화되는 능력이다.

중요한 건, 자기 생각을 말할 수 있고 기록할 수 있어야 자기 학습을 설계할 수 있다는 점이다. "내가 공부를 못하는 게 아니라, 내 공부법이 나에게 안 맞았던 거야." 이 한마디를 본인이 깨닫는 순간 공부의 판이 바뀐다. 메타인지 질문은 생각의 스위치이다. 수업이나 개인 공부 시간에 활용할 수 있는 생각을 여는 질문 리스트를 소개한다.

상황	질문
수업 전	오늘 배움의 끝에서 내가 얻고 싶은 것은 무엇인가?
개념 설명 후	이것을 왜 배우는 걸까? 내 삶과 어떻게 연결되는가?
문제 풀이 후	이 방식이 가장 좋은 방법이었는가?
시험 후	내가 틀린 문제, 내 생각의 흐름은 어땠나?
공부 회고	내가 오늘 진짜 배운 것은 무엇인가?

내가 지속 가능하려면 끊임없이 내 생각을 디자인하고 점검해야 한다. 지금 내가 이 공부를 왜 시작했는지, 앞으로 어디로 가야 하는지 그리고 그 여정에서 어떤 즐거움과 어려움을 경험할 수 있는지를 스스로 질문하는 일을 매주 루틴으로 셋팅 할 수 있도록 질문하자.

우리는 학습자가 결국 자기 생각을 디자인할 수 있는 설계자가 되도록 도와야 한다. 학습자가 더 많은 암기를 하기보다 자기 폼을 점검하고 재설계할 수 있는 힘을 키워야 한다. 공부는 근육처럼 성장한다. 메타인지는 그 근육의 코어와 같다. 코어가 강한 사람은 흔들려도 다시 중심을 잡는다. '지금 이 공부를 누가 설계하고 있는가?' 이 질문을 자주 던질수록 학습의 주도권은 점점 자기의 손으로 넘어간다.

1. 현재 나의 노력 점검하기 : 요즘 가장 열심히 하고 있는 공부는 무엇인가요? 그 노력이 자신의 궁극적인 목표와 어떻게 연결되고 있나요?

➡ ____

2. 성장의 순간 찾기 : 자신이 하는 공부가 나를 어떻게 성장시키고 있나요?

➡ ____

3. 성장의 증거 찾기 : 그 증거는 무엇인가요?

➡ ____

4. 멈춤의 순간 찾기 : 최근에 자신의 공부에 대해 잠시 멈춰서 생각해 본 순간이 있었나요?

➡ ____

5. 점검과 반복 사이에서 : 나의 공부 폼은 어떤가요? 자신의 공부 방식을 더 좋게 만들기 위해 어떤 부분을 점검하고 싶나요?

➡ ____

무너진 날에도, 공부는 완전히 끝나지 않았다

그날 학생은 상담실 문을 열자마자 울음을 터뜨렸다. 시험을 망쳤고 기대했던 만큼 결과가 나오지 않았다고 했다. 말은 또렷했지만 표정은 이미 무너져 있었다. 학생이 의자에 앉기도 전에 오늘이 어떤 날인지 직감할 수 있었다. 이런 날은 공부 이야기를 꺼내는 것 자체가 학생에게 또 하나의 부담이 되곤 한다. 그래서 잠시 망설였다. 먼저 위로를 건넬지 아니면 다음 계획을 이야기해야 할지.

그런데 학생이 먼저 입을 열었다. "오늘은 공부 못 할 것 같아요." 그 말에는 포기보다는 탈진이 담겨 있었다. 더 이상 힘을 쥐어짜 낼 수 없는 상태에서 애써 버티던 끈이 잠시 풀린 느낌이었다. 나는 고개를 끄덕였다. 그리고 아주 짧게 말했다. "그래. 오늘은 그럴 수 있어." 그 말만으로도 학생의 어깨가 조금 내려오는 게 보였다.

잠시 후 한 가지를 더 질문했다. "그래도 작은 연결고리 하나만 설계해 본다면 무엇이 좋을까?" 학생은 이해하지 못한 얼굴로 나를 바라봤다. 이 상황에서 루틴이라니. 공부를 못 하겠다고 말했는데 또 뭔가를 해야 한다는 말처럼 들렸을지도 모른다. 우리는 그날 문제를 풀지 않았다. 계획표도 수정하지 않았다. 오늘 할 일 목록은 그대로 두었다. 대신 매일 하던 아주 짧은 정리 노트 하나만 펼쳤다. 오늘 하루를 돌아보며 한 줄만 적는 평소라면 아무 의미 없이 지나쳤을 작은 행동이었다.

그날은 달랐다. 학생은 울면서도 손이 떨리면서도 그 한 줄을 끝까지 적었다. 글씨는 삐뚤삐뚤했고 문장은 매끄럽지 않았지만 멈추지 않았다. 그 모습을 보며 확신하게 되었다. 루틴은 잘되는 날을 위해 존재하는 것이 아니라 무너진 날을 버티게 하는 구조라는 것을. 공부를 잘하기 위한 기술이 아니라 나를 완전히 무너뜨리지 않기 위한 장치가 필요하다는 것을.

그날 학생은 아무 문제도 해결하지 못했다. 성적이 오르지도 않았고 계획이 다시 세워지지도 않았다. 하지만 완전히 포기하지도 않았다. 그날의 루틴은 성취를 만들지 않았지만 연결을 끊지 않았다. '나는 아직 여기 있다'는 감각을 학생에게 남겼다.

며칠 뒤 학생이 조심스럽게 말했다. "그날은 아무것도 못 했는데요, 그래도 다시 시작할 수 있을 것 같았어요." 그 말이 오래 남았다. 성공의 기억이 아니라 회복의 기억이 학생을 다시 움직이게 하고 있었다. 잘 해냈다는 경험보다 망가진 상태에서도 완전히 끝나지 않았다는 기억이 더 큰 힘이 되고 있었다.

락커룸에서 오래 생각했다. 우리는 학생들에게 루틴을 너무 자주 성공 전략으로만 설명해 왔는지도 모른다. 꾸준히 하면 성적이 오른다고 계획을 지키면 결과가 나온다고 말이다. 물론 틀린 말은 아니다. 하지만 학생이 가장 흔들리는 순간 가장 필요로 하는 루틴은 그런 말로는 견뎌낼 수 없다. 진짜 루틴은 실패한 날에도 나를 다시 붙잡아 주는 최소한의 구조다. 아무것도 할 수 없는 날에도 나와 공부의 연결을 완전히 끊지 않게 해주는 마지막 끈이다.

지금까지 우리는 공부를 지속하게 만드는 습관의 힘과 그 실천법에 대해 이야기해 왔다. 하지만 기술적인 측면보다 더 깊이 새겨야 할 본질이 있다. 루틴이 단순히 성취를 만드는 도구이기 전에 무너진 마음을 다시 세워주는 가장 단단한 '안전망'이라는 사실이다. 학생들이 실패의 순간에도 다시 일어설 수 있었던 이유는 그들이 갑자기 강해졌기 때문이 아니다. 완전히 쓰러지지 않도록 지탱해 주는 루틴이라는 최소한의 구조가 삶 속에 남아 있었기 때문이다.

락커룸을 나서며 진로교사로서 그리고 학습코치로서 다시 한번 스스로에게 묻는다. '나는 지금 학생에게 그저 더 잘하라고 채찍질하고 있는가 아니면 무너져도 언제든 다시 시작할 수 있는 자리를 남겨주고 있는가?' 이 물음에 대한 답이야말로 우리가 루틴을 어떤 마음으로 다뤄야 하는지를 알려주는 가장 정직한 기준이다.

이제 다음 Step 4에서는 공부가 잘되는 시간을 늘리는 방법이 아니라 무너진 날에도 다시 돌아올 수 있게 만드는 공부 궤도에 대해 이야기하려 한다. 습관은 성취를 위한 도구이기 전에 학습자를 다시 일으켜 세우는 가장 현실적인 구조이기 때문이다.

Step 4

습관 존 : 공부 루틴

1

하루아침엔 안 된다

오늘부터 속도에 대한 집착을 버리고, 보이지 않는 성장의 과정을 신뢰하라.

근육이 하루 만에 붙지 않듯,

진짜 변화는 포기하지 않은 매일의 시간 속에 있다.

판을 바꾸는 학습코칭은 단기적인 성과를 약속하는 것이 아니라,

보이지 않는 성장을 믿고 기다려 주는 장기적인 신뢰 관계를 맺는 것이다.

누구나 하루아침엔 안 된다는 걸 알고 있지만, 알고 있다는 것과 믿고 행동으로 옮기는 것은 다르다. 알고는 있지만 여전히 우리는 빨리, 단번에, 지금 당장 변화가 일어나길 바란다. 단기간 점수가 오르지 않으면 불안해지고 몇 번 시도했는데 결과가 나오지 않으면 재능이 없다며 포기하려 한다. 그럴수록 우리는 되묻게 된다. 정말 하루아침에 될 수 있다고 믿었는가?

운동을 해본 사람은 안다. 근육은 느리게 붙고 눈에 잘 띄지도 않는다. 헬스장에 처음 간 날, 거울 속 내 몸은 어색하고 낯설다. 기구 앞에 서면 자세도 헷갈리고 무게도 버겁다. 그렇게 하루를 보내고 나면 뿌듯함보다 의문이 먼저 든다. "내가 지금 뭘 한 거지?" 며칠을 해도 몸무게는 그대로고

근육통만 남는다. 눈에 띄는 변화가 없으면 사람들은 흔히 아직 아니라고 생각한다. 하지만 진실은 이렇다. 몸은 이미 바뀌고 있다. 단지 눈으로 보이지 않을 뿐이다.

우리는 변화가 곧 눈에 보여야 한다는 착각에 익숙하다. 숫자로 측정되거나 타인이 알아볼 수 있어야 변화라고 여긴다. 그래서 작은 성취는 무시하고 보이지 않는 진전을 실패라고 간주하곤 한다. 하지만 몸은 다르게 작동한다. 눈에 보이는 외형보다 깊은 곳부터 먼저 바뀐다.

운동이 변화시키는 것은 단지 몸의 모양이 아니다. 내가 무언가를 계속할 수 있는 사람이라는 믿음이다. 하루이틀 버틴다고 달라지는 건 없다. 하지만 계속해서 나간다면 어느 날 거울을 보면서 깨닫게 된다.

"이건 내가 만든 몸이야!"

이때의 변화는 단순히 어깨선이 생기고 체지방이 줄어든 문제가 아니다. 그만두지 않은 내가 나를 새롭게 만든 증거다. 운동의 진짜 성과는 근육이 아니라 정체성이 변하는 데 있다.

공부도 마찬가지다. 3일 한다고 성적이 오르지 않는다. 1주일 열심히 한다고 갑자기 이해가 쉬워지지 않는다. 그러면 사람들은 흔히 "공부는 나랑 안 맞아. 나는 할 수 없어."라고 말한다. 하지만 그것은 몸이 아니라 마음의 해석일 뿐이다. 변화는 오고 있다. 보이지 않을 뿐이다.

학습자가 '오늘부터 열심히 하겠다.'라고 마음먹은 날, 무언가 눈에 띄게 변하지 않는다. 바로 그게 문제다. 성적은 그대로고 기억도 희미하고, 집중력도 늘 딴 길로 샌다. 그런 자신을 보며 실망하고 '이래봤자 뭘 해.'라는 생각이 든다. 학습코치로서 우리가 해야 할 일은 바로 이 지점을 붙잡아 주는 것이다.

그래서 기억해야 한다. 하루아침에 되는 일은 없지만 매일 하면 분명히 된다. 하루를 바꿀 수 있는 사람은 드물지만, 끝까지 포기하지 않는 사람은 결국 판을 바꾼다. 하루하루가 모이면 반드시 변화는 일어난다. 중요한 건 언제쯤 좋아질까가 아니라 지금 이걸 멈추지 않고 이어갈 수 있을까다. 그래서 학습코칭은 성과를 묻기보다 지속을 가능하게 만드는 힘을 기르는 데 초점을 둔다.

벤저민 프랭클린은 젊은 시절 글쓰기 실력이 부족하다는 걸 깨달았다. 그는 매일 신문 기사를 베껴 쓰고 구조를 바꿔 다시 써보며 매일 1시간씩 글을 연습했다. 그는 스스로 약점을 구체적으로 파악하고 그 부분만 집중해서 반복했다. 이 의식적인 연습 덕분에 후에 미국 독립선언문 작성에 영향을 줄 정도로 탁월한 문장력을 갖추게 된다. 이 모든 것은 하루아침에 된 것이 아니라 매일의 습관이 만든 결과였다.

히틀러 정권을 피해 은신처에 숨어 지내던 안네 프랑크는 매일 일기를 썼다. 단지 감정을 풀기 위해서가 아니라 자신을 잃지 않기 위한 반복의 힘이었다. 그 습관은 그녀가 생존하지 못했음에도 불구하고 『안네의 일기』라는 세계적인 기록물로 남게 되었다. 매일 썼기에 남을 수 있었고 매일 썼기에 세상을 움직였다.

김연아 선수는 하루 12시간 이상을 같은 기술 반복에 투자했다. 실수가 나오면 다시 처음부터 반복했고 완벽할 때까지 멈추지 않았다. 한 번의 공연은 4분 남짓이지만 그 4분을 위해 수천 번의 점프와 수천 번의 착지를 연습했다. 세계 최고의 자리에 오른 것은 단 한 번의 운이 아니라 매일의 누적이었다. 그녀는 말했다. "한 번도 힘들지 않았던 적은 없다. 하지만 매일 연습한 만큼 나를 믿을 수 있었다."

 **코칭 가이드** : 장기 근력 계획을 세우는 3가지 코칭 과정

첫째, 결과가 아닌 과정의 증거를 찾아보자. 학습자들은 눈에 보이는 성

과가 없을 때 쉽게 좌절한다. 학습코치는 성적표에 찍히지 않는 성장의 증거를 찾아내 언어로 비춰주는 거울이 되어야 한다. "지난주보다 책상에 앉아 있는 시간이 5분 늘었네!", "예전엔 그냥 넘어갔을 문제를 오늘은 질문했구나!" 이처럼 과정에 대한 구체적인 인정과 칭찬은 학습자가 보이지 않는 자신의 성장을 믿게 만드는 가장 강력한 동력이다.

둘째, 미래의 불안을 오늘의 실천으로 전환하자. "언제쯤 성적이 오를까요?"라고 묻는 학습자의 불안은 당연하다. 이때 학습코치는 막연한 희망을 제시하는 대신 학습자의 시선을 통제 가능한 오늘의 작은 실천으로 가져와야 한다. "그건 아무도 모르지. 하지만 우리가 확실히 아는 건 오늘 이 단어 10개를 외우는 것이 내일의 너를 조금 더 단단하게 만든다는 사실이 아닐까? 오늘의 작은 실천에만 집중해 보면 어떨까?"

셋째, 정체성을 질문하여 장기적 관점을 심어주자. 단기적인 성과에 지친 학습자에게는 공부의 의미를 더 높은 차원의 정체성과 연결해 주어야 한다. "지금 이 지루한 반복이 네가 10년 뒤에 되고 싶은 어떤 사람이 되는 데 어떤 벽돌을 쌓아주고 있다고 생각해?" 이 질문은 학습자가 오늘의 작은 노력을 미래의 나를 만들어 가는 의미 있는 과정으로 재해석하게 하고 장기적인 관점을 갖도록 돕는다.

습관은 작은 반복의 누적이다. 단 15분의 독서, 하루 한 문제의 수학 풀이, 오늘 공부한 개념 하나를 친구에게 설명해 보기. 이처럼 사소한 반복이 축적될 때 그 학습자는 자신을 공부하는 사람으로 인식하게 된다. 정체성이 바뀌면 행동은 자연스럽게 따라온다.

학습코칭에서 학습코치는 학습자에게 묻는다.

"그날그날 할 수 있는 작은 실천은 무엇일까?"

"지금은 작아 보이지만, 반복되면 어떤 힘이 생길까?"

"하루아침엔 안 되지만, 지금 이 순간의 선택이 모이면 어디까지 갈 수 있을까?"

학습자의 성장은 마치 나무를 키우는 일과 닮았다. 매일 물을 주고 햇볕을 쬐게 하며, 서두르지 않고 기다려야 한다. 뿌리가 깊어지면 어느 날 줄기가 올라오고 잎이 피고, 결국 꽃이 핀다. 그 꽃은 단 하루 만에 피지 않는다. 하지만 꾸준히 묵묵히 자란다.

하루아침엔 안 되지만 매일은 기적을 만든다. 그러니 오늘도 아주 작은 것 하나라도 시작해 보자. 지금은 보이지 않아도 그 선택은 분명히 쌓이고 있다. 진짜 변화는 그렇게 온다.

1. 반복 경험 돌아보기 : 최근 한 달간 눈에 띄는 결과는 없지만 꾸준히 반복했던 작은 행동
(공부, 운동, 독서 등)이 있다면 무엇인가요?

➡ ____

2. 보이지 않는 성장 발견하기 : 그 반복을 통해 겉으로는 변한 게 없어 보이지만 나의 내면
(생각, 감정, 태도)에 미세하게 쌓인 긍정적인 변화는 무엇이었나요? (예 : 예전보다 불안감
이 줄었다.)

➡ ____

3. 6개월 후 나에게 편지 쓰기 : 지금부터 매일 아주 작은 실천 하나를 꾸준히 반복한다면 6
개월 뒤 당신은 어떤 모습으로 성장해 있을까요? 미래의 나에게 보내는 짧은 편지를 써보
세요.

➡ ____

4. 1년 후 기적 상상하기 : 그 꾸준함이 1년 동안 지속된다면 나의 삶에는 어떤 기적 같은 변
화가 일어나 있을까요? 가장 기대되는 변화 한 가지를 적어보세요.

➡ ____

5. 오늘의 첫 벽돌 쌓기 : 그 멋진 미래를 만들기 위해 오늘 쌓을 수 있는 가장 작지만, 소중
한 첫 번째 벽돌(행동)은 무엇인가요?

➡ ____

2

학습 크래프팅 : 나만의 공부법 만들기

헬스장에서 자신에게 가장 효과적인 운동 루틴을 찾기까지는 상당한 시간이 소요된다. 처음에는 타인의 방식을 무작정 따라 하거나 전문가의 조언을 참고하기도 하지만, 시간이 흐를수록 자신에게 맞는 고유한 리듬이 따로 있음을 깨닫게 된다. 사람마다 체형과 체력, 목표와 성향이 모두 다르기 때문이다. 결국 운동의 세계에서도 남의 루틴을 베끼는 수준을 넘어 자신의 상태에 맞춰 운동을 조율해 나가는 개별화의 과정이 성패를 가른다. 공부 역시 이와 다르지 않다. 누군가의 공부법을 그대로 가져오는 것이 아니라 자신의 감정과 환경, 리듬에 맞게 공부의 방식을 스스로 다듬어 가는 과정이 필요하다. 이것이 바로 학습 크래프팅이다.

아무리 뛰어난 공부법이라도 자신과 맞지 않으면 결코 지속할 수 없다. 동일한 방법을 시도해도 누군가는 성과를 내고 누군가는 지쳐 떨어지는 이유는 방법의 우열이 아니라 자기 관련성의 차이에 있다. 학습 크래프팅은 단순히 공부 요령을 찾는 행위가 아니다. 자신의 성향과 강점, 집중 주기와 감정 리듬을 자세히 점검하며 그에 맞는 학습 루틴과 전략을 스스로 맞춤화해 가는 창의적인 작업이다. 언제 주의력이 높아지는지 어떤 과목에서 몰입이 잘 일어나는지 혹은 쓰기나 말하기 중 어떤 방식으로 공부할 때 기억이 오래가는지를 실험과 관찰을 통해 조율해 나가는 주체적인 여정이다. 이 과정을 통과할 때 공부는 억지로 끌고 가는 짐이 아니라 나를 이끄는 능동적인 힘으로 변모한다.

학습 크래프팅이 일어난다는 것은 공부해야만 하는 의무를 넘어 학습을 바라보는 관점을 긍정적으로 재구성하고 자발적인 몰입의 상태에 진입함을 의미한다. 아무리 좋은 전략이라도 자신과 상관이 없다면 무용지물이며, 타인의 지시나 입시만을 목적으로 하는 공부는 언젠가 허탈감을 불러오기 마련이다. 주도성을 가지고 즐겁게 공부하는 학습자가 드문 이유는 우리가 공부를 대하는 관점과 실천 방식이 경직되어 있기 때문이다. 여기에는 자신의 목표를 정교하게 크래프팅하여 세계 최고에 도달한 오타니 쇼헤이 선수의 사례가 좋은 본보기가 된다.

천재적인 선수로 불리는 오타니는 고등학교 시절 만다라트 기법을 활용해 64개의 구체적인 실천 과제를 스스로 설계했다. 8구단 드래프트 1순위라는 최종 목표를 위해 몸 만들기, 제구, 멘탈은 물론 인간성과 운에 이르는 8개의 소목표를 세우고 이를 달성하기 위한 과제들을 끈질기게 실행했다. 핵심은 외부에서 주어진 계획이 아니라, 자신이 직접 설계한 실천 리스트에 있었다. 오타니처럼 학습 크래프팅을 통해 실천의 의미와 목표 도달 그리고 자기만족으로 이어지는 공부는 학습자에게 최고의 성취감을 선사

한다. 이러한 경험을 학습자들에게 전달하기 위해 학습코치는 정답을 제시하는 대신 그들이 스스로 공부 목표를 설계할 수 있도록 질문과 지원을 아끼지 말아야 한다.

 ## 코칭 가이드 : 학습 크래프팅을 돕는 3가지 전략

첫째, 과목과 흥미를 연결하여 과제를 재창조하자. 학습코치는 학습자의 고유한 흥미를 학습의 재료로 활용해 새로운 성장의 기회를 설계하는 콘텐츠 기획자와 같다. 역사를 지루해하지만 영상 편집에 몰입하는 학습자에게는 좋아하는 역사 속 인물을 주제로 1분짜리 쇼츠 다큐멘터리를 직접 기획하고 제작해 볼 수 있는 실천의 장을 펼쳐갈 수 있도록 도와야 한다. 이처럼 교과목과 개인의 취미를 연결하는 시도는 수동적인 과제 수행을 능동적인 창작 활동으로 바꾸는 가장 강력한 크래프팅 기술이 된다. 이러한 과정을 통해 학습자는 공부를 해야 하는 일이 아닌 하고 싶은 활동으로 재정의하게 된다.

둘째, 환경을 스스로 통제하는 감각을 선물하자. 학습코치는 학습자가 최고의 컨디션으로 몰입할 수 있도록 돕는 경기장 설계자와 같다. 집중력이 약한 학습자에게 무작정 집중하라고 다그치는 대신 '너라는 공부 선수에게 가장 잘 맞는 몰입 환경은 어떤 모습일까?'를 질문해야 한다. 카페나 도서관처럼 선호하는 장소부터 배경음악의 유무, 책상 정리 방식까지 스스로 디자인하게 함으로써 학습 환경을 외부의 고정된 조건이 아닌 스스로 조절 가능한 변수로 인식하게 만드는 것이 핵심이다.

셋째, 성장 일기로 학습의 의미를 재해석하게 하자. 학습코치는 일상적인 학습의 경험을 성장의 역사로 기록하도록 돕는 의미의 통역사와 같다. 매일 세 줄씩이라도 성장 일기를 쓰며 오늘 새롭게 알게 된 점과 가장 어려웠던 순간, 그런데도 해낸 지점을 기록하게 하는 것은 훌륭한 방법이다. 이 과정은 학습의 초점을 결과와 성과 중심에서 과정과 성장 중심으로 이동시 킨다. 스스로 학습 경험에 의미를 부여하는 활동을 통해 학습자는 공부라는 여정 속에서 자신만의 보람과 가치를 발견하는 강력한 크래프팅을 경험하게 된다.

학습코칭의 핵심은 학습자가 공부를 어떻게 바라보는지, 무엇이 공부를 힘들게 하는지, 그리고 어떨 때 몰입하고 성취감을 느끼는지를 스스로 탐색하도록 돕는 데 있다. 단순히 효율적인 공부법을 제안하기보다는 학습자가 자신의 공부를 능동적으로 재해석하고 조율해 나갈 수 있도록 이끄는 것이 본질이다. 그런 의미에서 학습 크래프팅은 학습코칭의 지향점과 깊이 맞닿아 있다.

학습 크래프팅은 단순히 성적을 올리는 요령이 아니라 학습자가 학습 활동과 관계, 환경, 배움의 의미를 스스로 탐색하고 설계하며 실천하는 전 과정이다. 학습코칭은 이 창조적인 여정을 함께하며 학습자가 자신만의 고유한 공부 루틴을 구축하고 지속적으로 조율해 가도록 조력하는 역할을 한다. 결국 학습 크래프팅은 공부를 타인이 정해준 숙제가 아닌 자신의 삶을 가꾸는 정교한 기술로 전환하는 힘이다. 운동선수가 자신의 체격과 근력에 맞춰 운동 기구의 무게와 각도를 조절하듯 학습자 역시 학습 크래프팅을 통해 자신에게 가장 완벽한 공부의 결을 찾아가게 된다. 이 과정이 반복될 때 공부는 비로소 누구도 대신해 줄 수 없는 학습자만의 정체성이자 강력한 무기가 된다.

1. 불편한 옷(과제) : 현재 당신의 공부 방식 중 가장 내 몸에 안 맞는 옷처럼 느껴지는 불편한 과목이나 활동은 무엇인가요?

➡ ____

2. 최애 아이템(흥미) : 반대로 시간 가는 줄 모를 만큼 당신이 가장 좋아하고 몰입할 수 있는 활동(취미, 흥미)은 무엇인가요?

➡ ____

3. 학습 리폼 아이디어 : 불편한 옷에 최애 아이템을 결합하여 공부를 더 즐겁게 만들 새로운 리폼 아이디어를 하나 만들어 보세요. (예 : 지루한 영어 단어 외우기 + 좋아하는 노래 가사 → 단어를 활용해 랩 가사 써보기)

➡ ____

4. 나만의 작업 공간 디자인 : 자신의 집중력을 최고로 끌어올릴 수 있는 '나만의 공부 작업 공간'을 구체적으로 묘사해 보세요. (장소, 소리, 분위기 등)

➡ ____

5. 나의 학습 브랜드 만들기 : 내가 직접 디자인한 이 새로운 공부 스타일에 나만의 멋진 브랜드 이름을 붙여준다면 무엇일까요? (예 : 지식 탐험가의 노트, 성장 기록자의 다이어리)

➡ ____

6. 그 환경을 실현하기 위해 가장 먼저 시도해 보고 싶은 것은 무엇인가요?

➡ ____

3

시간 인터벌 루틴 : 의도 있는 연습

평범한 학습자는 공부하고, 위대한 학습자는 훈련한다.

우리는 관리자가 아니라 최고의 퍼포먼스를 내도록 훈련하는 코치다.

이제 지식을 넘어 리듬을, 노력을 넘어 설계를, 반복을 넘어 의도를 알게 하라.

그것이 평범함에서 위대함으로 이끄는 마지막 열쇠다.

현재 이 책은 학습코칭을 다루고 있으면서 운동의 적용 과정을 함께 제시하고 있다. 그래서 한번 생각해 보고자 한다. 운동선수는 훈련하는데 왜 우리는 늘 공부만 하려고 할까?

운동선수는 시합에서 성과를 내기 위해 매일 훈련 루틴을 반복한다. 기초체력을 기르고 근력을 키우고, 기술을 다듬고, 회복 루틴까지 설계한다. 그리고 그 모든 과정이 모여 경기력을 만든다. 그런데 일반적 학습자들은 어떠한가? 시험을 앞두고 목표를 향해 가면서도 공부만 하려 든다. 훈련은 생략하고 성과만 내고 싶어 한다. 연습 없는 실전, 회복 없는 몰입, 준비 없는 반복으로는 오래 버티기 어렵다.

공부는 지식만 쌓는 일이 아니다. 집중력, 회복력, 감정조절력, 루틴 설계력도 함께 길러야 한다. 운동처럼 훈련하는 공부가 필요하다. 그렇다면 공부에도 루틴이 필요하다. 그리고 모든 루틴에는 강약의 리듬이 존재한다. 이 장에서는 시간 인터벌 루틴을 통해 공부의 리듬을 설계해 보고자 한다.

학습코치는 강약의 리듬이 성장을 만든다는 원리를 이해해야 한다. 헬스장에서 스쿼트 하는 사람을 떠올려 보자. 무게를 들고 참아내고, 다시 내려놓는다. 그리고 잠깐 숨을 고른다. 이 짧은 휴식이 고강도 운동을 지속하게 만들고 근육의 성장과 체력 향상을 이끈다. 공부도 같다. 집중하고 회복하고 다시 집중한다. 이 리듬이 바로 시간 인터벌 루틴이다.

누구나 한 번쯤 공부하다 너무 지쳐 무의미하게 책만 바라봤다거나 집중이 풀려 버린 경험이 있을 것이다. 단순히 오래 앉아 있는 것이 목표라면 우리는 이미 방향을 잘못 잡은 셈이다. 집중과 휴식, 감정 관리가 포함된 루틴 설계가 필요하다. 많은 학습자가 공부 시간만 쌓으려 한다. "오늘 6시간 했다."라는 말은 들리지만, 그 시간이 얼마나 몰입된 시간이었는지, 집중과 회복의 균형은 어땠는지는 빠져있다. 운동이 오래 한다고 근육이 생기지 않듯 공부도 오래 한다고 실력이 자라지 않는다. 강약의 리듬이 성장을 만든다. 이 챕터에서는 학습자의 질과 양을 동시에 챙기는 시간 인터벌 루틴을 소개하고자 한다.

공부의 진짜 성과는 단순히 책상에 오래 앉아 있는 시간이 아니라 얼마나 밀도 있게 집중했느냐에 의해 결정된다. 운동 트레이너가 근육의 폭발적 성장을 위해 고강도 인터벌 트레이닝(HIIT)을 권하듯 학습자에게도 집중과 회복을 정교하게 설계한 시간 인터벌 루틴이 필요하다. 미국의 심리학자 존 홉슨의 연구에 따르면 인간의 최상 집중 시간은 보통 25~50분 사이인데 이를 활용해 25분 집중 후 5분 휴식을 반복하는 포모도로 기법은 단순한 시간 관리를 넘어 뇌의 집중력과 회복력을 극대화하는 리듬 전략이 된다. 학습자의 숙련도에 따라 25분, 50분, 혹은 90분 단위로 세트를 설정하되 중요한 것은 무작정 남을 따라 하기보다 여러 번의 시도를 통해 본인만의 집중 골든타임을 발견하는 것이다.

이때 집중만큼 중요한 것이 바로 회복의 설계이다. 운동 뒤에 반드시 스트레칭과 충분한 쿨다운이 필요하듯 공부 루틴에서도 휴식은 정보 통합과 기억 강화를 위한 필수 과정이다. 노벨상 수상자들도 산책이나 짧은 낮잠을 통해 새로운 창의를 회복했듯이 3분 명상이나 가벼운 스트레칭 같은 자신만의 회복 레시피를 루틴 사이에 디폴트(Default)로 세팅해야 한다.

하지만 아무리 정교한 시간표를 짜도 짜증, 불안, 지루함 같은 감정의 소용돌이를 다스리지 못하면 집중력은 금세 무너지게 된다. 스트레스 호르몬인 코르티솔이 치솟으면 판단을 담당하는 전전두엽이 마비되어 공부 효율이 급격히 떨어지기 때문이다. 따라서 학습자는 감정을 방해 요소가 아닌 루틴 설계를 위한 정보로 활용해야 한다. 지루할 땐 장소를 바꾸고, 불안할 땐 타이머를 활용하며 공부 시작 전 '나는 잘해왔다.'라는 자긍심 가다듬기나 칭찬 문장을 통해 마음을 튜닝해야 한다. 실제로 시험공부 도중 무기력에 빠졌던 친구가 "어려운 게 당연해!"라는 자기 위로 문장과 성취 선언으로 학습 피로를 획기적으로 줄인 사례처럼 감정 관리 전략은 집중력을 회복시키는 강력한 엔진이 된다.

마지막으로 이 모든 과정의 완성은 목적지가 분명한 의도 있는 연습에 있다. 러닝머신 위를 그냥 달리기만 해서는 실력이 늘지 않듯 공부 역시 단순 반복 암기가 아니라 무엇을 고치고 개선할지 아는 자각 훈련이 필요하다. 예를 들어, "이번엔 이 개념을 친구에게 쉽게 설명하는 식으로 외워 보겠다.", "문제를 풀 때 틀린 부분을 정확히 기록했다기 3일 뒤 다시 풀어보겠다."와 같은 방법이 모두 의도 있는 연습이다. 구체적인 목표를 세우고 코치나 자신을 통해 즉각적인 피드백을 받으며, 취약한 부분을 일부러 골라 도전하는 의도적 연습만이 뇌 네트워크를 실질적으로 확장할 수 있다.

단순히 문제만 많이 푸는 것은 연습이 아니라 시간 낭비일 수 있음을 기억해야 한다. 의도적인 시간 안배, 충분한 회복, 감정의 조율 그리고 목적 있는 반복이 하나의 흐름으로 어우러질 때 학습자의 성장은 멈추지 않고 지속될 것이다.

의도 있는 연습의 규칙은 다음과 같다.

❶ 반드시 구체적인 목표 세우기(오늘 문제를 몇 개, 어떤 방식으로)
❷ 즉각적 피드백 받기(스스로, 혹은 코치나 교사를 통해서)
❸ 취약 지점 반복하기(자주 틀리는 유형 집중 학습)
❹ 평소보다 조금 더 어려운 도전 과제 추가하기(쉬운 것만 반복하지 않기)

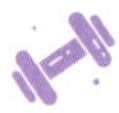 **코칭 가이드 : 학습 선수로 만드는 3가지 최종 코칭 엔진**

첫째, 학습을 훈련으로 재정의하자(언어부터 바꾸기). 공부하자 대신 "오늘 훈련을 시작하자."라고 말해 보자. 숙제 대신 오늘의 미션, 오답 노트 대신 실수 분석 로그처럼 언어를 바꾸어 학습을 수동적 과제에서 능동적 훈련으로 재정의해 보자.

둘째, 리듬을 데이터로 설계하자(함께 실험하기). 학습자에게 정답 인터벌을 제시하지 말고, 함께 실험하자. "25분 공부 후 5분 휴식 루틴과 50분 공부 후 10분 휴식 루틴을 일주일씩 시도해 보고 어떤 루틴이 더 잘 맞는지 데이터로 확인해 보면 어떨까?" 이 과정은 학습자를 자신의 훈련 데이터를 분석하는 전문가로 성장시킨다.

셋째, 의도를 질문으로 명확히 하자(연습의 목적 설정하기). 연습을 시작하기 전 "오늘 이 훈련을 통해 구체적으로 무엇을 얻고 싶니?"라고 묻자. 그냥 문제 풀기가 아니라 "오늘은 문제 푸는 속도를 10% 높이는 데 집중하겠다."처럼 모든 연습에 명확한 의도를 부여하게 하자. 이것이 의도적 연습의 핵심이다.

우리의 학습자는 공부 시간을 모으는 것이 아니라 공부의 흐름을 설계해야 한다. 운동처럼 말이다. 시간 인터벌 루틴은 그 흐름을 만드는 뼈대다. 집중과 회복의 리듬, 감정 기반의 집중력 강화, 의도 있는 연습까지 이 네 가지 힘이 모일 때 학습자의 공부 루틴은 하나의 근육이 된다. 그 근육이 학습을 지속 가능한 몰입으로 이끌 것이다. 이제 학습자와 함께 그만의 학습 퍼포먼스 루틴을 시작하라.

평범한 반복에 머무르지 말고, 미세하게 루틴의 틀을 조정하며 오늘도 성장과 회복을 동시에 챙겨보자. 책상 위의 루틴, 그 작은 반복이 학습자를 반드시 다음 단계로, 새로운 꿈의 지대로 이끌어 줄 것이다!

1. 집중 골든타임 측정하기 : 나의 집중력은 몇 분 동안 가장 높은가요? 그 집중 골든타임을 활용해 오늘 공부를 어떤 인터벌 루틴으로 구성하고 싶나요?

➡ ________________________________

2. 최적의 리셋 훈련 찾기 : 공부 세트 사이에 자신을 가장 빠르게 리셋해 주는 휴식법은 무엇인가요? (예 : 가벼운 스트레칭, 음악 듣기, 짧은 명상 등)

➡ ________________________________

3. 감정이라는 경기 변수 관리하기 : 자신의 집중이 흐려질 때 가장 먼저 느끼는 감정은 무엇인가요? 그 감정이라는 경기 변수를 다루기 위해, 어떤 나만의 감정 튜닝 루틴을 적용하고 싶나요?

➡ ________________________________

4. 그냥 연습 vs 의도 있는 연습 : 지금 내가 하는 공부는 의도 있는 연습인가요? 아니면 그냥 반복인가요? 오늘 당신의 의도 있는 연습 목표는 무엇인가요? 그 목표를 달성했는지 어떻게 확인할 수 있나요?

➡ ________________________________

5. 다음 레벨로 가는 도전 과제 : 당신의 학습 근육을 한 단계 더 성장시킬 조금 더 어려운 도전 과제를 하나만 설정해 보세요. 이 도전을 통해 당신은 어떤 성장을 이루고 싶나요?

➡ ________________________________

4

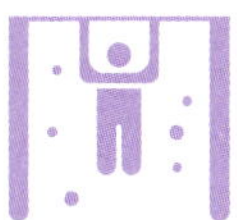

무한한 가능성, '나'라는 헬스 머신

최고의 학습코치는 결국 떠나기 위해 존재한다.
정답이 아닌 질문을 남기고, 루틴을 설계하는 힘을 길러주라.
우리는 영원한 트레이너가 아닌
학습자 스스로가 주인이 되도록 돕는 마지막 조력자이다.

이제 우리는 청소년을 보호와 통제의 대상이 아니라 자기 삶의 주인이자 사회 변화를 이끄는 능동적인 주체로 인식하기 시작했다. 더 이상 문제를 일으키는 존재가 아니라 무한한 잠재력을 지닌 사회적 자원으로 인식하게 된 것이다. 청소년을 성인과 함께 사회 변화를 이끌어 가는 적극적인 존재로 바라보게 되었다. 하지만 잠재력은 저절로 드러나지 않는다. 청소년은 문제를 일으키는 존재가 아니라 가능성을 가진 사회적 존재라는 믿음만으로는 부족하다. 그 가능성을 매일의 삶 속에서 단련하고 키워나가는 구체적인 방법이 뒷받침되어야 하며, 그것이 바로 습관의 힘이다.

헬스장에는 다양한 기구가 비치되어 있지만 모든 기구는 기본적으로 멈춰 있다. 어떤 운동도 어떤 변화도 사용자가 버튼을 누르지 않으면 시작되지 않는다. 공부도 그렇다. 계획표, 학습 앱, 고급 강의, 코치의 피드백 등 아무리 환경이 좋아도 학습자라는 머신에 시동을 걸지 않으면 시스템은 작동하지 않는다. 그 시동을 거는 것은 오직 자신이며 그 시동 버튼의 이름이 바로 주도성이다. 헬스장에서 매일 조금씩 근육을 만들듯 공부도 하루하루 쌓이는 루틴 속에서 생각하는 근육과 행동의 탄성을 단련하는 과정이다. 코치는 학습자가 미완성된 존재가 아니라 무한한 업그레이드가 가능한 헬스 머신임을 기억해야 한다. 청소년기는 자신을 디자인하고 강화하는 최적의 시기이며 매일 반복되는 루틴은 마치 헬스 머신의 자동 설정값과 같다. 이 루틴이 자동으로 작동하도록 설계된다면 그것은 학습자의 자기효능감, 주도성, 성취동기를 지속시키는 핵심 장치가 되어 매일 자신을 만들어 가는 힘이 될 것이다.

우리는 종종 청소년을 해야 할 일을 하지 않는 결핍의 존재로 보곤 한다. 하지만 긍정적 청소년 개발(PYD) 관점은 전혀 다르다. 청소년은 결핍이 아닌 잠재력의 집합체이다. 문제를 예방하는 것이 목표가 아니라 잠재된 힘을 발견하고 키워주는 것이 코칭의 핵심이다. 운동으로 비유하자면 근력이 약하니 무거운 것을 하지 말라고 제한하는 것이 아니라, 너에게 이런 근력이 있으니 이 루틴으로 더 키워보자고 독려하는 방식이다. 학습코치는 청소년이라는 헬스 머신이 어떤 사이클로 훈련될 때 가장 강력해지는지를 함께 찾는 파트너다. 주변을 보면 자신은 원래 공부와 맞지 않는다고 생각하는 학습자들이 있다. 하지만 신경가소성(Neuroplasticity) 연구는 뇌가 평생에 걸쳐 변화하고 발달한다는 사실을 보여준다. 우리의 타고난 능력은 빙산의 일각일 뿐이며 잠재된 능력의 90% 이상은 훈련을 통해 깨어날 수 있다. 이는 마치 헬스 머신에 숨겨진 무한한 업그레이드 가능성과 같다.

단순한 반복은 습관을 만들지만 그 습관을 맹목적으로 따르는 것을 넘어 주도적으로 선택하고 설계하는 능력, 바로 이것이 학생 주도성(Student agency)이다. OECD는 학생 주도성을 '학생이 자신의 학습을 이끌 책임을 갖고 주도적으로 선택하며 미래를 형성할 수 있는 능력'이라고 정의하고 있다. 공부 루틴도 마찬가지다. 누가 시켜서 하는 것이 아니라 스스로 이유를 찾고 자신만의 방식을 실험하며 실패하고 다시 조정해 보는 능동적인 과정이 되어야 한다. 운동선수가 자신의 몸에 맞는 훈련 루틴을 찾아가는 것처럼 학습자도 자기 학습 엔진의 설계자가 되어야 한다. 우리는 학습자가 자신의 루틴에 학생 주도성을 더하여 자신만의 학습 자율엔진을 탑재하고 꾸준히 성장할 수 있도록 도와야 한다. 다음은 자신만의 학습 자율엔진을 설계하고 작동시키기 위한 기본 키트다.

루틴 ❶ 감정 루틴 : 감정이 흐름을 만든다. 자신의 감정 날씨를 아침에 기록하고, 공부 중ㆍ후에도 감정의 변화 체크 → 정서적 건강과 자기 조절력 강화

루틴 ❷ 질문 루틴 : 생각의 뼈대를 세운다. 하루 하나의 질문 던지기와 답해보기, 공부 후 핵심 3문장 정리 → 메타인지, 비판적 사고 훈련

루틴 ❸ 피드백 루틴 : 내가 나를 키운다. 오늘 학습 피드백 기록, 성공 루틴 분석, 실패 루틴 수정 → 자기효능감 + 자기 설계 능력 향상

이 모든 루틴은 학습자가 스스로 만들고, 조정하고, 지속할 수 있어야 한다. 그 과정을 설계하고 피드백해 주는 존재가 바로 교사나 학습코치다.

 **코칭 가이드 : 자율 엔진(주도성)을 켜는 3가지 코칭 버튼**

첫째, 명령을 질문으로 바꾸자(What이 아닌 Why와 How 묻기). "이거 해."라고 말하는 대신 "왜 이게 너에게 필요하다고 생각해?"라고 질문해야 한다. "어떻게 해보고 싶니?"라고 물어 학습자에게 선택권을 넘겨주자. 주도성은 학습자 스스로 이유를 찾고 방법을 선택할 때 시작된다.

둘째, 실패를 데이터로 활용하자(결과가 아닌 과정 피드백하기). 학습자가 계획을 지키지 못했을 때, "왜 못했어?"라고 질책하는 대신 "이번 시도를 통해 무엇을 배웠니?"라고 질문하자. 실패를 성장하기 위한 귀중한 데이터로 재해석하도록 돕는 것이 코치의 역할이다.

셋째, 인정을 권한으로 돌려주자(설계자로 명명하기). 학습자가 스스로 루틴을 수정하고 개선했을 때, "잘했다."라는 칭찬을 넘어 "네가 바로 네 공부의 설계자구나!"라고 명명해 주자. 이 인정은 학습자에게 자신의 학습에 대한 완전한 주도권을 부여한다.

루틴 설계는 학생 주도성의 출발점이다. 단순히 매일 할 일을 정해주는 것은 코칭이 아니다. 학습자가 루틴의 필요성을 스스로 이해하고 자신에게 최적화된 방식을 고민하여 선택하게 하는 과정이 진짜 공부다. 이것이 바로 주도성 기반의 루틴 설계이자 코칭의 본질이다. 그래서 코치의 역할은 습관을 심어주는 사람이 아니라 학습자가 습관을 실험하고 조율할 힘을 길러주며, 계획대로 실행하여 목표 지점까지 갈 수 있도록 옆에서 도와주는 조력자여야 한다.

주도성은 단순히 혼자서 하는 행위가 아니다. 반복적이고 자율적인 실천을 통해 키워지는 훈련된 태도다. 매일 자신의 루틴을 설정하고 조절하며 평가하는 학습자는 더 이상 시키는 대로 공부하는 사람이 아니라 자기 학습의 트레이너가 된다. 주도성은 속도는 느려도 절대 멈추지 않는다. 이렇게 성장한 학습자는 공부뿐 아니라 진로와 인간관계, 나아가 사회참여까지 스스로 결정하고 실천하는 능동적인 삶의 주인이 될 수 있다. 주도성은 결국 루틴이라는 토양 위에서 자란다.

교사나 학습코치는 학습자들에게 "이걸 해!"라고 명령하는 대신 "어떤 루틴이 너를 움직이게 하니?"라고 물어야 한다. 그리고 그 설계를 고도화하고 실천할 때 필요한 도움을 주는 사람이어야 한다. 주도성은 말로만 강조해서 생기지 않는다. 매일 작은 루틴을 설계하고 실천하며, 그 안에서 작게 실패와 성공을 반복하는 과정에서 진짜 주도성이 자란다. 우리가 할 일은 학습자의 주도성에 불을 붙이는 것이다.

주도성은 거창한 결심이 아니라 작은 반복에서 자란다. 오늘도 같은 시간에 책상에 앉은 것, 피곤을 이기고 루틴을 마무리한 경험, 하기 싫은 과목도 20분만 붙잡아 본 것, 실행하지 못한 계획을 왜 못 했는지 스스로 돌아본 것, 이 모든 순간이 자기 주도성의 근육운동이다. 눈에 띄진 않지만 주도성은 분명히 자라고 있다. 트레이너가 외치는 "자, 이제 한 세트 더! 버텨야 자극이 들어가요!"라는 말처럼 한계를 견디는 그 순간이야말로 성장이 시작되는 지점이다. 공부도 똑같다. 오늘은 그만할까 싶은 순간 한 세트를 더하고 10분만을 더 버티는 찰나가 바로 공부 머신이 업그레이드되는 시점이다.

코칭 초기에는 코치의 질문이 동기부여의 스위치가 된다. 하지만 시간이 흐를수록 학습자는 스스로에게 질문하고 답하고 행동하는 루틴 머신으로 성장한다. 운동도 처음에는 자세와 루틴을 배워야 하지만 시간이 지나면 자기 몸의 리듬을 스스로 느끼고 조절하게 된다. 학습자도 마찬가지다. 이제는 자기 리듬에 맞는 학습 루틴, 즉 자기 주도성에 기반한 자신만의 공부 헬스 머신을 만들 수 있다.

학습자 안에는 이미 강력한 헬스 머신이 있다. 이제는 코치의 도움 없이도 스스로 시동을 걸고 운동하며 기록하고 성장하는 '나'라는 머신을 믿어야 한다. 우리는 학습자가 그 가능성을 믿고 스스로 작동하도록 도와주어야 한다. 학습자는 훈련 중인 헬스 머신이자 그 머신을 설계할 수 있는 주도적인 존재다. 오늘 스스로 루틴을 선택한 학습자는 이미 미래의 삶을 향한 첫발을 내디딘 것이다.

1. 원하는 공부 찾기 : 지금 내가 배우고 있는 것 중 타인의 권유가 아닌 진정으로 내가 원해서 하는 것은 무엇인가요?

➡ ____

2. 공부 주도성 점검하기 : 공부 내용을 결정할 때 '나의 선택'과 '타인의 결정'이 차지하는 비율은 각각 어느 정도인가요?

➡ ____

3. 나에게 맞지 않는 루틴 바꾸기 : 다른 사람이 정한 루틴 중 나에게 맞지 않아 바꾸고 싶은 부분이 있다면 무엇인가요? 만약 당신에게 선택권이 주어진다면 오늘 무엇을 왜 공부하고 싶은가요?

➡ ____

4. 주도적인 경험과 피드백 : 스스로 시작한 공부 루틴 중에 가장 잘 이어지고 있는 것은 무엇인가요? 현재 나의 루틴이나 공부법에 대해 스스로 코치가 되어 피드백을 한다면 어떤 이야기를 해주고 싶나요?

➡ ____

5. 주도적인 나의 모습 상상하기 : 주도적으로 공부하는 나의 모습을 한 단어로 표현한다면 무엇인가요? 그 단어를 떠올릴 때 어떤 기분이 드나요?

➡ ____

5

자가 체크 PT : 효율적 루틴을 만드는 디테일

우리의 역할은 학습자의 노력을 감시하는 것이 아니라

그들의 공부 자세를 바로잡을 수 있도록 함께 하는 것이다.

'더 열심히'가 아닌 '더 제대로' 하도록 이끄는 것이다.

어느덧 'Step 4. 습관 존' 단계도 반을 지났다. 이 시점에서 학습자의 공부 습관을 점검하고 잘못된 자세를 바로잡을 수 있도록 도와야 한다. 완벽한 계획은 없다. 오직 끊임없는 점검으로 완벽에 가까워지는 과정만 있을 뿐이다. 우리의 역할은 학습자에게 완벽한 계획표를 짜주는 것이 아니라 스스로 자신의 루틴을 수정하고 바로잡는 힘을 길러주는 것이다. 최고의 루틴은 종이 위가 아니라 학습자의 치열한 피드백 속에 존재한다.

헬스장에서 운동할 때 거울을 보는 이유는 무엇일까? 아무리 좋은 루틴이라도 자세가 무너지면 근육은커녕 부상만 남기 때문이다. 공부도 마찬가지다. 책상 앞에 오래 앉아 있는다고 해서 공부가 되는 것은 아니다. 한 시간 동안 벤치프레스를 해도 자세가 틀어지면 노동이 되듯 딴생각하거나 의미 없이 문제만 풀고 있다면 그것은 학습 체력만 소모하는 헛된 시간이다.

그래서 필요한 것이 '자가 체크 PT'다. 이는 학습자가 스스로 자신의 공부 상태를 피드백하고 조정하는 나침반이다. 많은 학습자가 계획을 세우는 데만 공을 들이고 점검은 소홀히 한다. 그 결과 "열심히 했는데 성적이 안 올라요."라는 자책에 빠지곤 한다. 하지만 그건 머리의 문제가 아니라 체크의 부재 때문이다. 공부 루틴은 정착보다 점검이 먼저다. '오늘 계획을 얼마나 지켰는가?'의 양을 넘어 '오늘 얼마나 몰입했는가?'라는 질을 묻는 습관이 잡힐 때 공부는 맹목적인 달리기가 아니라 정확한 훈련이 된다.

자가 체크를 통해 자기 루틴을 들여다봤다면 이제는 공부 자세(Form)를 바로잡을 차례다. 운동장에서 폼이 망가지면 열심히 뛸수록 관절이 상하듯 공부에서도 잘못된 폼은 뇌를 지치게 하고 효율을 떨어뜨린다. 학습코치는 학습자가 '열심히'가 아니라 '제대로' 하고 있는지 함께 진단해야 한다. 다음은 과학적으로 입증된 비효율적 자세(나쁜 폼)와 효율적 자세(좋은 폼)의 비교다.

비효율적인 공부 자세와 습관
(운동으로 치면, 부상 위험이 크고, 아무리 운동해도 근육이 안 붙는 폼)

수동적 인풋 중심 공부	▶ 교과서나 인강을 눈으로만 보고 있는 것. (마치 헬스장 TV만 보고 운동했다고 착각하는 것과 같다.)
멀티태스킹	▶ 음악+영상+공부 : 뇌는 한 번에 두 가지 작업을 하지 못함. 집중력과 기억력 급락 ▶ 음악을 듣거나 스마트폰을 옆에 두고 공부하는 것. (뇌의 전환 비용을 발생시켜 집중력을 조각낸다.)
목표 없는 학습	▶ 오늘 뭘 공부할지 모르고 앉음 → 계획 없는 러닝은 발목 부상 확률 ↑ ▶ 일단 앉아 있는 게 중요하다는 자세 → 효율보다 시간 채우기만 중요시, 뇌는 활성화되지 않음
정리 강박	▶ 하루 종일 요약만 하는 공부 → 처리는 많지만, 저장은 적음 ▶ 예쁜 필기, 형광펜 무지개 : 시각적 만족은 높지만, 기억에는 큰 도움 X ▶ 노트 필기 재작성 : 인출을 통한 기억보다 기록 정리에 시간 소비가 큼

미루기, 벼락치기	▶ 시험 직전 벼락치기 : 단기 저장은 가능하나, 개념 연결력, 응용력은 현저히 떨어지고, 장기기억은 휘발됨 ▶ 마감 직전까지 과제 미루기 : 장기기억, 창의성 모두 훼손됨

과학적으로 입증된 효과적인 공부 자세와 루틴
(운동으로 치면, 핵심 근육을 정확히 자극하는 웨이트 루틴)

분산 학습 (Spaced Repetition)	▶ 정보를 반복하지만, 일정한 간격을 두고 학습하는 방식 ▶ 예 : 오늘 배운 걸 1일 후, 3일 후, 7일 후 복습 → 기억(장기) 정착에 효과적 ▶ 비유 : 근육은 하루에 몰아서 키우는 게 아니라, 일정 간격 회복과 자극이 중요함!
능동적 회상 (Active Recall)	▶ 눈으로 보기보다 기억해 내는 연습 → 직접 문제 풀기, 말하기, 요약이 효과적 ▶ 방법 : 문제 풀기, 백지 노트, 말로 설명하기 ▶ 비유 : 단순히 보는 건 스트레칭, 회상은 근력운동
인터리빙 학습 (Interleaving Practice)	▶ 같은 주제만 반복하지 않고, 비슷한 주제들을 섞어서 학습 → 유연한 사고력 향상 ▶ 수학 문제에서 여러 유형 섞어 풀기 ▶ 비유 : 하체만 몰아 하지 말고 전신을 고르게 운동해야 하는 원리와 같음
테스트 효과 (Testing Effect)	▶ 학습 후 테스트를 보는 것이 단순 복습보다 장기기억에 좋음 ▶ 자가 테스트, 퀴즈, 친구에게 퀴즈 내기 등 ▶ 비유 : 시합을 앞둔 실전 모의훈련
구체적 목표 설정과 시간제한	▶ 수학 3장 풀기보다 14:00~14:40 수학 2단원 핵심 개념 문제 집중 ▶ 시간은 제한하고, 목표는 구체화 ▶ 비유 : 무한 러닝보다 30초 고강도 스프린트(집중 운동) 10회가 효과적인 이유
공부 후 자기 점검 루틴	▶ 내가 뭘 이해했고, 어디가 헷갈렸는가? ▶ 오늘 학습에서 가장 중요한 키워드는 무엇이었는가? ▶ 비유 : PT 후 근육 상태 체크와 회복 트래커
환경 설계	▶ 공부 공간은 단순하게, 시각 자극 줄이기 ▶ 공부 도구만 책상 위에! (스마트폰은 치우기) ▶ 비유 : 헬스장에서 거울과 무게판 정리가 중요한 이유 = 몰입 환경 조성

이런 공부법은 마치 운동에서 핵심 근육을 자극하는 훈련법과 같다. 눈바디(보여주기식)가 아닌 진짜 근육을 키우는 방식이다.

 **코칭 가이드 : 스스로 점검하고 교정하는 3가지 코칭 PT**

첫째, 점검을 루틴의 일부로 고정하자. 학습자가 점검을 숙제처럼 느끼지 않게 하려면 점검 자체를 루틴에 포함해야 한다. 매일 공부가 끝난 후 3분, 혹은 매주 금요일 저녁을 '루틴 리플레이' 시간으로 정하자. 이번 주 계획과 실행이 얼마나 일치했는지 확인하는 이 시간이 습관으로 정착될 때 학습자는 비로소 자기 주도적인 설계자로 성장한다.

둘째, 스스로를 비춰볼 수 있는 객관적인 진단 도구(질문지)를 활용하게 하자. 막연히 "반성해 봐."라고 말하면 아이들은 성찰 대신 주관적인 자책에 빠지기 쉽다. 이때 구체적인 질문이 담긴 체크리스트는 학습자가 자신의 폼(Form)을 스스로 분석하도록 돕는 정교한 거울이 된다. 오늘의 몰입도는 몇 점인지, 가장 집중 잘된 시간과 방해 요소는 무엇인지 지식을 단순히 읽었는지 아니면 머릿속에서 꺼내는 공부를 했는지 묻는 과정이 필요하다. 이러한 루틴 체크 질문은 막막한 반성을 명확한 데이터 분석으로 바꿔주며 학습자를 자기 학습의 주도적인 분석가로 세워준다.

셋째, 비난이 아닌 데이터로 접근하고 하나씩 교정하도록 하자. 계획을 못 지켰거나 나쁜 폼이 발견되었을 때 "왜 그랬어?"라고 추궁하는 대신 현상을 있는 그대로 직시하게 한다. "스마트폰이 옆에 있으니, 집중력이 깨졌구나. 그럼, 이번 주엔 핸드폰을 어떻게 관리하고 싶어?"라고 묻자. 한 번에 모든 것을 바꾸려 하면 금방 지치거나 탈이 나기 마련이다. 가장 비효율적인 자세 하나를 골라 작은 성공을 맛보게 하는 것이 자세 교정의 핵심이다.

꾸준한 자가 체크는 '왜 안 될까?'라는 막연한 불안을 '루틴을 바꿔보자.'라는 구체적 행동으로 변화시킨다. 이것이 자가 체크 PT의 핵심적인 힘이다. 이를 통해 학습자는 네 가지 성장을 경험한다. 첫째, 자기 이해가 깊어진다. 언제 집중이 잘되는지, 어떤 공부가 어려운지 혹은 어떤 감정이 공부를 방해하는지를 스스로 파악하게 된다. 이는 나만의 공부 시간표를 만들 수 있는 기반이 된다. 둘째, 루틴이 정교해진다. 단순히 오래 공부하는 비효율에서 벗어나 효과적으로 반복하는 구조를 만들게 된다. 루틴은 결국 양이 아니라 질에서 결정되기 때문이다. 셋째, 자율성이 확장된다. 누군가 시켜서 하는 공부가 아니라 스스로 나를 조절하는 훈련이 된다. 공부는 결국 스스로 해야 오래간다는 사실을 자가 체크 PT를 통해 몸으로 익히게 된다. 넷째, 학습 성장의 흐름을 확인한다. 점검을 기록하다 보면 내가 지금 발전하고 있다는 흐름이 눈에 보인다. 이 작은 변화의 축적은 공부 자신감으로 이어진다. '계획만 짜던 나'에서 '점검하고 조정하는 나'로 한 단계 위로 더 올라가는 것이다.

자가 체크가 귀찮게 느껴진다면 '오늘 잘한 점, 바꿀 점, 기분'이라는 단 세 줄의 기록으로 단순화할 수 있다. 실패가 두렵다면 이를 자책의 근거가 아닌 귀중한 성장 데이터로 바라봐야 한다. 혼자 하는 것이 낯설다면 교사나 학습코치 혹은 친구와 기록을 교환하며 공유할 수도 있다. 루틴을 나누는 자체만으로도 공부 습관에 기분 좋은 긴장감이 생긴다. 공부의 핵심은 계획이 아니라 점검이다. 헬스장에서 운동 전후를 체크하듯 공부 전후의 피드백이 습관이 될 때 공부는 맹목적 노동이 아닌 과학적인 자기 훈련으로 진화한다.

운동의 자세 교정이 단지 바른 자세를 넘어서 기능 회복과 퍼포먼스 향상으로 이어지듯 공부 자세 교정 역시 몰입력과 이해도 그리고 기억력을 결정짓는 기반이 된다. 공부 자세를 교정하는 것은 뇌 근육을 효율적으로 재정렬하는 것이다. 학습코치는 학습자에게 다음과 같은 질문으로 자신의 공부 자세를 점검하도록 도울 수 있다. 지금 하는 공부가 장기 기억으로 남을 방식인가 아니면 단순히 시간만 채우는 방식인가? 이 과목을 눈으로 이해하고 있는가 아니면 보지 않고 말로 설명할 수 있는가? 나의 공부법에 대해 스스로 피드백 받은 적이 있는가? (혹은 스스로 되돌아본 적은?)

　퍼스널 트레이닝(Personal Training)의 핵심은 자세이다. 공부 PT 역시 학습자의 생각하는 방식과 앉아 있는 습관 그리고 공부법에 대한 인식을 바로잡는 데서 시작한다. 그냥 공부하라는 막연한 독촉보다 "그 폼으로는 쉽게 지칠 수 있으니 잠깐 멈추고 자세부터 점검해 볼까?" 이 말이 훨씬 효과적이다. 학습코치는 일방적으로 가르치는 사람이 아니다. 학습자의 폼을 교정하고 의식을 깨우며 스스로 설 수 있도록 돕는 조력자다. 공부에도 반드시 자세 교정 PT가 필요하다. 공부는 체력이지만 폼이 망가지면 체력은 소모될 뿐 성장은 일어나지 않는다. 이제는 시간 채우기 공부에서 폼교정 공부로 양보다 질로 속도보다 효율로 노력보다 루틴의 정렬로 나아가야 한다.

1. 현재 자세 스캔 : 요즘 나의 공부 자세를 스스로 진단해 본다면 가장 편안하고 자연스러운 부분과 가장 불편하고 어색한 부분은 각각 어디인가요?

➡ ____

2. 강화할 근육 선택 : 나의 공부 근육 중 딱 한 부위만 더 단련하여 강점으로 만들 기회가 주어진다면 어떤 근육(계획력, 집중력, 꾸준함, 목표 의식 등)을 선택하고 싶나요?

➡ ____

3. 좋은 폼 정착 : 2번에서 선택한 근육을 키우기 위해 내 안의 전담 트레이너가 가장 먼저 집중해야 할 첫 번째 훈련 동작은 무엇인가요? (예 : 집중력 근육을 위해 → 공부 시작 전 스마트폰 멀리 두기 훈련)

➡ ____

4. 일일 자가 피드백 : 오늘 공부가 끝난 후 나 자신에게 던질 단 하나의 점검 질문을 만든다면 무엇일까요? (예 : 오늘 공부한 걸 말로 설명할 수 있어?)

➡ ____

5. 미래의 나 상상하기 : 만약 나의 공부 체력과 근력이 지금보다 20% 강해진다면 한 달 뒤 나의 모습은 어떻게 달라져 있을까요? 가장 기대되는 변화를 구체적으로 그려보세요.

➡ ____

6

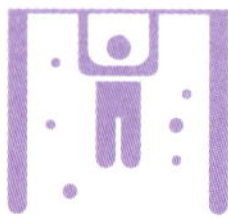

공부 지도 : 내 안의 골든타임을 찾아라!

> 시간표는 학습자를 가두는 감옥이 아니라 잠재력을 펼치는 무대여야 한다.
> 최고의 학습코치는 완벽한 시간표를 하달하는 사람이 아니라
> 학습자 스스로 자신의 리듬을 찾아 시간표를 설계하도록 돕는 조력자다.
> 학습자의 하루를 존중하고, 그들의 시간을 구조화하는 힘을 길러주어야 한다.

헬스장에서 운동 루틴이 없는 사람을 상상해 보자. 가슴 운동만 매일 한다거나 유산소만 하고 간다거나 하고 싶은 것만 골라 하는 헬스 초보자. 그 결과는 어떨까? 근육은 비대칭으로 발달하거나 체력은 늘지 않고 금세 지치고 만다. 공부도 마찬가지다. 지금까지 몰입과 루틴의 감각을 익혀왔다면 이제는 그 루틴을 정교하게 구조화할 때다. 흐름에 몸을 맡기는 단계를 넘어 나만의 '습관 스케줄러'라는 견고한 구조를 만들어야 한다.

헬스장에서 효과를 보려면 운동 종류만큼이나 중요한 게 운동 시간표다. 아무리 좋은 운동도 월요일에만 몰아서 하고 나머지는 아무것도 하지 않는다면 근육은 자라지 않는다. 오늘 가슴 운동을 했다면 내일은 등이나 하체로 부위를 분산시켜 반복적인 자극을 주는 것이 훨씬 효과적이다.

공부도 이와 같다. 오늘 몰아서 6시간 했으니 내일은 푹 쉬자는 전략은 실패로 가는 지름길이다. 왜냐하면 우리 뇌는 분산되고 반복된 자극 속에서 더 깊은 기억을 만들어 내기 때문이다. 중요한 것은 몇 시간 동안을 했느냐보다 언제, 어떤 과목을 어떻게 반복하느냐에 있다.

실제로 뇌과학은 오전의 뇌가 수면 중 정리된 해마와 활성화된 전두엽 덕분에 분석과 독해에 최적화된 상태라고 말한다. 그래서 아침에는 수학 개념이나 국어 비문학처럼 인지 부하가 높은 공부를 하기에 가장 적합하다. 반면 오후가 되면 뇌의 에너지는 자연스럽게 떨어진다. 졸음이 쏟아지고 집중력이 흐려지는 이 시기에 학습자는 자책하며 포기할 것이 아니라 암기나 반복 같은 자동화된 공부로 전환하는 현명함을 발휘해야 한다. 영어 단어나 사회 개념 정리 같은 활동은 이 시기의 두뇌 컨디션에 잘 맞는다. 이는 헬스장에서 고강도 근력 운동 후 유산소 운동으로 페이스를 조절하는 것과 같은 원리다. 저녁 시간은 뇌가 느려지지만, 오히려 리마인드와 창의적 회고에 적기다. 오늘 배운 것을 정리하고 오답을 다시 보며 '왜 틀렸을까'를 생각해 보는 시간이다. 이때 자신이 오늘 만든 질문(혹은 공부 PT 퀘스트)을 다시 읽어보는 것은 마치 운동 후 스트레칭과 같다. 쌓인 노폐물을 정리하고 다음 날을 준비하는 것이다. 이처럼 뇌는 하루 중 시간대별로 다른 능력을 발휘한다. 뇌의 흐름에 맞게 공부 스케줄을 짜는 것이 가장 과학적인 공부 루틴이다. 이게 바로 내 공부 시간표 세팅하기, 즉 습관 스케줄러를 만드는 핵심이다. 자, 그럼 지금부터 내 안의 골든타임을 찾는 공부 지도를 그려보도록 하자.

Part 1. [진단] 나의 뇌 리듬에 맞춘 골든타임 찾기

운동도 컨디션에 따라 종목을 정하듯 공부도 뇌의 에너지 흐름에 따라 배치해야 한다. 자신의 하루를 세 가지 지형으로 나누어 볼 수 있다. 인간의 집중력은 무한하지 않다. 뇌파는 약 90분을 주기로 고도의 집중 상태와 휴식 상태를 오가는 울트라디안 리듬(Ultradian Rhythm)을 따른다. 따라서 90분 몰입과 15분 완전 휴식을 한 세트로 묶는 구조가 이상적이다. 아직 집중의 근력이 부족한 학습자라면 25분 집중과 5분 휴식을 반복하는 뽀모도로 기법으로 짧은 세트부터 시작해도 좋다. 중요한 것은 남들이 좋다는 미라클 모닝을 억지로 따르는 것이 아니라 자신이 저녁형 인간이라면 밤 10시를 골든타임으로 설정하는 주도성이다. 시간표의 주인은 시계가 아니라 학습자의 뇌여야 한다.

골든타임	뇌 상태	추천 종목
정복 구간 : 논리 & 분석 (오전 7:00~10:00)	수면 중 정리된 해마와 활성화된 전두엽 덕분에 분석과 독해력이 최고조에 달한다.	인지 부하가 높은 고난도 과목 (고중량 운동) : 수학 개념, 국어 비문학 등
유지 구간 : 반복 & 자동화 (오후 2:00~5:00)	에너지가 다소 떨어지고 졸음이 오는 시기이다.	몸에 자동화된 공부, 반복 학습 (유산소 운동) : 영어 단어 암기, 사회 개념 정리 등
회복 구간 : 창의력 & 정리 (저녁 8:00~10:00)	사고가 다소 느려지지만, 창의적 회고와 정리에 적합하여 기억을 저장할 준비를 한다.	스트레칭, 정리 학습 : 오늘 배운 내용 요약, 오답 노트 작성, 질문 만들기

Part 2. [전략] 데이터로 구축하는 나만의 훈련 세트

지형을 확인했다면 이제 몸에 맞는 장비를 갖출 차례다. 이전 장에서 분석한 자가 진단 데이터를 바탕으로 스케줄의 기어를 조정하자. 우선 다음과 같이 내 상태에 맞는 기어를 선택할 수 있다. 루틴은 있지만 피로감이 높다면 과목 순서를 재배열하거나 세트 사이에 회복 루틴을 끼워 넣고, 계획은 있지만 실행이 안 된다면 욕심을 버리고 핵심 과목만 배치해 미니 블록부터 가동하는 전략이 필요하다. 또한 공부는 하지만 성취감이 없다면 내가 한 노력을 한눈에 볼 수 있는 시각화 장치를 추가하는 등 현재 나의 문제점에 맞춰 유연하게 전략을 수정하면 된다. 다음으로 학습 근육 분할 트레이닝이다. 매일 전신 운동을 하면 몸살이 날 수 있기에 오늘은 가슴, 내일은 등, 모레는 하체를 하듯 공부도 부위별로 나누어 전략적으로 접근 해야 롱런할 수 있다.

주간 루틴 팔레트 : 일주일을 디자인하다	일일 루틴 : 3단계 학습 세트 구성
[월, 수, 금] : 수학 집중 하체 데이처럼 묵직하게. 주요 과목 근력 강화 [화, 목] : 국어+탐구 상체 데이처럼 날카롭게. 취약 과목 보완 & 개념 정리 [토] : 모의고사 풀기, 오답 노트 복습 부족한 부위를 채우는 교정 운동. 실전 감각 훈련 [일] : 휴식 및 재정비	[Warm-up] 쉬운 복습, 목차 훑어보기로 뇌 예열 [Main Workout] 핵심 개념 이해와 문제 풀이로 집중 몰입 [Stretching] 정리와 복습으로 지식을 근육에 안착 (기억 저장)

Part 3. [실전] 작심삼일을 이기는 맞춤 스케줄러 세팅 5단계

완벽한 계획표는 없다. 수정 가능한 프로토타입만 있을 뿐. 이제 이론은 충분하다. 실제로 자신만의 공부 지도를 그릴 차례다. 빈 종이나 플래너를 펴고, 다음 5단계를 따라가 보자. 이 과정에는 뇌과학적 원리와 데이터 기 반의 설계가 숨어 있다. 1단계는 나의 에너지 지형 탐색(Reality Check)이다. 가장 먼저 해야 할 일은 나를 아는 것이다. 앞서 진행한 자가 체크 PT(집 중력, 피로도, 감정 상태) 데이터를 지도 위에 펼치고 생각해 보자. Green Zone(최상의 컨디션)인 가장 쌩쌩하고 머리가 맑은 시간은 언제인가? Red Zone(최악의 컨디션)으로 식곤증이 오거나 집중이 흩어지는 시간은 언제인 가? 그런 후 Fixed Block(고정 시간)인 수면, 식사, 이동 등 절대 바꿀 수 없 는 시간을 먼저 블록으로 막아라. 공부만 채운 지도는 금세 찢어지기 쉽다. 삶의 리듬을 먼저 확보하도록 하자. 2단계는 과목 배치(Matching)이다. 지형을 파악했다면 그 위에 적절한 무기를 배치할 차례다. 뇌과학적 원리를 적용하여 Green Zone은 고강도 훈련으로 수학, 과학, 비문학 등 가장 어렵고 싫어하는 과목을 배치하자. 뇌 에너지가 가장 높을 때 하기 싫은 숙제부터 끝내는 것이 전략이다. Red Zone은 저강도 훈련으로 좋아하는 과목이나 영어 단어, 한국사 암기 등 단순 반복 학습을 배치하자. 에너지가 낮을 때도 수행 가능한 과목이어야 한다. 3단계는 블록 스터디 구성(Blocking)이다. 시간을 분 단위로 쪼개지 않도록 하자. 숨 막히는 시간표는 실패의 지름길이다. 큼직한 덩어리(블록)로 나누어 여유를 확보하자. '오전 블록 – 오후 블록 – 저녁 블록'으로 나누고, 각 블록 사이에는 반드시 나를 위한 보상(휴식, 간식, 산책)을 휴게소처럼 배치하자. 뇌는 즐거움을 기대할 때 더 잘 달린다. 기억을 고정하고 싶다면 밤 11시 이전에 취침하고, 뇌 영양인자(BDNF[2])를 만들고 싶다면 공부 후 30분 산책을 추가하면 된다. 4단계는 미니 루틴부터 시작(Start Small)하는 것이다. 처음부터 꽉 채운 시간표는 100% 실패하기 쉽다. 슬럼프라는 공사 구간을 만났을 때 우회할 수 있는 비상 도로도 만들어 놓자. 미니 루틴(Mini-Routine)으로 하루에 수학 문제 1세트(30분) 풀기처럼 컨디션이 최악인 날에도 절대 실패할 수 없는 최소한의 루틴 하나를 정해두자. 이것이 성취감의 불씨를 꺼뜨리지 않게 한다. 마지막 5단계는 프로토타입[3] 마인드(Test & Modify)이다. 첫 시간표는 무조건 수정된다고 생각하는 것이다. 이것은 완성본이 아니라 실험용 베타버전(Prototype)이다. 또 대시보드 활용으로 한눈에 보이는 주간 루틴 표를 만들어 시각적 피드백을 받을 수 있다. 일주일 해보고 안 맞으면 과감히 수정

[2]   BDNF(Brain Derived Neurotrophic Factor)는 뇌 및 척추 등 신경세포에 영양분이 될 수 있는 신경영양인자(神經營養因子)이다. 주요하게 근육에서 생성되는 호르몬의 일종이다.

[3]   프로토타입(Prototype)은 최종 제품을 만들기 전에 주요 기능과 디자인을 미리 구현해 본 시험용 모델을 말한다. 본격적인 개발이나 생산에 들어가기 전에 아이디어를 구체화하고, 사용자 피드백을 받아 개선하기 위해 제작된다.

한다. 계획을 지키는 것보다 중요한 건 자신에게 맞는 리듬을 찾는 것이다. 계획이 틀어졌을 때 자책하는 대신 스스로에게 "괜찮아, 수정하면 돼."라고 말해주는 것이 진짜 자기 주도성이다.

예시 : 주간 루틴 대시보드

시간	월	화	수	목	금
07:00–08:00(Green)	수학 개념	국어 독서	수학 개념	영어 지문	국어 문법
14:00–15:00(Red)	영어 단어	사회 암기	수학 계산	과학 필기	역사 정리
20:00–21:00(Review)	정리/복습	오답 노트	정리/복습	질문 만들기	글쓰기

 코칭 가이드 : 맞춤 스케줄러 설계를 돕는 3가지 코칭 원칙

첫째, 데이터에 기반하여 진단하자(자가 체크 결과 활용하기). 막연하게 시작하지 마라. 이전 장의 자가 체크 PT 결과를 바탕으로 "너의 뇌가 가장 활발한 골든타임은 언제였지?"라고 물으며, 개인의 데이터를 기반으로 시간표를 설계하게 하자.

둘째, 완벽이 아닌 수정을 알게 하자(프로토타입으로 접근하기). 첫 시간표는 완성본이 아닌 실험용 프로토타입임을 알려주자. "일단 이렇게 일주일 실행해 보고 다음 주에 우리 같이 수정해 보면 어떨까?"라는 말로 실패에 대한 부담을 덜어주고, 유연하게 조정하는 태도를 알게 하자.

셋째, 공부와 삶을 통합시키자(생활 루틴 존중하기). 공부 시간만 빡빡하게 채우지 말자. "휴식과 재충전을 위한 시간은 어디에 넣을까?"라고 질문하며 학습자의 생활 전체를 존중하는 지속 가능한 스케줄을 함께 만들어 보자. 건강한 삶의 리듬이 최고의 공부 효율을 만든다.

스케줄러는 학습자를 움직이는 기계가 아니라 학습자의 방향성을 구조화한 지도다. 사람들은 시간표를 짜면 그대로 따라야 한다고 생각한다. 하지만 진짜 중요한 것은 시간표대로 했느냐가 아니라 자신이 집중해야 할 방향으로 시간을 구성했느냐에 있다. 맞춤 스케줄러는 학습자의 우선순위, 공부 감각, 에너지 흐름을 반영한 공부 지도이다. 지금 당장 완벽하지 않아도 괜찮다. 한 번 조율하고 조금씩 고쳐가며 만들어 가는 그 과정 자체가 자기 주도이다.

공부는 단순 반복이 아니다. 지속 가능한 공부는 루틴의 구조에서 나온다. 그리고 그 구조는 매일 더 나은 자신으로 만들어 주는 최고의 헬스 루틴이 된다. 지금부터 학습자 자신만의 맞춤 스케줄러를 세팅해 보도록 격려해 보자. 루틴이 정렬되는 순간 공부는 매일의 승리가 된다. 지금! 바로! 자기 루틴을 구조화할 타이밍이다.

마지막으로 강조하고 싶은 건 '시간표는 암기하는 게 아니라 설계하는 것이다.'라는 말이다. 남이 정한 이상적인 시간표를 맹목적으로 따르기보다 학습자의 뇌 컨디션과 감정 그리고 루틴의 흐름에 맞춰 매일 조금씩 수정하며 자신만의 공부 운동 루틴을 완성해 가는 과정이 필요하다. 이처럼 자신의 리듬에 맞게 시스템을 끊임없이 최적화해 나가는 힘이야말로 진짜 실력이자 습관이며 자기 주도의 본질이다. 오늘부터 맞춤 스케줄러라는 이름의 루틴을 만들도록 격려해 보자. 헬스장에서 몸이 변화하듯 습관 존에서의 시간표는 공부 체력을 단단하게 만드는 근육 훈련이 될 것이다. 오늘 학습자가 스스로 세팅하는 공부 루틴은 1년 뒤와 3년 뒤 그리고 10년 뒤까지 자기 주도 인생의 근육이 된다. 지금부터, 진짜 자신의 몸에 맞는 루틴을 직접 세팅해 보도록 안내하자!

💡 공부 PT 퀘스트 : 나만의 공부 지도 그리기

1. 나의 지형 탐색하기 : 자신의 하루 에너지 흐름을 지형에 비유한다면 에너지가 솟아나는 산(최상의 컨디션)과 에너지가 고갈되는 늪(최악의 컨디션)은 각각 어느 시간대인가요?

➡ ____

2. 주요 경로 설정하기 : 그 지도 위에 높은 집중력이라는 등산 장비가 필요한 어려운 과목과 가벼운 발걸음으로도 충분한 쉬운 과목을 각각 어느 지형(시간대)에 배치하고 싶나요?

➡ ____

3. 휴게소 계획하기 : 나의 공부 지도에서 다음 목적지로 나아가기 위해 꼭 필요한 휴게소(짧은 휴식, 보상)는 어디에, 어떤 모습으로 만들고 싶나요? (예 : 수학 공부 후, 좋아하는 음악 1곡 듣기)

➡ ____

4. 우회로 탐색하기 : 과거 여행(공부) 중 예상치 못한 공사 구간(슬럼프, 계획 실패)을 만났을 때 무시하고 지나쳤던 경고 신호는 무엇이었나요? 다음 여행에서는 어떤 우회로를 미리 생각해 둘 수 있을까요?

➡ ____

5. 여정에 이름 붙이기 : 자신이 직접 그린 이 공부 지도를 따라 한 달간 여행했을 때 나는 어떤 탐험가가 되어 있을까요? 이 여정에 멋진 이름을 붙여주세요.

➡ ____

7

리셋과 순환 : 루틴이 막힐 때 돌아가는 법

운동을 하다 보면 벤치에 털썩 주저앉고 싶은 순간이 온다. 몸이 무겁고 어제보다 더 힘들게 느껴지며 기계는 그대로인데 내가 작아진 것 같은 느낌이 밀려온다. 공부도 그렇다. 방금까지 잘 돌아가던 루틴이 어느 순간 먹통이 된 것처럼 작동하지 않을 때가 있다. 의욕이 떨어지고 책상 앞에 앉는 시간이 줄며 괜히 스마트폰을 들여다보게 된다. 이때 "왜 이렇게 작심삼일이야?", "난 역시 안 돼."라며 자신을 나무라고 실망한다. 하지만 이렇게 묻고 싶다. "운동 중에 호흡이 가빠졌다고 훈련을 포기하겠는가?" 아니다. 잠깐 속도를 줄이고 숨을 고른 뒤 다시 이어간다. 루틴이 막히는 것은 실패가 아니라 순환의 과정이다. 루틴은 직선이 아니라 원이다. 앞으로만 나아가는 선이 아니라 가다 멈추고 쉬었다 다시 나아가는 순환의 리듬이다.

공부 루틴이 잘 작동하지 않을 때는 여러 신호가 먼저 나타난다. 책상 앞에 앉아도 집중이 안 되고, 계속 딴생각이 나며 이상하게 피곤하고 무기력해진다. 원래 하던 공부량이 버겁고 평소보다 훨씬 힘들게 느껴지면서 잘 지켜오던 루틴은 갑자기 감당하기 힘든 무게로 다가온다. 하루 계획을 못 지켰다는 이유로 의욕이 꺼지며 포기 모드로 전환되면서 작은 실패에도 흔들리게 된다. 그리고 초반의 동기나 목표가 흐려져 지금 내가 왜 이걸 해야 하는지 잊어버리고 "왜 해야 하지?"라는 회의감이 든다. 이러한 신호들은 학습자가 약해서가 아니다. 뇌와 몸이 회복 루틴을 요청하는 것이다. 운동에서도 쉼은 전략이다. 헬스장에서 중요한 것 중 하나는 휴식일(Rest day)이다. 근육은 운동할 때가 아니라 쉴 때 자라기 때문이다. 너무 무리하면 오히려 부상을 당하고 회복에 더 오랜 시간이 걸린다. 고강도 운동을 계속하면 몸이 스스로 방어를 위해 퍼포먼스를 낮추는 생리적 반응을 보이기도 한다. 이를 방지하기 위해 운동 코치들은 주기적인 루틴 리셋, 루틴 순환을 권장한다. 공부도 마찬가지다. 꾸준히 하기 위해서라도 주기적인 '쉼'과 '재설계'는 꼭 필요하다.

 **코칭 가이드 : 무너진 학습자를 일으키는 루틴 리셋 코칭 3단계**

첫째, 실패가 아닌 신호로 재정의하게 하자(문제 정상화하기). 학습자가 자책에 빠져 있을 때 코치는 일방적인 위로보다 "지금 너의 몸과 뇌가 너에게 어떤 메시지를 보내고 있는 걸까?"라고 질문을 던져야 한다. 문제를 개인의 의지력 부족이 아닌 시스템의 과부하를 알리는 정직한 신호로 바라보게 함으로써, 학습자가 죄책감에서 벗어나 자신의 상태를 객관적으로 관찰하도록 이끈다.

둘째, 쉼을 루틴의 필수적인 조각으로 인정하고 스스로 설계하게 하자

(전략적 회복). 코치가 휴식을 과제로 내주는 것이 아니라 "에너지를 다시 채우기 위해 네가 지금 바로 시도해 보고 싶은 휴식은 무엇이니?"라고 물어 학습자가 직접 회복 방법을 선택하게 한다. 산책이나 취침 시간 조절 등 학습자 스스로 정한 쉼이 계획의 일부가 될 때, 쉼은 방황이 아니라 다음 몰입을 위한 전략적인 투자가 된다.

셋째, 더하기가 아닌 빼기부터 시작할 용기를 찾게 하자(루틴 재설계하기). 무너진 루틴을 재건할 때 새로운 목표를 추가하려는 욕심을 내려놓도록 돕는다. "지금 네 어깨를 가장 무겁게 만드는 것 하나를 잠시 내려놓는다면 무엇을 고르고 싶니?"라는 질문을 통해 학습자가 스스로 목표의 문턱을 낮추도록 유도한다. 가장 부담스러운 요소를 덜어내고 가벼워진 마음으로 작은 성공을 맛보는 것이 다시 시동을 거는 가장 안전한 연료가 된다.

이렇게 공부의 루틴 리셋이 필요한 순간, 학습자는 무엇을 해야 할까? 첫째, 자신의 공부 루틴 체력 상태를 점검하는 것이다. 지금의 루틴이 지나치게 이상적인 목표로 짜여 있었는지 자가 체크 질문을 해보자. "지금 루틴의 유지 가능성은 몇 점인가?", "그 점수의 의미는?", "이 루틴을 한 달 동안 이어갈 수 있겠는가?" 등이 그 예다. 둘째, 루틴을 70% 수준으로 줄여서 재설계해 보는 단계다. 운동에서 중요한 원칙 중 하나는 최대치가 아니라 지속치다. 운동선수들도 항상 100%의 강도로 훈련하지 않는다. 공부도 마찬가지다. 기존에 하루 5시간이 목표였다면, 리셋 주간엔 3시간만 유지해 보는 것이다. 가장 중요한 과목 2가지의 선택과 집중으로 재설계하는 것이다. 셋째, 리듬을 다시 세팅하는 '회복–집중–회복'의 사이클 만들기이다. 루틴은 무작정 '몰입–몰입–몰입'이 아니다. '몰입→회복→몰입→회복'의 리듬을 고려해 하루 공부 시간표에 회복 구간을 의도적으로 넣어보자. 25분 공부 + 5분 스트레칭, 오후 4~5시는 산책 타임, 주 1회 루틴 점검일처럼 말이다.

　헬스 PT를 받다 보면 어느 시점에 슬럼프가 온다. 이때 좋은 코치들은 이렇게 말한다. "이제 진짜 네 루틴이 만들어질 때야." 슬럼프는 더 높은 루틴으로 진화할 수 있는 신호다. 지금까지는 외부의 도움과 의욕으로 루틴을 유지했다면, 이제는 자신만의 내면에서 동기를 찾고, 루틴을 수정하고 조율하는 힘이 길러지는 시기인 것이다. 슬럼프는 루틴이 성장하는 시간이다. 공부도 처음엔 의욕이 넘치고, 하루 계획도 잘 지켰는데, 며칠 지나지 않아 지치고 피곤하고 어느 순간 무너져버린 자신을 보게 된다. 그렇다고 해서 지금까지 쌓아온 걸 다 망친 것일까? 절대 아니다. 이럴 땐 포기가 아니라 조절이 필요한 순간이다. 마치 운동선수가 부상을 막기 위해 훈련 강도를 줄이고, 회복 루틴을 먼저 챙기는 것과 비슷하다. 공부 루틴에도 회복의 지혜, 순환의 지혜가 필요하다. 루틴이 흔들릴 때 유용한 전략은 바로 낮추기 - 회복하기 - 재조율하기 3단계 리셋 전략이다.

　가장 먼저 해야 할 일은 1단계, 목표의 문턱 낮추기이다. 무너진 뒤에 보상 심리로 너무 높은 목표를 세우는 것은 다시 실패하는 지름길이다. 다친 다리로 무리하게 달릴 수 없듯, 욕심을 덜어내고 학습 강도를 낮추어야 한다. 공부량보다 중요한 것은 "조금이라도 해냈다."라는 성취감을 뇌에 각인시키는 것이다. 이 작은 성공의 감각이 루틴을 다시 일으켜 세우는 진짜 동력이 되는 것이다.

　이어지는 2단계는 쉼을 통한 회복이다. 운동선수에게 휴식일이 필수이듯, 뇌 역시 쉴 때 정보를 연결하고 기억을 강화한다. 잠은 뇌의 재부팅 기능이며, 햇볕을 쬐며 걷는 20분은 집중력을 높이는 세로토닌을 선물한다. 명상이나 가벼운 산책, 때로는 짧은 루틴 탈출조차 전략적인 연료가 된다. 기억해야 할 포인트는 회복은 게으름이 아니라, 루틴을 지속 가능하게 만드는 최고의 투자라는 점이다.

마지막 3단계는 나에게 맞게 다시 조율하기이다. 에너지를 충전했다면 이전 계획을 그대로 복사하는 것이 아니라, 나를 힘들게 했던 요소들을 점검하고 수정해야 한다. 집중력이 떨어지는 시간대에 과목을 재배치하거나 과했던 공부 시간을 현실적으로 조정하는 과정이 필요하다. 루틴은 한 번 세우면 변하지 않는 구조물이 아니라, 상황에 따라 호흡하며 진화하는 생물과 같다. 완벽하게 시작하는 것보다 나에게 맞춰 부드럽게 이어가는 것이 재조율의 핵심이다.

많은 학습자가 루틴이 무너지는 순간 자책에 빠지지만, 운동 후의 근육통이 성장의 신호이듯 루틴이 흔들리는 시간 또한 학습자가 성장하고 있다는 가장 확실한 증거이다. 공부 루틴은 곧게 뻗은 직선이 아니라 멈춤과 이어짐을 반복하며 속도를 조절하는 심장 박동과 같은 순환의 과정이기에, 루틴을 낮추고 회복하며 재조율하는 3단계 리셋 과정은 결코 후퇴가 아닌 더 강력한 시작을 의미한다. 루틴은 지치지 않고 달리는 지혜이자 피로하지 않도록 자신을 배려하는 설계 기술이므로, 학습코치는 리셋이 루틴의 일부임을 인지시켜서 학습자가 자신을 존중하며 한 걸음씩 다시 나아갈 수 있도록 격려해야 한다. 지금 루틴이 흔들리고 있다면 그것은 멈춘 것이 아니라 다음 순환을 향한 재시작 버튼을 누르는 시간이며, 쉬어가는 것조차 성장을 위한 지속 가능한 루틴의 소중한 일부이다.

💡 공부 PT 퀘스트 : 나의 루틴 재정비하기

1. 내 몸과 마음의 신호 감지하기 : 요즘 나의 몸과 마음이 보내고 있는 가장 강력한 경고 신호는 무엇인가요? (피곤함, 무기력, 짜증, 통증 등)

    ➡ ____

2. 가장 무거운 짐 내려놓기 : 현재 나의 공부 루틴 중에서 지금 당장 잠시 내려놓고 싶은 가장 무거운 짐(부담스러운 계획)은 무엇인가요?

    ➡ ____

3. 나를 위한 회복 처방하기 : 그 짐을 내려놓은 빈자리에 지금 나에게 가장 절실히 필요한 회복 루틴을 구체적인 행동으로 적어보세요. (예 : 10분 일찍 잠들기, 좋아하는 음악 들으며 5분 산책하기)

    ➡ ____

4. 지속 가능한 루틴 재설계하기 : 앞으로 견디는 루틴이 아닌 지속 가능한 루틴을 만들기 위해 나의 공부 계획에 어떤 안전장치나 숨 쉴 공간을 추가하고 싶나요?

    ➡ ____

5. 이번 주를 위한 페이스 조절 약속하기 : 그 새로운 루틴을 위해 이번 주에 딱 하나만 의식적으로 힘을 빼고 페이스를 조절해 줄 부분은 무엇인가요?

    ➡ ____

8

거절 쪽지도 성장 신호

운동을 하다 보면 의지와 상관없이 덤벨을 놓치거나 더 이상 한 개도 들 수 없는 '실패 지점'이 반드시 찾아온다. 하지만 헬스장에서 이 순간은 부끄러운 일이 아니다. 오히려 근육이 한계에 도달했다는 신호이자 이제부터 진짜 성장이 시작된다는 기분 좋은 통증이다. 운동에서 실패는 멈춰야 할 이유가 아니라 자극점을 찾았다는 증거다. 그러나 근육은 찢어지는 자극만으로는 절대 자라지 않는다. 찢어진 섬유를 다시 붙여내는 회복의 시간이 없다면 근육은 오히려 파열되고 만다. 공부 루틴을 지탱하는 두 개의 기둥도 이와 같다. 하나는 실패를 성장의 데이터로 해석하는 유연한 끈기(Grit)이고, 다른 하나는 무너진 마음을 다시 일으켜 세우는 회복탄력성

(Resilience)이다.

공부하다 보면 낮은 점수나 이해되지 않는 개념이라는 '거절 쪽지'를 받게 된다. 많은 학습자가 이를 "넌 안 돼."라는 인격적인 거절로 받아들이고 좌절한다. 하지만, 이 쪽지는 "지금 방식은 여기까지야. 다른 방법으로 시도해 봐."라는 초대장일 뿐이다. 앤젤라 더크워스의 『그릿(Grit)』에 나오는 만화가 로버트 멘코프는 〈뉴요커〉로부터 2,000번 넘게 퇴짜를 맞았다. 하지만 그는 좌절하는 대신 거절당한 만화들을 철저히 데이터로 분석했다. 무작정 다시 그리는 것이 아니라, 자신의 스타일을 수정하고 독자의 코드를 찾아내는 분석의 과정을 거쳤다. 그릿은 무식하게 버티는 힘이 아니라 실패를 분석 가능한 데이터로 보고 끊임없이 전략을 수정하는 유연한 집요함이다. 공부에서의 실패는 내 머리의 한계가 아니라, 공부 전략의 수정을 요청하는 시스템 메시지다. 거절 쪽지는 멈춤 신호가 아니라 방향 전환의 신호다.

실패를 데이터로 분석하려면 먼저 전제되어야 할 것이 있다. 바로 무너진 마음을 추스르는 힘, '회복탄력성'이다. 아무리 좋은 피드백도 마음이 부러져 있으면 들리지 않는다. 회복탄력성에 관한 유재석과 허경환의 사례는 인상 깊다. 유재석은 신인 시절 NG를 내고 공식적으로 아웃 사인을 받은 뒤, 그 창피함과 실망감에 9년간 무명 생활을 보냈다. 반면 허경환은 방송 녹화 현장에서 7번의 NG라는 방송사고급 실수를 냈다. 하지만 동료와 관계자 그리고 방청객 모두가 따뜻하게 도와주었고, 그는 '이건 내 탓이 아니라 상황이 그랬던 거야.'라는 객관적인 시각을 유지했다. 그는 더 노력하면 해낼 수 있다는 믿음으로 짧은 슬럼프를 털어냈다. 허경환은 힘든 상황에서도 스스로에게 질문을 던지며, 긍정적인 관점으로 다시 일어섰다. 이 둘의 차이는 무엇일까? 그것은 바로 회복탄력성의 힘이다.

회복탄력성(Resilience)은 실패나 좌절을 경험한 후에도, 다시 일어나 도전할 수 있는 마음의 회복력을 말한다. 이 능력이 높은 사람은 실수와 실패를 배움의 기회로 삼고 다시 나아간다. 반면 회복탄력성이 낮은 사람은 반복되는 실패 앞에서 자신을 포기하거나, 학습된 무기력에 빠지기 쉽다. 이건 단순한 정신력의 문제가 아니다. 회복탄력성은 심리적, 사회적, 신체적 건강 상태에 따라 달라질 수 있다. 즉, 회복탄력성도 근육처럼 훈련할 수 있다. 심리학 연구에 따르면 긍정적 사건보다 부정적 실패의 기억이 뇌에 훨씬 오래 남는다. 그래서 우리는 의도적으로 마음을 회복시키는 훈련을 해야 한다.

시험에서 한 번 실패하면 그 기억이 오래 남아 '나는 안 돼.'라는 생각에 빠지기 쉽다. 반대로 좋은 성적을 받아도 금세 익숙해져 버리고, 더 이상 동기부여가 되지 않는다. 그래서 마음의 근육, 즉 회복탄력성을 키우는 것이 무엇보다 중요하다. 회복탄력성은 단순한 정신력이나 의지가 아니다. 회복탄력성은 자기조절능력, 대인관계능력, 긍정성이라는 세 가지 심리적 근육으로 이루어져 있다. 이 근육들이 약하면 쉽게 무너지고, 튼튼하면 상황을 딛고 다시 서게 된다. 세 가지 근육 중 가장 깊은 곳에서 모든 동력을 만들어 내는 뿌리는 바로 긍정성이다. 긍정성은 단순히 좋게 생각하자는 것이 아니라 실제로 뇌의 보상 회로를 자극하여 더 즐겁게 학습하고, 실패에도 빨리 회복할 힘을 준다. 자신을 가치 있게 여기는 자존감과 상황이 나아질 것이라는 낙관성, 그리고 작은 일에도 고마움을 발견하는 감사하기를 통해 뇌의 사령탑인 전전두엽을 활성화해야 한다. 감사는 뇌과학적으로도 매우 실용적이다. 감사하는 습관은 뇌의 측좌핵 등 보상 회로를 활성화해 즐거움과 만족감을 더 쉽게 느끼게 만든다. 반대로 분노나 절망은 보상 회로를 억제한다. 같은 상황이어도 감사의 회로가 깨어 있는 사람은 회복이 빠르고, 감정이 정리되며 다시 집중할 수 있다. 다행히도 회복탄력성은 타고나는 것이 아니라 훈련과 연습을 통해 충분히 키울 수 있다.

 **코칭 가이드 : 거절 쪽지를 성장 지도로 바꾸는 3가지 회복 코칭**

첫째, 실패를 감정이 아닌 데이터로 프레임을 전환하게 하자. 코치의 첫 번째 역할은 학습자가 마주한 실패 경험을 감정의 영역에서 끄집어내어 객관적인 데이터의 영역으로 옮겨주는 것이다. 시험을 망쳤다는 감정적인 호소에 매몰되지 않고, 이번 시험 데이터를 분석해 보니 특정 단원의 오답률이 높게 나타났다는 사실에 주목하도록 도와야 한다. 데이터는 비난의 대상이 아니라 탐구의 대상이며, 이를 통해 학습자는 실패를 분석 가능한 정보로 인식하기 시작한다.

둘째, 왜(Why)가 아닌 무엇(What)과 어떻게(How)로 질문하자. "왜 틀렸어?"라는 질문은 학습자를 과거의 잘못에 가두고 자책하게 만들기 쉽다. 학습코치는 과거의 원인을 추궁하는 대신 미래의 행동을 설계하는 질문을 던져야 한다. 이번 경험에서 무엇을 배웠는지, 다음번에는 어떻게 다르게 시도해 보고 싶은지 묻는 과정은 학습자의 시선을 과거의 실패가 아닌 미래의 성장으로 향하게 만든다. 고집스럽게 같은 방법을 반복하는 것이 아니라, 전략을 수정하는 유연한 시도를 칭찬해야 한다.

셋째, 나만의 회복 루틴 매뉴얼을 설계하게 하자. 멘탈이 무너졌을 때 생각할 겨를 없이 따라 할 수 있는 구체적인 매뉴얼이 필요하다. 학습자와 함께 '맛있는 것 먹기 → 친구와 30분 수다 → 감사 일기 쓰기'와 같은 회복 레시피를 만들어 보자. 막연한 위로보다 미리 약속된 행동 수칙이 감정의 폭풍 속에서 학습자를 지키는 가장 안전한 닻이 된다.

운동을 통해 근육이 자라듯 마음의 근육도 반복적인 연습으로 강해진다. 회복탄력성을 내면화하기 위한 핵심 훈련은 세 가지로 요약된다. 첫째, 감사하기를 통한 뇌의 보상 회로 자극이다. 오늘도 공부할 수 있는 환경과 나를 도와주는 존재들에게 작은 감사를 표현하는 것만으로도 전전두엽은 활성화된다. 실제로 감사 일기를 쓰는 습관은 부정적 기억에 편향된 뇌의 시선을 긍정의 방향으로 돌리는 강력한 도구가 된다. 둘째, 역경 속에서 '가능한 일'을 찾는 희망 훈련이다. 실패했을 때 자신을 비난하기보다 "지금, 이 상황에서 내가 할 수 있는 작은 일은 무엇일까?"라고 자문해야 한다. 거창한 도전이 아니라 작은 성취부터 다시 시작할 때 무너졌던 자기효능감과 자신감은 비로소 회복된다. 셋째, 사건을 해석하는 믿음을 바꾸는 ABC 공식의 적용이다. 어떤 사건(A)이 일어났을 때 그 결과(C)를 결정짓는 것은 사건 자체가 아니라 그것을 바라보는 나의 믿음(B)이다. "이번만 실패한 거야, 다음엔 잘할 수 있어."라고 믿음을 수정하면 실패는 무기력이 아닌 새로운 시도를 위한 에너지가 된다. 생각이 행동을 지배한다는 사실을 기억하며 사고의 유연성을 길러야 한다.

현재 우리 학습자들은 정보화 시대를 넘어 AI 시대를 살아가고 있다. 오늘의 지식이 내일이면 구식이 되는 예측 불가능한 환경에서 회복탄력성은 단순한 지식 습득보다 훨씬 더 강력한 미래 역량으로 부상하고 있다. AI가 인간보다 빠르게 계산하고 정확하게 정보를 처리하는 시대에 우리가 길러야 할 진짜 능력은 무엇일까? 세계경제포럼(WEF)은 미래 사회의 핵심 역량 중 하나로 회복탄력성을 꼽았다. 그 이유는 명확하다. AI는 고장이 나면 멈추지만, 인간은 실패하고 감정이 무너져도 다시 일어나 시도할 수 있기 때문이다.

실수를 경험하고 좌절 속에서도 다시 일어서는 힘이야말로 AI 시대에 인간만이 지닐 수 있는 독보적인 경쟁력이다. AI는 몰입할 수는 있어도 회복할 수는 없다. AI가 공부 루틴을 만들어 줄 수는 있어도 포기하고 싶은 마음까지 어루만져 주지는 못한다.

공부가 뜻대로 되지 않을 때 우리에게 필요한 것은 정교한 피드백보다

나 자신을 다시 일으켜 세우는 회복 루틴이다. 결국 루틴을 만드는 기술만큼이나 무너졌을 때 제자리로 돌아오는 회복력이 중요하다. AI가 뇌의 근육을 보조한다면 회복탄력성은 마음의 근육을 단련한다. 학습코치는 학습자가 스스로 다시 일어설 수 있도록 오늘부터 작은 실천을 시작하게 도와야 한다. 이 과정이 쌓일 때 학습자는 어떤 역경도 도약의 발판으로 삼는 '강한 학습자'로 거듭날 것이다.

1. 거절 쪽지 확인하기 : 최근에 실패라고 생각한 경험은 무엇이었나요? 그때 느꼈던 솔직한 감정은 무엇이었나요? 그리고 그 경험을 지금 어떻게 해석하고 있나요? (자책 vs 기회)

➡ ____

2. 쪽지에 담긴 데이터 분석 : 그 경험은 나에게 멈추라는 신호가 아니라 방식을 바꾸라는 신호였습니다. 그 경험이 알려준 나의 부족한 점이나 수정해야 할 전략은 무엇인가요?

➡ ____

3. 회복탄력성 스위치 켜기 : 그 상황에서도 내가 잘한 점 혹은 상황이 더 나빠지지 않아 감사한 점을 딱 2가지만 찾아보세요. (감사는 뇌의 회복 회로를 즉시 가동시킵니다.)

➡ ____

4. 마음 근육 진단 : 지금 나의 마음 근육은 얼마나 단단하다고 생각하나요? 1~10점 척도로 표현해 보세요. 그 마음 근육을 앞으로 어떻게 더 강하게 만들 수 있을까요? (1점 가장 단단하지 않다, 10점 가장 단단하다.)

➡ ____

5. 새로운 초대장 수락 : 거절 쪽지를 다른 방식으로 다시 도전하라는 초대장으로 생각하고 다음에 무엇을 다르게 시도해 보고 싶나요? 이 시도가 당신에게 어떤 선물이 될 수 있을까요?

➡ ____

9

공부에도 리워드가 필요해

운동을 시작할 때, 많은 사람이 가장 먼저 고민하는 것은 '지속(keep)할 수 있을까?'이다. 매일 헬스장에 가는 것, 러닝화를 신고 뛰는 것, 처음에는 의욕이 넘치지만 시간이 지날수록 점점 힘들어진다. 이때 운동 PT 학습코치는 단순히 운동법만 알려주지 않는다. 힘든 운동이 끝난 후, '오늘 정말 잘하셨어요!'라는 칭찬, 작은 스트레칭이나 쿨다운, 때로는 맛있는 단백질 음료 한 잔이 곁들여진다. 이 작은 보상과 회복의 시간은 우리의 뇌에 '운동은 힘들지만, 끝나고 나면 기분이 좋아진다.'라는 강력한 긍정적 인식을 심어준다.

공부도 마찬가지이다. 자기주도학습을 시도하는 학습자가 겪는 가장 큰 벽은 꾸준함이다. 처음에는 새로운 계획과 다짐으로 의욕이 넘치지만, 시간이 지나면 점점 지치고 어느새 손을 놓게 된다. 이때 필요한 것이 바로 보상과 회복이다. 작심삼일로 끝나지 않기 위해서는 공부에도 운동처럼 '리워드(Reward)'가 필요하다. 적절한 보상과 회복이 있어야만 우리는 다시 힘을 내어 루틴을 이어갈 수 있다.

왜 공부에도 보상이 필요한가?

■ 뇌의 보상 시스템

우리의 뇌는 보상을 통해 동기를 얻고, 행동을 반복하게 설계되어 있다. 공부든 운동이든, 힘든 일을 한 뒤에 작은 보상이 주어지면 뇌에서 도파민이 분비되어 '다시 해도 좋겠다.'라는 신호를 보낸다. 공부 중 적절한 보상이 주어지면 뇌에서 도파민이 분비되어 동기가 강화되고 학습 효율이 높아진다. 목표를 이루거나 보상받았을 때 도파민이 분비되어 성취감과 의욕이 생기고, 이 경험이 반복될수록 행동이 습관으로 굳어진다. 반대로 아무런 보상 없이 힘든 일만 반복되면 점점 동기가 사라지고, 결국 포기하게 된다.

■ 보상이 주는 힘

학생들에게 공부를 열심히 하면 언젠가 큰 보상이 온다는 말은 너무 먼 미래의 이야기라 크게 와닿지 않는다. 오히려 게임처럼 바로바로 주어지는 빠른 보상이 학습 행동을 반복하게 만든다. 보상은 물질적(외적) 보상과 성취감, 자신감 같은 심리적(내적) 보상으로 나눌 수 있는데, 이 두 가지를 조화롭게 활용할 때 학습 동기와 습관 형성에 가장 큰 효과가 나타난다. 예를 들어, 문제를 풀고 바로 스스로 칭찬하거나 짧은 휴식 또는 간식을 주는 것이 효과적이다.

■ 습관 형성의 핵심

습관을 만드는 3단계는 신호–행동–보상이다. 예를 들어, 운동 루틴을 보면 운동복을 입는다(신호) → 운동을 한다(행동) → 상쾌한 기분이나 간식,

칭찬(보상)이 이어진다. 공부도 마찬가지다. 책상에 앉는다(신호) → 공부한다(행동) → 스스로에게 주는 작은 선물이나 휴식(보상)이 반복될 때, 뇌는 이 루틴을 점차 자동화한다.

■ 회복의 중요성

운동에서 회복이 중요하듯 공부에서도 회복은 필수이다. 근육이 회복되어야 더 강해지듯 뇌도 잠깐의 휴식과 회복이 있어야 더 깊은 몰입과 유지가 가능하다. 아무리 열심히 해도 회복이 없으면 쉽게 지치고 번아웃에 빠지게 된다. 공부 후 충분한 휴식, 산책, 취미 활동 같은 회복 시간을 갖는 것이 뇌와 몸의 에너지를 재충전하고, 다시 집중할 힘을 준다.

유리는 평소 공부를 견뎌야 할 고통으로만 여겼다. 학습코칭을 통해 보상 시스템을 도입한 유리는 매일 50분 집중 공부 후 10분간 좋아하는 초콜릿을 먹으며 음악을 듣는 '달콤한 휴식 세트'를 만들었다. 공부가 끝나면 확실한 즐거움이 기다린다는 기대감은 유리의 몰입도를 비약적으로 높였다. 결과적으로 하루 평균 공부 시간은 2시간 이상 늘어났고 학습 스트레스는 오히려 줄어드는 선순환이 일어났다.

대학생 현우의 사례는 운동 PT의 원리를 공부에 직접 적용한 경우다. 그는 운동 직후의 시원한 샤워와 단백질 음료라는 보상이 운동을 지속하게 하는 힘임을 깨달았다. 이를 공부에 대입해 고난도 과제 하나를 끝낼 때마다 '코인 노래방 30분'이라는 확실한 리워드 루틴을 설정했다. 막연했던 공부는 명확한 보상이 있는 퀘스트로 바뀌었고, 이는 현우의 집중력을 높이는 동시에 공부에 대한 심리적 진입 장벽을 낮추는 결정적 계기가 되었다.

 **코칭 가이드 :** **지속가능성을 높이는 보상 코칭 3원칙**

첫째, 보상을 발견하고 설계하게 하자(자기 맞춤형 보상 찾기). "너는 어떤

때 가장 기분이 좋아져?"라고 질문하여 학습자 스스로 보상을 찾도록 도와주자. 코치가 정해주는 보상이 아닌 학습자가 진정으로 원하는 작고 즉각적인 보상일 때 도파민은 가장 강력하게 작동한다.

둘째, 회복을 죄책감에서 전략으로 바꾸어 보자(쉼의 정당성 부여하기). 많은 학습자가 쉴 때 죄책감을 느낀다. "근육은 쉴 때 성장해. 너의 뇌도 마찬가지야."라고 말하며, 쉼이 더 나은 학습을 위한 필수 전략임을 명확히 인지할 수 있게 도와주자.

셋째, 내적 보상을 언어로 각인시키자(성취감 명명하기). 물질적 보상을 넘어 해냈다는 성취감 자체를 보상으로 느끼게 하자. "어려운 문제를 풀어내니 기분이 어때?", "스스로 약속을 지킨 너 자신에게 뭐라고 칭찬해 주고 싶어?"와 같은 질문으로, 내적 보상을 언어로 표현하고 각인시키는 과정을 도와주자.

보상과 회복은 어떻게 설계할까? 우선 스스로에게 맞는 보상을 찾는 것이 중요하다. 보상은 거창할 필요가 없다. 좋아하는 간식, 짧은 산책, 유튜브 영상 한 편, 친구와의 대화, 스스로에게 주는 칭찬 등 작고 구체적인 것이 좋다. 중요한 것은 공부 후 바로 주어지는 보상이다. 그래야 뇌가 공부와 보상을 긴밀하게 연결한다.

그다음은 회복의 시간 확보다. 공부도 운동처럼 고강도와 저강도를 번갈아 해야 한다. 50분 공부 후 10분 휴식, 2시간 공부 후 30분 산책 등 자신만의 회복 루틴을 설계해야 한다. 회복은 단순한 휴식이 아니라 뇌를 재충전하는 필수적인 과정이다.

마지막으로 보상 남용은 금물이다. 보상이 너무 크거나 잦으면 오히려 공부보다 보상에 집착하게 된다. 작고 즉각적이며 적당한 빈도가 가장 좋다. 그리고 보상은 반드시 공부라는 행동 뒤에 주어져야 한다.

공부에 보상과 회복이 필요한 이유는 뇌과학, 심리, 실제 학습 현장 모두에서 명확하게 드러난다. 운동 후 근육이 회복되어야 더 강해지듯, 공부 역시 적절한 보상과 회복이 있어야 학습 동기와 집중력이 유지되고, 자기 주도적 습관이 자리 잡을 수 있다.

운동 PT가 힘든 운동 뒤에 작은 보상과 회복을 챙겨주듯 공부도 마찬가지다. 스스로에게 주는 작은 리워드와 충분한 회복의 시간은 공부 루틴을 오래, 즐겁게 이어가게 해준다. 오늘부터 학습자와 함께 그들만의 보상과 회복 루틴을 설계해 보자. 공부도 운동처럼 즐거운 습관이 될 수 있다.

💡 공부 PT 퀘스트 : 나를 위한 리워드 설계하기

1. 보상 시스템 돌아보기 : 지금까지 공부를 마친 뒤 스스로에게 어떤 보상을 주었나요? 공부를 끝냈을 때 가장 기분이 좋아지는 당신만의 작은 보상은 무엇인가요?

➡ ____

2. 작고 구체적인 보상 만들기 : 앞으로 자신의 공부 루틴에 적용할 수 있는 작고 구체적인 보상은 무엇인가요? (예 : 25분 집중 후 좋아하는 음악 1곡 듣기, 문제 5개 풀면 간식 먹기 등)

➡ ____

3. 회복의 의미 찾기 : 요즘 당신을 가장 지치게 하는 것은 무엇인가요? 쉴 때 진짜로 회복되는 느낌을 주는 활동은 무엇인가요?

➡ ____

4. 온전한 휴식 경험 : 최근에 마음껏 쉬었던 날은 언제였나요? 그때 어떤 기분이었나요? 그때의 경험이 자신에게 어떤 의미를 주었나요?

➡ ____

5. 나만의 보상과 회복 루틴 만들기 : 오늘 코칭을 통해 찾은 보상과 회복 요소를 결합하여 나만의 건강한 루틴을 만든다면 어떤 모습일까요? 그 루틴을 실천하기 위해 오늘부터 무엇을 시작해 볼 수 있을까요?

➡ ____

 학습코칭, 이제 공부 PT로 시작하자

10

루틴 졸업식 : 공부 PT 인증 완료

가장 위대한 코칭은 학습자가 자신을 코칭하게 만드는 것이다.
이제 지식을 가르치는 손을 내려놓고, 학습자의 성장에 박수를 보내라.
우리의 역할은 끝났지만, 그들의 진짜 성장은 지금부터 시작이다.
자랑스러운 마음으로 그들을 떠나보내라.

운동장에서 땀 흘리며 훈련을 마친 선수들이 마지막에 받는 인증서처럼, 우리가 함께한 학습자들도 이제 자신만의 공부 루틴을 완성하고 '공부 PT 인증서'를 받을 차례이다. 이 순간은 단순히 한 과정을 끝냈다는 의미가 아니라 진짜 자기 주도 학습자로 성장했다는 자부심을 굳건히 다지는 시간이다.

처음 이 책을 펼쳤을 때를 떠올려 보자. 공부에 대한 욕구를 깨우고, 집착력과 몰입을 키우며, 마침내 꾸준히 실천하는 루틴을 만들기까지 학습자들은 매일 조금씩 자신을 단련해 왔다. 운동 PT가 몸을 변화시키듯 학습자의 공부 루틴은 생각과 행동, 그리고 삶의 태도까지 바꿔놓았을 것이다.

어떤 날은 공부가 잘 안 되고, 어떤 날은 계획이 틀어지기도 했을 것이다. 하지만 포기하지 않고 다시 일어섰던 그 순간들이 쌓여 지금을 만들었다. 매일 정해진 시간에 책상에 앉는 습관, 집중을 방해하는 요소를 줄이고 환경을 정비한 노력, 목표를 세우고 스스로 점검한 시간, 그리고 힘들 때마다 다시 마음을 다잡았던 의지까지 이 모든 것이 학습자만의 '공부 PT 인증서'에 적힐 자랑스러운 기록들이다. 이제 학습자는 스스로에게 말할 수 있다. "나는 해냈다. 나는 내 공부 루틴을 완성했다!"

운동선수들이 시즌이 끝나면 스스로에게 칭찬과 응원을 하고, 다음 목표를 세우듯 학습에서도 '루틴 졸업식'은 반드시 있어야 한다. 지금까지의 노력이 결실을 맺었음을 스스로 인정하는 시간, 그리고 앞으로 더 큰 도전을 향해 나아갈 힘을 얻는 시간이 되는 것이다. 이 졸업식은 학습자의 성장과 변화에 박수를 보내는 의식이자 자기효능감을 정점으로 끌어올리는 결정적 계기가 된다.

사실 많은 학습자들이 루틴을 만들고도 스스로 충분히 칭찬하지 못한다. '이 정도는 누구나 할 수 있지 않을까?'라는 생각에 자신의 노력을 과소평가하곤 한다. 하지만 운동선수도, 예술가도, 그리고 모든 자기 주도적 학습자도 자신의 작은 성취를 인정하고 기뻐하는 순간이 있어야 더 멀리 나아갈 수 있다. 학습자가 만든 공부 루틴은 절대 작지 않다. 그것은 학습자가 스스로 삶을 주도할 수 있다는 가장 강력한 증거다.

 **코칭 가이드 : 성공을 각인시키는 졸업식 코칭 3원칙**

첫째, 결과가 아닌 과정을 기념하게 하자(성장 스토리텔링). 단순한 성취 목록을 넘어, 학습자가 가장 힘들었던 순간과 그것을 어떻게 극복했는지를 이야기하게 하자. 자신의 성장 서사를 직접 입 밖으로 내뱉는 경험은 자기효능감을 뇌에 가장 강력하게 각인시킨다.

둘째, 인증을 물질적 형태로 만들자(성공의 증거 남기기). 추상적인 칭찬에

그치지 말고, 본문의 제안처럼 나만의 인증서를 함께 만들거나 성취 일기를 제본하는 등 손에 잡히는 결과물을 만들어 보자. 물질적 증거는 성취의 기억을 붙잡아 두는 강력한 앵커링(Anchoring)[4] 장치가 된다.

셋째, 다음 시즌을 스스로 계획하게 하자(새로운 출발선 설정하기). 졸업식은 끝이 아님을 명확히 해야 한다. "이 멋진 성공을 바탕으로, 네가 다음으로 도전하고 싶은 목표는 뭐야?"라고 질문하며, 코치가 없어도 나아갈 '시즌 2'의 계획을 스스로 세우게 한다. 이것이 진정한 독립이자 공부 PT의 완결이다.

가장 위대한 코칭은 학습자가 자신을 코칭하게 만드는 것이다. 이제 지식을 가르치는 손을 내려놓고 학습자의 성장에 박수를 보내라. 우리의 역할은 끝났지만 그들의 진짜 성장은 지금부터 시작이다. 자랑스러운 마음으로 그들을 떠나보내라.

코치는 루틴 졸업식을 통해 학습자가 '자기 코치(Self-Coach)'로 거듭나는 마지막 과정을 함께한다. 졸업식은 코칭의 종료가 아니라 학습자가 자신을 이끄는 독립적인 항해를 선언하는 자리다. 코치는 다음의 5단계를 통해 학습자의 자생력을 완성한다.

첫째, 학습 여정을 되돌아보며 성장 서사를 완성하도록 돕는다(나의 공부 여정 되돌아보기). 코치는 학습자에게 처음 루틴을 만들던 날의 마음가짐과 가장 힘들었던 고비를 어떻게 넘겼는지 묻는다. 학습자가 자신의 입으로 고난 극복의 과정을 이야기할 때 그 경험은 단순한 과거가 아니라 앞으로의 시련을 이겨낼 강력한 심리적 자산으로 변모한다.

둘째, 구체적인 데이터로 성취 목록을 시각화한다(성취 목록 작성하기). 막

4　앵커링(Anchoring)은 사람들이 어떤 판단을 내릴 때, 처음 접한 정보(앵커, 닻)에 크게 영향받는 인지 편향 현상을 말한다. 일단 마음속에 닻(앵커)이 내려지면, 그 이후의 판단이나 결정이 그 닻 주변에서 크게 벗어나지 않게 되는 것이다.

연한 칭찬보다 매일 실천한 공부 시간, 집중력의 변화, 목표 달성 횟수 등 구체적인 데이터를 목록으로 정리하게 한다. 예를 들어 '한 달간 거르지 않은 영어 단어 암기'와 같은 객관적인 지표는 학습자가 자신의 노력을 과소평가하지 않게 만드는 확실한 성장의 증거가 된다.

셋째, 성공의 상징인 '나만의 인증서'를 형상화한다(나만의 인증서 만들기). 추상적인 만족감은 금세 휘발될 수 있다. 코치는 학습자와 함께 성취 목록을 기록한 '공부 PT 인증서'를 실물로 만든다. 스스로 선언문을 적고 디자인하는 과정은 성공의 기억을 뇌에 깊이 각인시키는 강력한 앵커링(Anchoring) 장치가 된다.

넷째, 스스로에 대한 축하와 향후 다짐을 선포하게 한다(축하와 다짐 선포식). 인증서를 소리 내어 읽으며 자신을 격려하고 타인에게 감사를 전하는 자리를 마련한다. 코치는 여기서 멈추지 않고 "이 멋진 성공을 바탕으로 네가 다음으로 도전하고 싶은 목표는 무엇이니?"라고 물어 학습자가 코치 없이 나아갈 다음 출발선을 직접 긋게 한다.

다섯째, 성취를 특별하게 기억할 졸업 이벤트를 준비한다(특별한 졸업식 이벤트 만들기). 작은 수여식이나 가족과의 축하 자리 등 성취를 공식화하는 자리는 학습자의 자기효능감을 정점으로 끌어올린다. 이러한 정서적 경험은 루틴이 흔들리는 순간마다 다시 시작할 수 있는 용기의 원천이 된다.

루틴 졸업식은 끝이 아니라 새로운 출발선이다. 이제 학습자는 더 높은 목표를 세우고 상황에 맞게 루틴을 조정하며 주기적으로 자신을 점검하는 '자기 코치(Self-Coach)'가 되어야 한다. 운동선수가 한 시즌을 마치고 다음 시즌을 준비하듯 학습자도 공부 PT 졸업식 이후의 새로운 학습 시즌을 계획할 차례다.

루틴을 완성했다고 해서 모든 것이 완벽해지는 것은 아니다. 때로는 루틴이 흐트러질 수도 있고 새로운 과목이나 목표가 생기면 기존 루틴을 바꿔야 할 때도 있다. 그럴 때마다 루틴 졸업식의 경험을 떠올리며 "나는 이미 해냈다!"라는 자신감으로 다시 도전할 수 있다.

중학생 민수는 공부 시간이 불규칙하여 힘들었지만 매일 30분씩 공부하는 루틴을 3개월간 실천했다. 졸업식 날 민수는 직접 만든 인증서를 가족 앞에서 읽으며 "나는 스스로 공부하는 힘을 키웠다."라고 당당하게 말했다. 그리고 더 긴 시간과 어려운 과목에도 도전하며 자기주도학습의 즐거움을 알게 되었다. 또 다른 예로 고등학생 지연이는 시험 기간마다 루틴이 무너져 좌절했지만, 졸업식 이후 루틴은 완벽함이 아니라 다시 시작할 수 있는 용기라는 것을 깨달았다. 이제는 루틴이 흐트러져도 스스로 다그치지 않고 다시 계획을 세워 차분히 실천하고 있다. 이처럼 루틴 졸업식은 단순한 형식이 아니라 학습자의 성장 스토리이자 앞으로의 도전을 위한 든든한 디딤돌이다.

이제 우리 학습자들은 진정한 공부 PT 인증자이다. 운동처럼 공부도 꾸준한 훈련과 코칭이 필요하다는 사실을 잊지 말아야 한다. 자신만의 루틴을 완성한 모든 학습자에게 진심 어린 박수를 보내며 앞으로도 자신을 믿고 즐거운 공부 여정을 이어가길 응원한다. 그들의 '공부 PT로 시작하는 학습코칭'은 지금부터가 진짜 시작이다! 루틴 졸업식의 감동과 자신감을 마음에 새기고 앞으로 펼쳐질 더 멋진 성장의 길로 힘차게 나아갈 수 있도록 하자!

이 책을 읽는 선생님, 코치, 부모님께도 말씀드리고 싶습니다.

학습자들이 루틴을 완성하고 졸업식을 경험할 수 있도록 따뜻한 격려와 인정의 말을 전해주세요. "너 정말 대단하다.", "네가 만든 루틴이 정말 자랑스럽다.", "이제는 네가 스스로 해낼 수 있다!"라는 한마디가 학습자들에게는 큰 힘이 됩니다. 또한, 루틴 졸업식 이후에도 학습자들이 새로운 목표를 세우고 도전할 수 있도록, 자율성과 책임감을 존중해 주시길 바랍니다.

💡 공부 PT 퀘스트 : 나에게 주는 졸업장

1. 성취 인정하기 : 지금까지 만든 공부 루틴 중에서 가장 자랑스러운 점은 무엇인가요? 그 루틴을 유지하기 어려웠던 순간 어떻게 극복했나요? 그 경험에서 무엇을 배웠나요?

➡ ____

2. 미래를 위한 계획 세우기 : 앞으로 공부 루틴을 더 발전시키기 위해 어떤 점을 바꾸거나 추가하고 싶나요? 스스로에게 더 좋은 성장을 선물하기 위해 어떤 부분을 보완할 수 있을 까요?

➡ ____

3. 오늘의 변화 느끼기 : 오늘 루틴 졸업식을 통해 어떤 변화를 느끼고 있나요? 이 변화가 자 신의 다음 공부 여정에 어떤 영향을 줄 거라고 생각하나요?

➡ ____

4. 나만의 성장 선언문 만들기 : 지금까지의 경험을 바탕으로 '나는 이런 사람입니다.'라고 스 스로에게 선언해 보세요.

➡ ____

5. 다음 여정을 위한 다짐 : 앞으로의 공부 PT 코칭을 계속 이어가기 위해 어떤 다짐을 할 수 있을까요? 다음 목표는 무엇인가요?

➡ ____

학습코치, 언제 손을 놓아야 할까

어느 순간부터 학생은 질문을 하지 않았다. 예전에는 사소한 선택 하나에도 내 눈치를 보며 확인을 요청하던 학생이었다. "이렇게 해도 될까요?", "이 정도면 괜찮을까요?"라는 말이 늘 따라붙었다. 그런데 점점 계획을 스스로 세우고 결과만 간단히 보고해 왔다. 나는 당연히 기뻐해야 했지만 마음 한편이 묘하게 불편했다. 혹시 너무 이른 건 아닐까. 아직 더 도와줄 수 있는 게 남아 있지는 않을까 하는 마음이 쉽게 가라앉지 않았다.

학생의 변화는 조용하게 진행되고 있었다. 눈에 띄는 성과보다 태도의 변화가 먼저였다. 실패해도 나를 찾지 않았고 성공해도 과하게 흔들리지 않았다. 예전 같으면 결과 하나하나에 반응을 확인하던 학생이 이제는 스스로 정리하고 다음을 생각하고 있었다. 어느 날 학생이 담담하게 말했다. "이제는 혼자 해볼게요." 그 말은 부탁이 아니라 선언처럼 들렸다. 나는 웃으며 고개를 끄덕였지만 상담실 문을 닫고 락커룸으로 돌아와서는 한동안 아무 말도 하지 못했다.

학습코치는 언제 물러나야 하는가. 이 질문에는 늘 망설임이 따라온다. 너무 빨리 물러나면 방임이 되고 너무 늦게까지 붙잡고 있으면 의존이 된다.

학생을 돕고 싶다는 마음과 학생을 믿어야 한다는 마음은 늘 같은 방향을 바라보지 않는다. 특히 성실하게 성장해 온 학생일수록 '조금만 더 도와주면 더 잘할 수 있을 텐데.'라는 생각은 쉽게 떠나지 않는다. 하지만 그 학생을 보며 나는 조금씩 깨닫게 되었다. 손을 놓아야 할 순간은 학생이 질문을 멈출 때가 아니라 스스로에게 질문을 던지기 시작할 때라는 것을.

학생은 더 이상 "이렇게 해도 될까요?"라고 묻지 않았다. 대신 이렇게 말했다. "이렇게 해봤는데 다음에는 이렇게 해보려고요." 그 문장에는 허락을 구하는 마음이 아니라 판단하고 책임지려는 태도가 담겨 있었다.

그때 알았다. 코치로서 해야 할 마지막 일은 더 개입하는 것이 아니라 조용히 뒤로 물러나는 일이라는 것을. 더 좋은 질문을 던지는 것도 더 정교한 피드백을 주는 것도 아니었다. 이미 자신의 기준을 세운 학생을 믿고 그 선택을 존중하는 일이 코치의 마지막 역할이었다.

락커룸에서 우리는 숨을 고른다. 학습코치는 학생이 필요로 할 때 곁에 있어야 하지만 학생이 혼자 설 준비를 마쳤을 때는 한 발 물러설 수 있어야 한다. 그 물러섬은 무책임이 아니라 신뢰이며 "너라면 할 수 있다."는 말을 행동으로 증명하는 순간이다.

이 책에서 이야기한 학습은 결국 삶으로 이어진다. 그러나 그 확장은 코치의 손을 떠나는 순간부터 시작된다. 누군가의 계획이 아니라 자기 삶의 방향을 스스로 정하기 시작할 때 비로소 공부는 삶이 된다. 코치의 일은 학생 대신 걸어주는 것이 아니라 학생이 혼자 걷고 있다는 사실을 믿고 지켜보는 것이다.

락커룸을 나서며 우리는 다시 마음속으로 되뇐다. 우리가 남겨야 할 흔적은 학생 곁에 오래 머문 시간이 아니라 학생이 혼자서도 괜찮다고 느끼게 된 그 감각이라는 것을.

그 믿음이야말로 코치가 마지막으로 남길 수 있는 가장 깊은 흔적이다.

원고의 마지막 장을 덮으며, 진로상담실에서 아이들을 만나는 한 명의 진로교사로서 학습코칭으로 만났던 중학교 1학년 아이 세 명을 떠올린다. "공부가 너희에게 어떤 의미니?" 가볍게 던진 질문이었지만, 돌아온 대답은 마음에 묵직하게 남았다.

평균 이상은 되어야 한다는 압박을 느끼는 A 학생, 유학을 가야만 진짜 공부가 가능할 것 같다는 B 학생, 그리고 대학교 졸업장만 받으면 공부에서 해방될 수 있다고 믿는 C 학생까지 있었다. 이 아이들에게 '진짜 공부'란 지금 이 순간의 삶과 연결된 무언가가 아니라, 최소 5년 뒤에나 허락되는 조건부 보상처럼 느껴지고 있었다.

이 장면은 학교 현장에서 아이들을 만나는 나와, 학습 현장에서 아이들의 공부 습관과 태도를 함께 설계해 온 또 한 명의 학습코치, 우리 두 사람 모두에게 묵직한 질문을 던지게 했다. "우리는 아이들에게 공부를 과연 어떤 경험으로 남겨 주고 있는가?"라는 본질적인 물음이었다.

다시 나를 멈춰 서게 만든 것은 아이들이 덧붙인 마지막 질문이었다. "선생님, 대학교를 졸업하면 공부에서 해방되는 건가요?" 그 질문 앞에서 나는 내가 얼마나 뻔한 어른이었는지를 돌아보게 되었다. "공부는 평생 하는 거야.", "지금이 제일 쉬울 때란다."라는 말 외에는 건넬 말이 없었기 때문이다. 아이들 앞에서 나는 공부의 정답을 말해 줄 수 없었다.

그래서 우리는 이 책을 쓰게 되었다. 이 책은 공부를 잘하는 아이를 만드는 기술서가 아니라, 공부 앞에서 자주 멈춰 서는 아이들, 그리고 그 곁에서 함께 고민하는 어른들을 위한 책이다. 우리 역시 완벽한 코치가 아니며, 매일 공부 근육을 기르기 위해 훈련 중인 러너(Learner)라는 사실을 솔직하게 고백하고 싶었다.

우리가 말하는 공부 PT는 아이들에게 "의지를 더 내라."고 요구하는 방식이 아니다. 그것은 식어버린 공부 마음의 온도를 함께 살피고, 아이가 느끼는 부담과 감정을 문제 삼지 않으며 나란히 걷는 과정이다. 공부 PT는 아이들이 무너질 때 그것을 개인의 나약함으로 해석하는 대신, 학습을 방해하는 환경과 감정의 신호를 함께 읽어 내고, 결국 스스로 바벨을 들어 올릴 수 있는 학습자로 성장하도록 돕는 과정이다.

책을 덮고 다시 아이들을 만나러 갈 전국의 모든 선생님과 부모님께 우리의 마음을 전한다. 우리가 아이들에게 줄 수 있는 가장 큰 선물은 완벽한 공부법이 아니라, 공부가 여전히 어렵고 힘들 때에도 배움을 멈추지 않는 어른의 살아 있는 뒷모습이다. 공부 PT의 최종 목적지는 코치의 손을 놓고 아이가 자신의 삶을 스스로 설계하며 세상에 당당히 서는 데 있다.

지식은 바뀔 수 있지만, 우리가 함께 만들어 가는 배움의 태도와 라이프 스타일은 오래 남는다. 이제 아이들에게 뻔한 조언 대신, "지금 공부의 엔진 온도는 어떠니?"라고 묻는 따뜻한 질문을 건네볼 준비가 되었는가. 아이의 곁에서 함께 근육을 키워 가는 그 모든 시간을, 이 책을 함께 쓴 두 명의 코치가 진심으로 응원한다.